高等职业教育"互联网+"新形态教材

统计基础与应用
（第2版）

贺胜军　夏　文　主　编
　　　　　邱　文　副主编

电子工业出版社
Publishing House of Electronics Industry
北京·BEIJING

内容简介

本书是在《统计基础与应用》的基础上修订而来的。本书根据国家统计局颁布的《中华人民共和国统计法》，在高职高专教育教学改革实践的基础上，全面、系统、科学地阐述了统计学的基本理论，统计工作的基本业务、基本方法和基本技能等。全书分为认识统计、统计资料的搜集、统计资料的整理与显示、统计指标分析、时间数列分析、统计指数分析、抽样推断、相关与回归分析、统计预测9个项目，并设计了丰富多彩的栏目，包括知识目标、情景引入、项目小结、项目实战等。

本书适合高职高专院校、成人高校及本科院校财经类专业教学使用，并可作为社会从业人员的业务参考及培训用书。

未经许可，不得以任何方式复制或抄袭本书之部分或全部内容。
版权所有，侵权必究。

图书在版编目（CIP）数据

统计基础与应用 / 贺胜军，夏文主编. —2版. —北京：电子工业出版社，2021.12
ISBN 978-7-121-42432-8

Ⅰ. ①统… Ⅱ. ①贺… ②夏… Ⅲ. ①统计学 Ⅳ. ① C8

中国版本图书馆 CIP 数据核字（2021）第 242375 号

责任编辑：贾瑞敏
印　　刷：北京捷迅佳彩印刷有限公司
装　　订：北京捷迅佳彩印刷有限公司
出版发行：电子工业出版社
　　　　　北京市海淀区万寿路173信箱　邮编　100036
开　　本：787×1 092　1/16　印张：14　字数：358.4千字
版　　次：2015年2月第1版
　　　　　2021年12月第2版
印　　次：2025年9月第6次印刷
定　　价：49.80元

凡所购买电子工业出版社图书有缺损问题，请向购买书店调换。若书店售缺，请与本社发行部联系，联系及邮购电话：（010）88254888，88258888。

质量投诉请发邮件至 zlts@phei.com.cn，盗版侵权举报请发邮件至 dbqq@phei.com.cn。

本书咨询联系方式：邮箱 fservice@vip.163.com；QQ群 427695338；微信 DZFW18310186571。

2019年，国务院出台了《国家职业教育改革实施方案》（职教20条），要求职业教材随信息技术发展和产业升级情况及时动态更新。2019年，国家教材委员会、教育部出台了《职业院校教材管理办法》《普通高等学校教材管理办法》等4个教材管理办法，要求职业教育教材重在体现"新"和"实"，提升服务国家产业发展能力。

这些文件的出台，为我们在现有教材的基础上进行修订再版提供了指导和思路。我们以此为基础，对《统计基础与应用》第1版的有关内容进行修订，进一步体现了高职教育"以能力为本位"的培养目标，注重学生技能的培养，突出对学生实际操作能力和解决问题能力的培养，充分体现教学过程中以学生为主体，教师引导、指导的作用，适应社会经济发展及高等职业院校进一步深化教学改革的需要。

本次修订的基本原则是，在保留原有体例结构的基础上，充分发挥信息化技术的作用，在Excel应用部分补充了微课，通过Excel操作解决实际中的问题，突出了技能特色，学以致用。对全书内容进行了增删、重写及补漏、校正，项目的引导案例进行了更换，体现社会经济发展的最新状况。

本书由广东交通职业技术学院贺胜军、金肯职业技术学院夏文担任主编，广东交通职业技术学院邱文担任副主编。具体分工是：项目1、2、5、8由贺胜军编写，项目3、4、7、9由夏文编写，项目6由邱文编写。全书由贺胜军策划、组织、修改和定稿。

在本书编写过程中，引用了国内外众多专家、学者的研究成果，在此向他们致以衷心的感谢。

由于编者水平有限，加之时间仓促，书中难免存在不足之处，在此恳请广大读者批评指正。

编　者

2021年10月

目　录

项目1　认识统计 ··· 1
- 任务1.1　统计学概述 ··· 1
- 任务1.2　统计工作过程与研究方法 ··· 4
- 任务1.3　统计学中的几个基本概念 ··· 7
- 任务1.4　用Excel进行统计分析 ·· 11
- 项目小结 ·· 12
- 项目实战 ·· 13

项目2　统计资料的搜集 ·· 14
- 任务2.1　统计资料搜集的意义、基本要求和种类 ······························· 14
- 任务2.2　设计统计调查方案 ··· 16
- 任务2.3　调查资料的搜集方式 ·· 18
- 任务2.4　搜集资料的基本方法 ·· 22
- 任务2.5　调查问卷的设计 ·· 23
- 项目小结 ·· 28
- 项目实战 ·· 29

项目3　统计资料的整理与显示 ··· 30
- 任务3.1　统计资料整理概述 ··· 30
- 任务3.2　统计分组 ··· 32
- 任务3.3　分配数列 ··· 35
- 任务3.4　统计资料的汇总 ·· 42
- 任务3.5　统计数据的展示 ·· 44
- 任务3.6　Excel在统计资料整理中的应用 ··· 51
- 项目小结 ·· 58
- 项目实战 ·· 58

项目4　统计指标分析 ··· 59
- 任务4.1　总量指标 ··· 59
- 任务4.2　相对指标 ··· 63
- 任务4.3　平均指标 ··· 74
- 任务4.4　标志变异指标 ··· 88
- 任务4.5　Excel在平均指标与标志变异指标中的应用 ·························· 93
- 项目小结 ·· 98
- 项目实战 ·· 98

项目 5　时间数列分析 · · · · · · 99

　　任务 5.1　时间数列概述 · · · · · · 99
　　任务 5.2　时间数列的水平指标分析 · · · · · · 103
　　任务 5.3　时间数列的速度指标分析 · · · · · · 111
　　任务 5.4　动态趋势与预测分析 · · · · · · 116
　　任务 5.5　Excel 在时间数列分析中的应用 · · · · · · 128
　　项目小结 · · · · · · 132
　　项目实战 · · · · · · 134

项目 6　统计指数分析 · · · · · · 135

　　任务 6.1　统计指数 · · · · · · 135
　　任务 6.2　综合指数 · · · · · · 139
　　任务 6.3　平均数指数分析 · · · · · · 142
　　任务 6.4　指数体系及因素分析 · · · · · · 145
　　任务 6.5　常用指数简介 · · · · · · 152
　　任务 6.6　Excel 在统计指数分析中的应用 · · · · · · 154
　　项目小结 · · · · · · 156
　　项目实战 · · · · · · 157

项目 7　抽样推断 · · · · · · 158

　　任务 7.1　抽样推断概述 · · · · · · 158
　　任务 7.2　抽样误差 · · · · · · 163
　　任务 7.3　抽样推断的方法 · · · · · · 167
　　任务 7.4　Excel 在抽样推断中的应用 · · · · · · 172
　　项目小结 · · · · · · 175
　　项目实战 · · · · · · 176

项目 8　相关与回归分析 · · · · · · 177

　　任务 8.1　相关分析 · · · · · · 177
　　任务 8.2　相关关系的测定方法 · · · · · · 180
　　任务 8.3　一元线性回归分析 · · · · · · 185
　　任务 8.4　Excel 在相关与回归分析中的应用 · · · · · · 191
　　项目小结 · · · · · · 193
　　项目实战 · · · · · · 194

项目 9　统计预测 · · · · · · 195

　　任务 9.1　统计预测的一般问题 · · · · · · 195
　　任务 9.2　定性预测法 · · · · · · 197
　　任务 9.3　定量预测法 · · · · · · 206
　　任务 9.4　Excel 在统计预测中的应用 · · · · · · 213
　　项目小结 · · · · · · 216
　　项目实战 · · · · · · 217

项目 1 认识统计

📌 **知识目标**
- 掌握统计的含义和特点。
- 掌握统计学的研究对象和方法。
- 掌握统计的研究方法和职能。
- 重点掌握统计学中的几个基本概念。

📌 **技能目标**

在日常生活中能灵活地运用统计学中的基本概念。

📌 **情景引入**

本情景通过统计特有的方法,搜集相关信息,对社会经济现象的数量特征及现象间的数量关系进行研究描述、分析和推断,为决策提供信息。

第七次全国人口普查公报(第五号)——
人口年龄构成情况

任务 1.1　统计学概述

1.1.1　统计的含义

"统计"一词是由英语 statistics 翻译过来的,最早出自拉丁语 status(状态),是指各种现象的状态和状况。在我国,统计一词出现于清乾隆十二年(公元 1747 年),仅仅有数字总计的意思。

现代统计一词有 3 种含义,即统计工作、统计资料和统计学。

统计工作就是实践活动,是指运用科学的方法,对社会经济现象的数量方面的信息资料进行搜集、整理和分析的工作过程的总称。

统计资料也称统计信息,是在统计工作过程中取得的各项反映社会经济现象和过程的数字资料及与之有联系的其他资料的总称。统计资料是统计工作各阶段的成果,既包括统计调查搜集的原始资料,也包括经过加工整理、分析研究而形成的综合统计资料,如"情景引入"中的统计局所搜集的各类商品及服务价格等方面的数字资料,证券交易所每天公布的股票信息资料。

统计学也称统计理论,是关于认识客观现象总体数量特征和数量关系的科学,是研究统计工作规律和方法的科学，也是统计工作成果和经验的理论概括。统计学按照研究领域和研究重点的不同可以分为很多分支。其中，应用逻辑推理方法研究抽象随机现象的数量规律性的科学称为理论统计学；而应用统计方法研究各领域客观现象的数量规律性的科学称为应用统计学，如本书、农业统计学、工业统计学、证券与金融统计学等。又如社会经济统计学，它是关于国民经济和社会现象数量方面的调查、整理、分析的原理、原则和方式方法的科学，按其性质属于应用统计学。

统计工作、统计资料、统计学有着不同的内容和含义，但它们之间又相互联系、密不可分。统计资料是统计工作的成果，统计学是统计工作实践经验的理论概括；反过来，统计学又是指导统计工作的原理、原则和方法，并使统计资料更加准确、及时和全面；统计工作是形成统计学的基础，是先于统计学发展起来的。三者是相互关联的辩证统一体。

1.1.2 统计学的产生和发展

统计是随着社会生产发展和适应国家管理的需要而产生和发展起来的。我国最早在公元前2000年左右的夏朝时期就进行了调查统计，周朝为管理统计表工作设立了"司书"职位。1690年《政治算术》一书的出版标志着统计学的产生。在当今社会，统计越来越重要。

17世纪以后，随着统计实践的发展，统计科学理论使统计实践从感性走向理性，促进了统计实践的科学化进程。根据统计学的产生和发展过程，可以将统计学划分为古典统计学、近代统计学和现代统计学3个时期。

1. 古典统计学时期

古典统计学时期是指17世纪中后期至18世纪中后期的统计学萌芽时期。古典统计学分为国势学派和政治算术学派两大学派。

（1）国势学派

国势学派又称记述学派，产生于17世纪中叶的德国。所谓国势学，就是以文字来记述国家的显著事项的学说。其创始人是海尔曼·康令（1606—1681）教授，他提出通过对国家重要事项的研究来说明各国的状态。国势学派主要用对比方法研究各国实力的强弱，用比较级、最高级的词汇对各国的社会经济情况进行分析比较。它主要用文字而不是数字描述现象的客观存在。

（2）政治算术学派

政治算术学派是用计量方法研究社会经济问题的学派，产生于17世纪中叶的英国，代表人物是威廉·配第和约翰·格朗特。威廉·配第的代表作是《政治算术》，主张用数字、重量和尺度来说话，运用大量的数字资料对英国、法国、荷兰3国的经济实力进行比较分析，并用图表形式来概括数字资料，从而为统计学的创立奠定了方法论基础。与国势学派相反，政治算术学派虽无统计学之名，却有统计学之实。

2. 近代统计学时期

这个时期是从18世纪末到19世纪末。在这个时期统计学又形成了许多学派，其中主要是数理统计学派和社会统计学派。

（1）数理统计学派

数理统计学派产生于19世纪中叶，其先驱者是比利时统计学家阿道夫·凯特勒（1796—1874），其代表作是《社会物理学》。他主张用研究自然科学的方法研究社会现象，首次将概率论引入统计学的研究领域，初步完成了统计学与概率论的结合，使统计学进入了一个新的发展阶段。

（2）社会统计学派

社会统计学派产生于19世纪后半叶，创始人是德国经济学家、统计学家克尼斯（1821—1889），主要代表人物有恩格尔（1821—1896）、梅尔（1841—1925）等人。社会统计学派认为，统计学在研究对象上是研究总体而不是个别现象，所用的主要方法是大量观察法，主张用特殊方法研究社会经济现象的数量及其发展规律，研究社会经济现象发展变化的因果关系。

3. 现代统计学时期

这个时期是指自20世纪到现在的统计学发展时期。这一时期统计学由于同自然科学、工程技术紧密结合，被广泛应用而获得迅速发展，主要代表人物有哥赛特（1876—1936）、费希尔（1890—1962）等。

20世纪60年代以后，统计学的发展有3个明显的特点。①由记述统计向推断统计发展。推断统计的特点是根据带随机性的观测样本数据以及问题的条件和假定（模型），而对未知事物做出以概率形式表述的推断。②由社会、经济统计向多分支学科发展。在20世纪以前，统计学的领域主要是人口统计、社会统计和经济统计。到今天，统计的范畴已覆盖了社会生活的一切领域，几乎无所不包，成为通用的方法论科学，被广泛用于研究社会和自然界的各个方面，并发展成为有着许多分支的科学。③和计算机科学结合后，统计学所能发挥的作用日益增强。

随着社会、经济和科学技术的不断发展，统计在现代化管理、企业管理和社会生产中的地位日益重要，人们的日常生活和一切社会生活都离不开统计工作。

1.1.3 统计学的研究对象及特点

1. 统计学的研究对象

统计学的研究对象是指统计研究所要认识的客体。社会经济统计学的研究对象是社会经济现象总体的数量特征和数量关系，通过这些数量反映现象的规律性表现，从而认识和利用社会经济发展变化的规律，如商场通过对产品销售额变化规律的研究，合理安排进货、销售策略等。在经济建设中，如果不能准确、及时、全面、系统地掌握这些数量及其变化的信息，就不可能有正确的政策与计划，不可能有效地调节和控制经济，也不可能加强经济管理和经济研究，必然导致决策上的失误和行动上的失败。

2. 社会经济统计学的特点

社会经济统计学的研究对象决定其认识社会时具有如下主要特点。

（1）数量性

统计的语言就是数据。统计学的首要特征是数量性。社会经济现象的数量方面包括数量的多少，现象之间的数量关系和引起现象质、量互变的数量界限，通过它们来说明社会经济现象的规模、水平、速度、结构和各种比例关系，从而揭示事物的本质，反映事物发展的规律，推断事物发展的前景。例如，2021年一季度我国服务业稳定恢复，其中交通运输、仓储和邮政业，房地产业增加值同比分别增长32.1%、21.4%，两年平均分别增长6.6%、6.8%。3月份，全国服务业生产指数同比增长25.3%，两年平均增长6.8%。1、2月份，规模以上服务业企业营业收入同比增长37.8%，两年平均增长10.0%，其中信息传输、软件和信息技术服务业，科学研究和技术服务业营业收入同比分别增长 35.0%、47.8%，两年平均分别增长 17.4%、11.5%。3 月份，服务业商务活动指数为 55.2%，比 2 月份回升 4.4 个百分点。其中铁路运输服务、航空运输服务、电信广播电视卫星传输服务、互联网软件及信息技术服务、货币金融服务等行业商务活动指数运行在 60.0% 以上的高位景气水平；受年初局部疫情影响较大的住宿、租赁，以及商务服务、居民服务等行业商务活动指数回升至景气区间。从市场预期看，服务业商务活动预期指数为 62.9%，连续两个月位于 60.0% 以上高位景气区间。面对冬春疫情考验和外部环境的不确定性，在以习近平同志为核心的党中央坚强领导下，各地区各部门认真贯彻落实党中央、国务院决策部署，巩固拓展疫情防控和经济社会发展成果，服务业恢复性增长，市场预期向好。

（2）总体性

统计研究社会经济现象的数量方面，从总体的角度来认识现象的数量特征，即通过大量观察，获得足够的统计资料，说明总体现象的变化情况，而不是以个别事物为研究目标。因为事物的本质特点和发展规律只有从整体上观察，才能做出正确的判断。个别现象由于受种种偶然因素的影响，其数量特征并不能代表一般情况。但是统计对社会总体数量进行研究时，是从认识个别事物开始的，最终过渡到对总体数量的认识。例如，要研究某地区婴幼儿的身体发育情况，显然不能以个别婴幼儿的身体发育情况作为某地区婴幼儿身体发育的整体情况，必须以多处婴幼儿的发育情况为依据进行调查，直到调查的数量足够反映婴幼儿的身体发育情况为止。认识总体的数量特征是目的，而调查研究个体是起点。

（3）具体性

统计数字不是抽象的数字，它是社会经济现象在具体时间、地点、条件下所表现的数量。例如，国家统计局公布，2021 年一季度全国城镇调查失业率平均为 5.4%，同比下降 0.4 个百分点。其中 3 月份为 5.3%，同比下降 0.6 个百分点。一季度全国城镇新增就业 297 万人，完成了全年目标任务的 27%。从物价看，一季度居民消费价格同比持平，其中 3 月份由上月的下降 0.2% 转为上涨 0.4%，涨势比较温和。就业和物价总体稳定。这些都是具体的量，正因为具体性，所以统计的数字必须准确，公布的资料要注明出处。

（4）社会性

统计学的社会性特点来自社会经济现象，社会经济统计的数量是社会、经济、政治、文化、科学技术等现象的活动过程与结果。社会现象随着社会的变化而变化，人们的认识方法也应当具备社会性。统计是在定性分析基础上的定量分析，而定性分析结论取决于调查研究者认识问题的立场、观点和水平，在不同的社会发展阶段也会有不同的分析研究方法。而且，统计作为一种认识活动，作为大量观察的方法，需要社会各方面的广泛响应、配合、支持与参与，其本身就带有强烈的、浓重的社会色彩。

任务 1.2　统计工作过程与研究方法

1.2.1　统计的职能

统计的职能是指统计本身所固有的内定功能。统计具有三大职能，即统计信息、统计咨询、统计监督。

1. 统计信息职能

统计信息职能是指统计人员根据统计方法制度，根据科学的统计指标体系和统计调查方法，灵敏、系统地采集、处理、传输、存储和提供大量的以数量描述为特征的社会经济信息。统计要达到认识社会的目的，不仅需要科学的方法，而且需要强有力的组织领导，即必须要有健全的统计领导机构。我国的统计领导机构是由国家统计系统来担任的，它自上而下地建立全国的统计信息网络。政府统计机构和有关部门应当按照《统计法》和国家有关规定及时向政府、其他有关部门提供统计信息，并应当按照规定定期公布统计信息。

2. 统计咨询职能

统计咨询职能是指统计人员利用已经掌握的大量的、丰富的统计信息资源，运用科学的分析方法和先进的技术手段，深入开展综合分析和专题研究，为科学决策和管理提供各种可供参考和选择的咨询建议和对策方案。统计咨询分为有偿咨询和无偿咨询两种。目前，我国调查咨询公司等咨询服务机构提供的就是有偿服务；而各级统计部门参与党政领导决策，定期向人民代表大会汇报经济形势，参与制定国民经济和社会发展规划，则为无偿咨询。

3. 统计监督职能

统计监督职能是指根据统计调查和分析，及时、准确地反映经济、社会等客观现象的运行状态，并对其实行全面、系统的定量检查、监督和预警，以促使国民经济按照客观规律的要求，持续、稳定、协调地发展。

统计的3种职能是相互联系、相互作用、相辅相成的。统计信息职能是保证统计咨询职能和统计监督职能有效发挥的基础，是统计工作的基本职能；统计咨询职能是统计信息职能的延续和深化；而统计监督职能则是在统计信息职能、统计咨询职能基础上的进一步扩展，并促进统计信息职能和统计咨询职能优化。统计工作只有发挥了统计信息、统计咨询和统计监督三者的整体功能，才能形成合力，提供优质的服务。

1.2.2 统计工作过程

统计工作是进行统计业务活动的过程，是根据统计学的理论，运用各种统计方法，对社会经济现象进行研究的一种认识活动过程。它与人们的认识活动一样，是一个由感性认识到理性认识不断发展、不断深化的过程。一个完整的统计工作过程可以分为4个阶段：统计设计、统计调查、统计整理、统计分析。

1. 统计设计

统计设计是统计工作的准备阶段，主要解决两个问题：采集什么样的数据和如何采集这些数据。要根据统计任务和统计对象的特点，对统计工作的各个方面和各个环节进行通盘考虑和安排。统计设计的主要内容有统计指标和统计指标体系的设计、统计资料搜集方法的设计、统计分类和分组的设计、统计整理方法的设计、统计表的设计、统计力量的组织与安排及经费预算等。统计设计的结果表现为各种设计方案，如统计分类标准、目录、指标体系、整理方案、资料保管和公布制度等。

2. 统计调查

统计调查是根据统计方案的要求搜集原始资料的过程。统计调查是统计认识活动由初

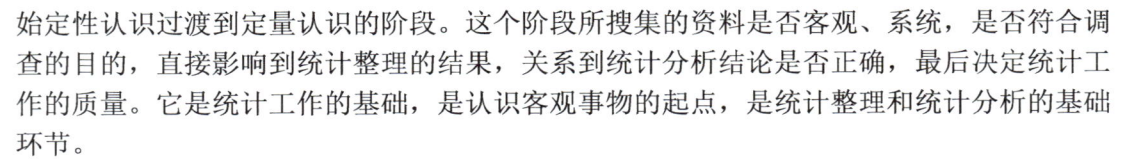

始定性认识过渡到定量认识的阶段。这个阶段所搜集的资料是否客观、系统，是否符合调查的目的，直接影响到统计整理的结果，关系到统计分析结论是否正确，最后决定统计工作的质量。它是统计工作的基础，是认识客观事物的起点，是统计整理和统计分析的基础环节。

3. 统计整理

统计整理是根据统计研究的目的，将统计调查搜集到的原始资料进行科学地分组和汇总，使之条理化、系统化，将反映各个单位个别特征的资料转化为反映总体数量综合特征的工作过程。

统计整理是统计工作的第 3 个阶段，是统计调查阶段的深入和继续，又是统计分析阶段的基础和前提，起着承上启下的作用。统计整理的结果表现为各种整理表和统计图等。

4. 统计分析

统计分析是对经过加工整理的统计资料，采用各种统计分析方法，计算各种统计分析指标，认识和提示现象的本质和规律性，得出科学结论，进而进行预测或作为决策依据的工作过程。

统计分析是统计工作的最后阶段，属于认识的理性阶段，也是统计发挥信息、咨询、监督职能的关键阶段。

统计工作的 4 个环节之间是相互联系、相互制约，并依次进行的。在实际工作中，只有做好每一阶段的工作，才能保证整个统计工作高质、高效地完成。

1.2.3 统计研究的基本方法

在统计工作的各个阶段，统计运用各种专门的方法对社会经济现象进行分析研究，形成了一系列具体的研究方法。

1. 大量观察法

大量观察法是指在统计过程中必须对社会经济现象的全部或足够多的单位进行调查和分析，从而反映总体的数量特征的方法。这是由统计研究对象的多样性和复杂性所决定的。只有选取足够多的单位，减小个别单位的偶然量的影响度，才能正确地反映出总体现象的本质和规律。例如，某高职院校一个学生的月生活费支出有多有少，但随着观察人数的增多，调查的结果就有了代表性。从哲学上说，这是偶然与必然、个别与一般的对立统一规律在数量上的反映。当然，统计对现象总体进行大量观察，并不排斥对个别单位的典型调查，大量观察与个别研究相结合，可以加深对社会经济现象的认识。

2. 统计分组法

统计分组法是指根据事物内在的性质、统计研究的目的和要求，将调查得到的资料，按照一定的标志划分为若干个组成部分的一种统计方法。通过分组可以将相同的部分归在一起，把组与组明显区别开来。它是对总体进一步研究、区分内部差异的方法。例如，学生按成绩分组，教师按性别分组，公司按经营收入分组等。统计分组的目的，就是提示现象内部各部分之间存在的差异性，认识它们之间的矛盾，表明事物的本质与规律。统计分组法在统计研究中应用广泛。

3. 综合指标法

综合指标法是指用综合反映社会经济现象总体数量特征和数量关系的指标来进行统计

分析的方法，是统计分析的基本方法之一。它对大量的原始数据经过汇总整理，计算出各种综合指标，可以反映出现象在具体时间、地点、条件下的总体规模、相对水平等。

综合指标法和统计分组法之间存在着密切的联系。统计分组如果没有相应的统计指标来反映现象的规模水平，就不能提示现象总体的数量特征；而综合指标如果没有科学的统计分组，就无法划分事物的数量界限，从而掩盖现象的矛盾，成为笼统的指标。因此，在研究社会经济现象的数量关系时，必须进行科学地分组，合理地设置统计指标。综合指标法总是和统计分组法结合起来应用的。

4. 统计推断法

统计推断法是指以概率论为基础对所获得的大量观察数据进行处理、分析，并推断现象规律性的统计方法。这是从个别到一般、由具体事实到抽象概括的推理方法。在社会经济统计中越来越多地采用这种方法，如灯泡的使用寿命检验等。

5. 统计模型法

统计模型法是根据一定的经济理论和假定条件，用数学方法去模拟现实经济现象相互关系的一种研究方法。这种方法通常有两种表达方式：一是依据统计指标之间存在的明确的数量关系，建立数学方程式或方程组，一般称为统计数模型；二是依据统计指标之间的逻辑关系，构建框架式的物理模型，一般称为统计逻辑模型。

统计模型法把总体的内部结构、各种因素的相互关系，以一定的数学关系有机地表现出来，大大提高了统计分析的认识能力，也扩展了统计分析的应用范围。

任务 1.3　统计学中的几个基本概念

1.3.1　统计总体和总体单位

1. 统计总体

统计总体简称总体，是指客观存在，并在某一相同性质基础上结合起来的许多个别事物的整体。例如，要研究全国工业企业，全国所有工业企业就是总体。统计总体的范围随着统计研究目的的不同而变化。例如，要研究某市商品住房，该市所有商品住房就是总体；而要研究某班学生，该班所有学生就是总体。

统计总体具有3个方面的特征。

（1）同质性

同质性是指总体中每一个单位在某一方面有共同性质，这是组成总体的必要条件。例如，对于商品住房，尽管每间商品房大小不同、价格不同，但有一点是相同的，那就是它们是可出售的用来居住的房子。总体单位的同质性不要求构成总体的每一个单位在各个方面都具有共同性，而只是当统计研究目的确定后，每一个单位在某一点上或某些方面具有共同性。

（2）大量性

大量性是指总体要由足够多的单位组成，仅仅个别单位或少数单位不足以构成总体。这是由统计活动的认识目的所决定的。只有对足够多单位组成的总体进行大量观察，观察的结果才不会受偶然因素的影响，呈现出总体的一般特征和规律。

（3）差异性

差异性是指同一总体中的各个单位虽然必须至少在某一方面具有共同性质，但其他很多方面必须存在差异性，这是进行统计研究的基础。同质性是构成总体的基础，差异性使统计研究成为必要。如果总体内的各个个别事物之间不存在差异，统计研究就变成了毫无意义的活动。

统计总体的类型有以下几种。

（1）有限总体与无限总体

这是按统计总体的单位数是否可以计量进行分类的。一个总体所包含的单位数是可以计量的，称为有限总体，如产品数、人口数等。数量是可以计量的，都是有限总体。若一个总体中所包含的单位数是无法计量的、无限的，称为无限总体，如海洋中鱼的数量等。一般来说，对于有限总体可以进行全面调查也可以进行非全面调查，而对于无限总体则只能进行非全面调查。

（2）物质总体与行为总体

这是按其表现形态划分的。物质总体是指一个具有具体实物形态的总体，如一所高职院校、一家商场等。行为总体是指一个不具有具体实物形态的总体，它们只是某种行为的集合，如某市的旅游行为等。

2. 总体单位

构成总体的每个单位称为总体单位，它是组成统计总体的基本单位，是各项统计资料的直接承担者。根据不同的研究目的和要求，总体单位可以是一个人、一件商品、一种行为等。例如，要了解全国各高职院校情况，则每所高职院校是总体单位。

3. 统计总体和总体单位之间的关系

统计总体和总体单位是互为存在条件地连接在一起的。没有总体单位，统计总体也就不存在。在一次特定范围、特定目的的统计研究下，统计总体和总体单位是不容混淆的，二者的含义是确定的。但是随着统计研究任务、目的和范围的变化，统计总体和总体单位可以相互转换。对于每个具体事物而言，它不是永远充当统计总体或总体单位的。例如，要了解全国高职院校的情况，每所高职院校是总体单位；而当研究其中某所高职院校时，该高职院校成为统计总体。

1.3.2 标志和标志表现

1. 标志

标志是说明总体单位属性或特征的名称。每个事物都有它自身的特征从而可以区别于另一事物。每个总体单位从不同角度观察，都有许多属性和特征。例如，每一个学生作为总体单位，那么，说明总体单位的特征，即每个同学的特征，如民族、籍贯、身高、体重等就是标志。又如，每家上市公司作为总体单位，每家公司的盈利水平、经营方式、市场占有率等就是标志。总体单位是标志的直接承担者，标志是依附于总体单位的。

2. 标志表现

标志表现是标志所反映的总体单位质或量的特征的具体体现。例如，某同学身高为175cm，某家上市公司市场占有率为28%等。任何一项统计工作，首先要掌握的是现象总体的各个总体单位在特定的时间、地点、条件下实际发生的情况。因此,标志的具体表现是统计最为关心的问题。标志是统计所要调查的项目,标志表现是调查所得的结果。

3. 标志的分类

（1）品质标志和数量标志

按其表现形式不同,标志分为品质标志和数量标志。品质标志是表明总体单位的质的特征的名称,其标志表现不能用数值来表示,只能用文字来表现,如民族这一品质标志表现为汉、壮等56个民族。数量标志是表明总体单位的量的特征的名称,用数值来表现和计量,如某个员工的月工资为5 000元、某人的年龄为23岁等。

（2）不变标志和可变标志

按各总体单位表现是否一致,标志分为不变标志和可变标志。不变标志是指总体中各总体单位在某个标志的具体表现上都相同,它是构成总体的基础。例如,当以全国大学生为总体时,每个人的社会成分都是学生,社会成分在这一总体中就是一个不变标志。可变标志是指总体中各总体单位在某个标志的具体表现上不全都相同。例如,当以全国大学生为总体时,每个大学生的性别、年龄、身高等不全相同,这些就是可变标志。

1.3.3 变异和变量

1. 变异

变异是指可变标志具体表现在各总体单位间所存在的差异,包括品质差异和数量差异。例如,研究我国的商业企业情况,则全国的商业企业就构成了一个总体,其中每个商业企业则为总体单位,不同商业企业的规模、经营品种、利润等方面均存在区别,这种区别即是可变标志的具体表现上的区别,称为变异。客观事物普遍存在变异性,这是统计的前提条件。统计是研究变异的,有变异才有统计,如果没有变异,统计就失去了意义。

2. 变量

可变的数量标志就是变量。变量的具体表现称为变量值,也称标志值。例如,某汽车4S店各型轿车的价格分别为16万元、25万元、30万元、48万元。这里的价格是变量,16万元、25万元、30万元、48万元是变量值。而可变的品质标志只存在变异,它不能用数值表现,所以不是变量。

变量按变量值是否连续可以分为连续型变量和离散型变量。连续型变量是指其变量值连续不断且可取小数的量,如身高、年龄、体重等,数值间是不能以整数位断开的,相邻两数值之间无限可分,其数值要用测量或计算的方法取得。离散型变量是指各变量值之间可以用整数位断开,变量值只能取整数,如学生人数、机器台数、足球场个数等,都按整数算,不可能有小数。

变量按性质可以分为确定性变量和随机变量。确定性变量是指在一个系统中,某一个变量的值能够被另一个变量或若干个变量的值按一定的规律唯一地确定。例如,在利率一定的情况下,银行存款的本息总额就确定了。随机变量是指在相同条件下由偶然因素引起的,在一定范围内可能取各种不同的值,事先无法确定的变量。例如,每年产品的销量等是未知的,是无法事先确定的,所以都属于随机变量。随机变量具有随机性或偶然性,但它的数值变动有一定的规律性。通过大量观察法,应用统计技术方法,可以提示和描述其数量特征和变化的规律性。统计研究的事前情况多是随机变量，统计研究的事后情况则是确定性变量。

1.3.4 统计指标

1. 统计指标的概念

统计指标又称指标，是指反映总体数量特征的名称和具体数值，它表明现象总体在具体的时间、地点和条件下的综合数量表现，即说明总体的特征。例如，2019年某地区常住人口数为800万人，2020年9月某企业销售收入为8 000万元等。一个完整的指标包括六要素：①时间；②空间；③指标名称；④计量单位；⑤计算方法；⑥指标数值。上述指标就包括这六要素：①时间（2019年、2020年9月）；②空间（某地区、某企业）；③指标名称（常住人口数、销售收入）；④计量单位（万人、万元）；⑤计算方法（汇总）；⑥指标数值（800、8 000）。为了简便起见，统计指标只注明指标名称和指标数值两个要素。

2. 统计指标的特点

（1）数量性

统计指标都是用数量表示的，凡是不能直接表现为数量的，都不能称为统计指标。数量性是社会经济现象的范畴转化为指标的前提，只有那种在性质上属于同类而又可以表现为数量的才能成为统计指标反映和研究的对象。

（2）综合性

统计指标是总体单位同质数量综合的结果。例如，以某城市初一学生为统计总体，统计初一学生总人数、平均身高、数学平均成绩等指标。当通过汇总综合得出这些指标后，从这些指标所反映的情况看不到学生的身高、数学成绩的差异，显示的是该城市初一学生的整体情况。可见，统计指标的形成必然经过从个别到整体的过程，通过个别单位数量差异的抽象化来体现总体各单位的综合数量特征。

3. 统计指标的分类

（1）数量指标与质量指标

统计指标按其说明总体现象的内容不同，可以分为数量指标和质量指标。

数量指标是反映社会经济现象总规模、总水平和工作总量的统计指标，一般用绝对数表示，并有计量单位。例如，销售总额、学生总人数、利润总额等。数量指标的数值大小随着总体范围的扩大或缩小而相应地增加或减少。由于它们表明的是现象的总量规模，因此又称总量指标。它有两种表现形式，即总体总量和标志总量。

质量指标是反映总体内部数量关系和总体单位一般水平的统计指标，一般以相对数或平均数的形式表现。例如，平均工资、劳动生产率等。质量指标数值的大小与总体范围的大小没有直接关系。

（2）总量指标、相对指标和平均指标

统计指标按其作用和表现形式的不同，可以分为总量指标、相对指标和平均指标。

总量指标与数量指标为同等概念，只是称谓不同而已。用绝对数反映总体现象规模，其说明总体现象的广度，表明总体现象发展的结果。

相对指标是两个有联系的总量指标相比较的结果。例如，将实际销售量与计划销售量进行比较得到计划完成率等。

平均指标是按某个数量标志说明总体单位一般水平的统计指标。例如，平均身高、平均产量等。

总量指标、相对指标、平均指标的含义、内容、计算方法等将在以后的有关章节介绍。

4. 指标与标志的联系和区别

指标与标志是既有联系又有区别的两个概念。

指标和标志存在明显的区别。①指标和标志说明的对象不同。指标是说明总体特征的，具有综合的特点；标志是说明总体单位的，不具有综合的特点。②指标都是用数量表示的，其中，总量指标用绝对数表示，质量指标用相对数或平均数表示；而标志可以用数量表示，也可以不用数量表示，前者为数量标志，后者为品质标志。

指标和标志的联系表现为：①统计指标是建立在标志值的基础之上的，是各个总体单位的数量标志值的汇总，没有总体单位的标志值，也就不可能有总体的指标值；②指标和标志的确定也不是一成不变的，当总体和总体单位随研究目的发生变化时，指标和标志也会发生相应变化。

任务 1.4 用 Excel 进行统计分析

Excel 是美国微软公司开发的运行在 Windows 环境下的电子表格系统，是目前应用最为广泛的办公室表格处理软件。Excel 具有强有力的数据库管理功能、丰富的宏命令和函数、强有力的决策支持工具，具有图表绘制功能、宏语言功能、样式功能、对象连接和嵌入功能、连接和合并功能，并且操作简捷。

利用 Excel 进行统计分析主要是利用 Excel 中的统计函数、数据分析工具和图表。本节先对 Excel 的这几种统计功能做一个概述，在后面将会结合各任务例题分别介绍怎样使用这些功能进行各种统计分析。

1.4.1 统计函数

Excel 内置的函数中有很多可用于统计，其中常用的统计函数有 AVEDEV（绝对偏差的平均值）、AVERAGE（算术平均值）、CONFIDENCE（总体平均值的置信区间）、CORREL（相关系数）、COVAR（协方差）、GEOMEAN（几何平均值）、HARMEAN（调和平均值）、KURT（峰度）、MEDIAN（中位数）、MODE（众数）、NORMDIST（正态分布的概率值）、NORMSINV（标准正态分布累积函数的逆函数）、NORMSDIST（标准正态分布的概率值）、STDEV（样本的标准差）、STDEVP（总体的标准差）、VAR（样本方差）、VARP（总体方差）。

在工作表中插入这些函数即可得到相应统计指标或估计量的数值，其操作方法在后面各任务中做介绍。

1.4.2 分析工具

Excel 提供了一组可直接使用的数据分析工具，称为分析工具库，为统计分析提供了

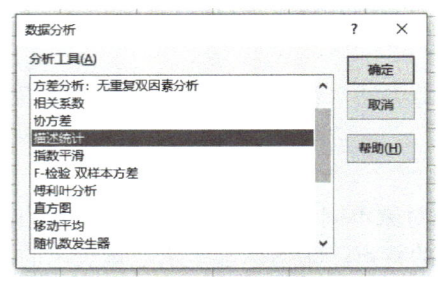

图 1-1 "数据分析"对话框

极大的方便。使用这些工具的方法是：选择菜单栏中的"数据"→"数据分析"命令，在弹出的"数据分析"对话框中选择所需的分析工具（见图 1-1），单击"确定"按钮；在弹出的对话框中输入必要的数据或参数后单击"确定"按钮，即可得到所需的输出结果（表格或图表形式）。

如果"数据"菜单栏中没有出现"数据分析"命令，则应先选择"文件"→"选项"命令，在"Excel 选项"对话框中选择"加载项"，在"管理"下拉列表中选择"Excel 加载项"后单击"转到"按钮；在"加载项"对话框中选中"分析工具库"复选框后单击"确定"按钮即可。

1.4.3 图表

Excel 具有强大而灵活的图表功能，使枯燥乏味的数据形象化。利用 Excel 的图表向导可以轻松地创建图表。其方法是：选择菜单栏中的"插入"→"推荐的图表"命令，弹出"插入图表"对话框，选择"所有图表"选项卡，如图 1-2 所示。Excel 提供了柱形图等 17 种标准类型，用户还可以自己定义图表类型。选定图表类型后单击"确定"按钮，弹出"图表源数据"对话框，在"数据区域"选项卡中输入数据所在区域。每一行（或一列）数据作为一个系列，如果有多个系列，则可在"系列"选项卡中添加（或删除）、指定相应数据区域，并指定分类轴。然后根据提示输入标题、分类轴和数值轴的名称等，即可自动生成所需的统计图表。

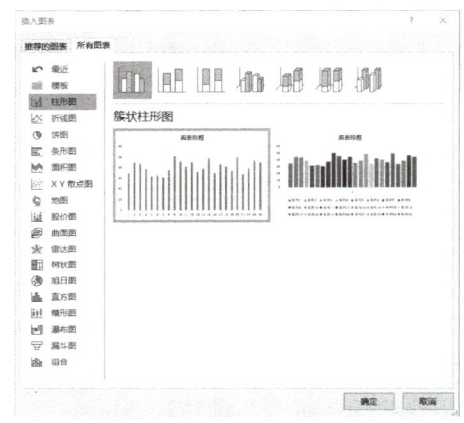

图 1-2 选择图表类型

对自动生成的图表可以进行缩放、移动、复制和删除等操作，也可以单击图表的任一部分（如标题、图例、坐标轴、绘图区等）对其进行修改或美化。

项目小结

本项目介绍了统计的含义、统计学的研究对象及特点、统计工作过程及统计研究的基本方法、统计的职能、统计学中的几个基本概念。

1. 统计的含义包括 3 个方面：统计工作、统计资料、统计学。三者相互影响，关系密切。统计工作和统计资料是统计活动与统计成果的关系，统计工作与统计学是实践与理论的关系。

2. 社会经济统计学的研究对象是社会经济现象总体的数量特征和数量关系，通过这些数量反映社会经济现象的规律性表现。统计学的特点主要表现在数量性、总体性、具体性、社会性。

3.统计工作的过程是统计设计、统计调查、统计整理、统计分析。统计常用的研究方法有大量观察法、统计分组法、综合指标法、统计推断法、统计模型法。

4.统计职能主要有统计信息职能、统计咨询职能、统计监督职能。

5.统计学中的几个基本概念：统计总体和总体单位、标志和标志表现、变异和变量、统计指标。这几个概念是本项目的重点和难点，是学好以后知识的基础和条件，应联系实际，加深理解，灵活掌握。

本项目的重点：统计的含义、统计的工作过程、统计学中的几个基本概念。

本项目的难点：统计总体和总体单位、标志和标志表现、变异和变量、统计指标。

项目实战

客观题

实战题

复习思考题

项目 2 统计资料的搜集

↘ 知识目标
- 掌握统计资料搜集的种类和基本要求。
- 掌握调查方案的制订方法。
- 掌握5种调查资料的搜集方式。
- 掌握搜集调查资料的技巧。

↘ 技能目标
根据实际研究目的和要求,灵活采用资料搜集方式,并将搜集资料的技巧运用于实践。

"醉驾入刑"十周年调查

↘ 情景引入
本情景就是统计中常用的搜集资料的方法。通过本项目的学习,我们将掌握根据研究任务搜集资料的方法,为进行整理分析提供资料来源。

任务 2.1 统计资料搜集的意义、基本要求和种类

2.1.1 统计资料搜集的意义

1. 统计资料搜集概述

统计资料的搜集就是根据统计研究的目的和要求,运用科学的方法,有组织、有计划地搜集统计资料的过程。统计资料的搜集又称统计调查。统计调查所搜集的资料有两种:一种是直接向调查单位搜集的未经加工、整理的资料,一般称为原始资料,或称初级资料;另一种是根据研究目的,搜集经初步加工、整理过的,能够在一定程度上说明总体现象的资料,一般称为次级资料,或称二手资料。本章的重点是对原始资料的搜集。例如,关于某高职院校一年级学生的学习、身体、心理情况等的数据是原始资料,它有待进一步加工整理,这样才能反映该校学生的情况。如果有必要还需搜集该校上一年一年级学生的情况,而这些资料是能够反映总体特征的,而且是经过加工整理的资料,因此是次级资料。根据研究的需要,次级资料既可以直接使用,也可以进行调整再加工后使用。

2. 统计资料搜集的意义

一切的统计整理和统计分析都是建立在原始资料搜集的基础上的，所以，资料的搜集是整个统计工作中最基础的环节，也是最重要的环节，它直接关系到整个统计工作的质量。"没有调查，就没有发言权"，在统计工作中显得尤为重要。统计调查也就是资料的搜集是影响整个统计工作质量的关键，只有搞好统计调查，才能保证统计工作达到对客观事物规律性的认识，在此基础上才能进行统计分析与预测。

2.1.2 统计资料搜集的基本要求

统计资料搜集的基本要求是准确性、及时性、全面性，它是衡量统计工作质量的重要标志。

1. 准确性

统计数据的准确性是统计数据质量的生命之本。准确，就是如实反映客观实际；反之，不准确的资料，可能误导做出不正确的分析、计划、决策，会使工作走很多弯路，甚至造成巨大损失。要做到资料准确可靠：一是要求国家机关、社会团体、各企事业单位严格按照《中华人民共和国统计法》和有关法规、规章提供统计资料，不虚报、瞒报资料，不伪造、篡改统计数字；二是要求尽可能地消除或控制来自各方面的统计调查误差，这是资料搜集中的技术问题。

2. 及时性

及时性要求及时完成各项资料的上报任务。统计信息的时效性是统计的"身份"。客观社会经济现象是不断发展变化的，如果统计资料搜集不及时，就难以发挥它的作用，统计资料就如同失去了生命。同时，统计数据的及时性是一个全局性问题，每一项统计工作的完成，都是许多单位共同努力的结果，任何单位不按照规定完成，都会影响统计工作的开展。

3. 全面性

全面性包括两方面的内容：一是根据研究目的，对所有调查单位的资料毫无遗漏地搜集起来，但又不能重复；二是项目要齐全。如果提供的资料不全面，以此资料为依据就不可能得出有关现象本质的正确结论，不能够正确地反映社会经济现象的全貌。

2.1.3 统计资料搜集的种类

1. 按搜集资料对象包括的范围不同，分为全面调查和非全面调查

全面调查就是对构成调查对象的所有单位一一进行调查。例如，要了解广东省工业增加值，就要对该省所有工业企业进行调查，这属于全面调查。全面调查可以取得全部调查单位的全面、完整的资料，但往往需耗费大量人力、物力、财力和时间。因此，只有对某些必须掌握的、重要的基本资料才采用全面调查。

非全面调查就是对构成调查对象的部分单位进行调查。例如，要了解市场上流通的奶粉质量，可以抽取一部分奶粉进行质量检验，这属于非全面调查。非全面调查由于调查的单位少，可用较少的人力、物力、财力和时间取得较为细致深入的资料，收到事半功倍之效。但无法取得反映所有调查单位的全面资料，调查结果有时不太准确。

2. 按搜集资料的组织形式不同，分为统计报表制度和专门调查

统计报表制度是按照国家统一规定的调查表式和要求，自上而下地统一布置，自下而上地逐级提供统计资料的一种调查方式。因为它要求按规定的报表格式、内容，规定的报送程序和报送时间报送数据资料，所以是一种严格的报告制度。统计报表是我国搜集全面统计资料的主要方式。

专门调查是指为了某些特定目的研究某些专门问题而组织的调查。例如，为了了解上海自由贸易试验区对区域经济、企业发展及老百姓的生活所带来的影响而进行的调查就属于专门调查。这种调查多属一次性调查，如普查、重点调查、典型调查和抽样调查。

3. 按搜集资料的时间是否连续，分为经常性调查和一次性调查

经常性调查也就是连续性调查，是指随着调查对象的变化，连续不断地进行调查登记，以了解事物在一定时期内发生、发展的全过程。例如，企业的商品销售量、原材料的消耗等资料的取得，都必须在一段时间内连续不断地进行登记。经常性调查的数据说明了对象的发展过程，体现了对象在一段时期的总量。

一次性调查也就是不连续性调查，是指间隔一段时间对调查对象进行调查，从而获得现象总体在某一时点上的状态。例如，我国每隔10年进行一次的人口普查。一次性调查可能只进行一次而不考虑下一次是否进行，也可能是间隔很长时间（1年以上）仍会进行。一般来说，一次性调查针对性很强。

任务2.2　设计统计调查方案

统计调查是一项科学、周密、系统、复杂的工作，在开展统计调查前，必须制订一个科学合理、切实可行的统计调查方案，这是保证调查工作顺利开展并且达到预期目的的指导性文件。设计一项完整的统计调查方案一般包括以下几个方面的内容。

2.2.1　确定调查目的

制订一个统计调查方案，首先要明确调查的目的，即要明确进行调查所要研究和解决的问题，这是统计调查中最根本的问题，决定着调查工作的调查对象、调查单位、调查方法和组织。确定调查目的时，应做到具体明确，突出中心，避免面面俱到，这样搜集到的资料就合乎要求，避免人力、财力、物力和时间的浪费，需要了解的资料在调查结果中得到反映，工作得以顺利完成。

2.2.2　确定调查对象、调查单位和报告单位

调查目的确定后，就可确定调查对象和调查单位。调查对象是调查中需要调查的现象的总体，是由性质相同的许多个别单位所组成的，是统计总体在统计调查阶段的具体化。调查单位是构成调查对象的个体单位，即标志的直接承担者，也就是调查对象。确定调查对象，就是要确定被研究现象总体的范围，调查对象确定后，调查单位也就随之确定了，调查单位是总体单位在统计调查阶段的具体化。例如，调查目的是了解我国上市公司情况，

那么我国所有上市公司就是调查对象，每家上市公司就是调查单位。

明确调查单位还要把它和报告单位相区别。报告单位也称填报单位，即负责提交调查资料的单位。调查单位和报告单位有时一致，有时不一致。例如，调查目的是了解我国高职院校的办学情况，调查对象是所有高职院校，每一所高职院校既是调查单位又是报告单位。又如，某中学各班教学桌椅普查中，调查对象是所有班的全部桌椅，调查单位是所有班的每个桌椅，而报告单位则是每个班。

2.2.3 拟定调查项目和设计调查表

1. 拟定调查项目

调查项目是指对调查单位所要调查的内容，是调查单位所承担的基本标志，也就是确定准备调查的内容，向被调查者调查什么，需要被调查者回答什么问题。例如，2020年我国第七次人口普查规定的调查项目主要是人口和住房的基本情况，包括姓名、公民身份证号码、性别、年龄、民族、受教育程度、行业、职业、迁移流动情况、婚姻生育状况、住房等情况。

拟定调查项目要注意以下几个问题。

① 调查项目应是满足调查目的需要并能实际取得的资料。
② 调查项目的含义要明确，不能含糊不清。
③ 调查项目要避免重复和相互矛盾。

2. 设计调查表

将调查项目按照一定的顺序和方式排列在一定的表格上就构成了调查表。调查表是调查项目的表现形式，其作用在于能够清晰地表述调查内容，便于登记调查资料。

2.2.4 确定调查时间和调查期限

调查时间是指调查资料所属的时间。如果所要调查的是时期现象，就要明确规定资料所反映的是调查对象从何时起到何时止的资料。如果所要调查的是时点现象，就要明确规定统一的标准调查时点。

调查期限是调查工作进行的时限，也就是完成整个调查工作所需要的时间。为了提高信息资料的时效性，调查期限应尽可能缩短。

例如，对某省2020年工业增加值进行调查，调查时间是时期，即2020年这一年。从2021年1月1日起开始调查，截至2021年1月31日将资料搜集、整理完毕，则调查期限为1个月。

2.2.5 制订调查工作的组织实施计划

统计调查工作得以顺利进行需有严密、细致的组织工作。其主要内容有调查工作的领导机构和办事机构、调查人员的组织、调查经费的预算和开支方法、工作进度等。

任务 2.3 调查资料的搜集方式

2.3.1 统计报表制度

1. 统计报表的含义

统计报表是我国定期取得统计资料的基本调查方式，是根据国家有关法律的规定，按照统一规定的表格形式、统一的指标和内容、统一的报送时间和报送程序，自下而上逐级定期提供基本统计资料的一种调查方式。

统计报表制订、实施和管理的一整套规章制度统称为统计报表制度。按照《中华人民共和国统计法》的有关规定，执行统计报表制度是各地方、各部门、各单位必须向国家履行的一种义务。统计报表制度的基本内容有报表目录、表式及填表说明 3 个部分。报表目录是指应报送的报表名称、报送日期、编报单位、编报范围等有关事项的说明。表式即报表的具体格式、要求填报的各项指标等。填表说明是指填表时有关事项的说明，包括统计范围、统计目录和指标的解释、计算方法等的具体规定。

统一性是统计报表的基本特点，具体表现为：①统计报表的内容和报送的时间是由国家强制规定的，以保证调查资料的统一性；②统计报表的指标含义、计算方法、口径是全国统一的。

2. 统计报表的种类

（1）按照调查范围分类，可以分为全面统计报表和非全面统计报表

全面统计报表要求调查对象中的每个单位都要填报；非全面统计报表只要求调查对象的一部分单位填报。目前我国大多数为全面统计报表，也有少数为非全面统计报表。

（2）按报送周期长短的不同，可分为日报、旬报、月报、季报、半年报和年报

日报和旬报，其时效性强，仅填报生产中最重要的指标，又称进度报表。周期长的，则指标项目及内容可多一些、详细一些，如年报，具有年度总结的性质，是当年生产经营管理活动的全面反映，因此，指标项目最多，内容全面详尽。

（3）按报送方式的不同，可分为电讯报表和邮寄报表

电讯报表又分为电报、电话、电视传真、网络数据传输等方式。采用何种方式报送，取决于时效性的要求和报表内容的详简程度。例如，日报和旬报，一般采用电讯方式报送；月报、季报、半年报和年报，主要以邮寄方式报送。

（4）按填报单位的不同，可分为基层报表和综合报表

基层报表是由基层单位填报的统计报表，填报单位为基层填报单位。综合报表是由主管部门或统计部门根据基层报表逐级汇总填报的统计报表，填报单位为综合填报单位。

（5）按性质和内容不同，可分为国民经济基本统计报表和专业报表

国民经济基本统计报表由国家统计部门统一制发，用来搜集工业、农业、交通运输、基本建设、商业、劳动工资、物资、财政金融、文教卫生、科学研究等方面最基本的统计资料，用以反映国民经济和社会发展的基本状况，是进行宏观决策和规划的重要依据。专业统计报表是各有关部门为适应本部门管理的需要而制定的，在本部门内实施，用以搜集本部门的业务技术资料，作为基本统计报表的必要补充。

3. 统计报表的资料来源

统计报表的资料来源于基层单位的原始记录。原始记录是基层单位通过一定的表格形式对基层生产、经营活动所做的最初记载，是反映社会经济活动的第一手材料。例如，企业产品产量记录、原材料出库入库记录等。

从原始记录到统计报表，中间还要经过统计台账和企业内部报表。统计台账是指根据统计报表核算要求和企业生产经营管理需要，用一定的表格形式将分散的原始记录，按时间顺序分门别类地集中登记在一个表册上。例如，企业每天会有许多的某原材料出库单，这些原材料出库单就是企业的原始记录；每天把这些出库单汇总得到该企业的当日某种原材料耗用量，按日期登记在一本账册中，即统计台账；将统计台账中每日耗用量累计，得到当月该种原材料耗用量，据此填入统计报表中的原材料耗用量项下。原始记录、统计台账和统计报表之间密切联系，逐层递进。

2.3.2 普查

1. 普查的概念和意义

普查是根据统计任务的特定目的而专门组织的一次性的全面调查。它可以取得比较全面的资料，用以搜集重要国情、国力和资源状况的全面资料，为政府制定规划、方针政策提供依据。普查是一种重要的调查方式，世界各国在反映本国综合实力的国情国力调查中，常采用普查的方式，如2020年11月1日0时我国开始了第七次全国人口普查。

2. 普查的特点

（1）一次性或周期性

由于普查的规模大、涉及面广、指标多、调查单位多，耗费大量人力、物力和时间，且一般用来调查属于一定时点上的现象总量，不必做连续登记，只需间隔一段较长时间进行一次性的调查，如我国的人口普查从1953年至2020年共进行了7次。普查作为获取有关国情、国力资料的重要统计方法，在我国已经纳入了规范化、法制化的轨道，我国政府也制定了"以周期性普查为基础"的整体统计调查方法体系。已有的重大普查工作的安排如下：人口普查，逢末尾数为0的年份实施，每10年1次；农业普查，逢末尾数为6的年份实施，每10年1次；经济普查，每10年进行2次，分别在末尾数逢3和逢8的年份实施。

（2）统一的标准时点

标准时点是指全体调查者在对被调查现象进行登记时所依据的统一的时点。有了统一规定的标准时点，就可以避免搜集资料时由于主观或客观的原因而产生的重复和遗漏现象，以保证资料的准确性。例如，我国第七次人口普查的标准时点是2020年11月1日0时。

（3）统一的调查项目

调查项目一经确定，不能随意改变或增减，以免影响汇总和综合。此外，同类普查的内容，在满足不同阶段和时期的需要而增加新项目或减少老项目的同时，应尽可能保持一致，以便于对被调查对象进行不同时期的比较分析。

3. 普查的组织方式

普查的组织方式基本上有两种形式：一种是专门设置的普查机构，配备一定的普查人员，对调查单位进行调查，如我国历次的人口普查；另一种是利用调查单位的原始记录和日常核算资料，统发一定的调查表，由调查单位按要求自行填报，如我国历次的物资普查。

但即使是第二种形式，也需要组织普查的领导机构并配备一定的专门人员，对整个普查工作进行组织与协调。

2.3.3 重点调查

1. 重点调查的概念和意义

重点调查是指在调查对象中选择一部分重点单位所进行的非全面调查。重点单位其数目在全部单位数中占很小的比重，但其调查的标志值在总体的标志总量中却占绝大部分比重，因而能够从数量上反映出总体的基本情况。例如，要了解全国钢铁产量的基本情况，只要对全国少数几个重点钢铁企业如宝钢、首钢、鞍钢、武钢等进行调查，就能及时掌握我国钢铁产量的基本情况。因为这些钢铁企业在全国钢铁企业中虽然是少数，但它们的产量占有很大的比重，足以反映我国钢铁生产的基本情况。重点调查比全面调查节省人力、物力和时间，所以，当调查任务只要求掌握基本情况，而总体中又确实存在重点单位时，采用重点调查比较合适。但由于重点调查的指标数值不能完整地反映现象总量，因而不具备推断总体总量的条件。

2. 重点单位的选择

正确选择重点单位，是组织重点调查的关键。重点单位不是固定不变的，是随着调查任务、调查对象、调查时间的不同而有所变化的。选择重点单位的一般原则是，选出的重点单位要尽可能少，而它们的标志值在总体中所占的比重要尽可能大。同时，选中的单位，其管理制度应比较健全，统计力量应比较充分，统计基础应巩固扎实，这样才能准确、及时地提供详细的资料。

2.3.4 典型调查

1. 典型调查的概念和意义

典型调查是根据调查目的和要求，在对调查对象进行全面分析的基础上，有意识地选取若干个具有代表性的单位进行深入、细致的调查研究，借以认识事物发展变化规律的一种非全面调查。

典型调查既是一种搜集统计资料的调查方法，也是一种分析问题和解决问题的工作方法。它的意义体现在以下几个方面。

（1）典型调查可以用来研究新事物

社会经济是在不断发展变化的，新情况、新问题层出不穷，可以通过对新生事物的典型调查，探究出事物发展的方向和规律性，然后对事物进行深入的调查分析，找出解决问题的具体办法。

（2）典型调查可对所研究的问题进行具体深入的分析

典型调查的调查单位少，可以进行深入、细致的调查，可以反映事物发展变化的真实情况和现象的各方面联系，并且有举一反三的效果，便于及时总结经验和教训。

（3）可与全面调查结合起来，弥补全面调查的不足

典型调查可以测算和推断有关总体的数据，在一定条件下验证全面调查结果的可靠性。

2. 典型调查的特点

典型调查与其他调查方式相比，具有以下几个特点。①它只对少数典型单位调查，其

调查范围小，调查单位少，就能对典型单位进行深入细致的调查，进行具体的剖析。因此，可用来研究一些比较复杂的专门问题，而且需要的调查人员少，花费的财力、物力也较少，时间比较短，具有经济性和时效性。②典型单位是根据调查目的与任务，在对调查对象进行初步定性分析的基础上，有意识地选择出来的，所以调查单位的选择更多地取决于调查者的主观判断与决策，调查人员的经验与专业水平会影响到调查单位的选择。③典型调查的误差取决于被选取的典型单位的代表性的高低。当总体各单位标志值差异很小时，典型单位的代表性就高，调查误差就小；反之，调查误差就大。

3. 典型调查的组织方式

选择典型单位是做好典型调查的基础，典型单位应具有充分的代表性。这里的"代表性"应根据研究目的的不同来确定。具体有以下3种组织方式。

（1）解剖麻雀式

如果典型调查的目的是了解总体的一般情况，可以选择中等水平的单位作为典型调查的调查单位，通过"解剖麻雀"，认识总体的一般水平、内部结构和发展变化的规律，解释事物本质。

（2）突出选典式

如果典型调查的目的是推广成功经验、总结失败教训或观察新生事物，就可以选择总体中的先进单位、后进单位或新生事物作为典型调查的调查单位，进行深入细致的调查研究。

（3）划类选典式

如果调查的目的是了解总体的概况，而总体的结构又比较复杂，可以在了解总体的大致情况下，把总体按照一定的标志划分成若干类型，按各个类型单位在总体中所占的比重，从每一类型中选出少数典型单位进行调查，从而提高典型单位的代表性，最后将各类型的典型单位资料综合起来加以分析研究。

2.3.5　抽样调查

1. 抽样调查的概念和主要应用范围

抽样调查是指按照随机原则从总体中抽取一部分单位作为样本进行调查，根据调查的结果推断总体特征的一种非全面调查。抽样调查与其他调查相比，组织容易，可以较大程度地排除个人主观意图的影响，并且在一定程度上控制调查误差。

抽样调查的主要应用范围如下。

（1）对总体不可能或不必要进行全面调查，而又必须掌握总体指标数值的情况

抽样调查能够解决全面调查无法解决的问题。例如，由于放炮属于破坏性实验，要了解炮弹射程的远近，只有通过抽样调查来完成。又如，要了解海洋中鱼类的情况，由于这是一个无限总体，不可能进行全面调查，也只有通过抽样调查来完成。另外，还有些总体由于范围大，时间空间跨度大，在经济上不合算，在资料上未必能保证，没有必要进行全面调查，如林区木材储存量调查等。

（2）对全面调查的结果进行修正和补充

例如，在人口普查中，由于调查量较大，调查项目较多，常会发生误差，可通过抽样调查的数据对其进行修正，以有效地提高普查数据的质量。

2. 抽样调查的特点

抽样调查与其他非全面调查相比较，具有几个明显的特点。①随机抽取调查单位，不受调查者主观意图的影响，每个被调查者被抽中的机会完全相等。②抽样调查是用一部分单位的指标数值去推断总体相应的指标值，其他的非全面调查一般不用来推算总体。③抽样调查存在着可控制性误差，随着调查单位数的增多，误差会随之减少，但并非成比例。调查人员可以通过一定的方法去控制误差。④抽样调查只能抽取单位进行调查，减少了很多中间环节，调查速度快，能够满足时效性要求高的调查项目。

不同的统计调查方式，各有其特点和作用，都存在一定的优点和局限性。在实际工作中，通常并不单独使用一种调查方式、方法，而应根据不同情况灵活运用，将几种调查方式结合使用。

任务 2.4　搜集资料的基本方法

2.4.1　直接观察法

直接观察法是指搜集数据人员直接到现场对被调查对象进行观察和计量，以取得第一手资料的一种调查方法。例如，要了解顾客在各柜台停留的时间，可以在超市安装摄像头进行观察；又如，要了解某品牌汽车的配置情况，调查者可以去汽车销售店现场进行观察。无论是利用仪器现场观察，还是调查者现场观察，都是直接观察法。这种方法能保证资料真实、及时，在人员组织、调查时间等方面有较大的灵活性，但由于现场观察需要较多的人力、物力和时间，调查要受到时间和空间等的限制。

2.4.2　访问法

访问法是根据调查研究的目的，确定调查项目，以有计划地通过口头、网络、电话等方式向被调查者了解情况，请被调查者以口头或填写等形式来回答问题，以搜集统计资料的调查方法。

在实际调查中，访问法主要有以下 3 种形式。

1. 面谈访问

面谈访问是数据搜集者与被调查人员面对面交谈搜集统计资料的一种方法，是最直接的获取资料的调查方法。按与被调查者接触方式的不同，面谈访问包括个别访问和座谈访问。个别访问是每次只访问一个被调查者，这是最常见的形式。座谈访问是指每次调查多个被调查者，通常采用开调查会、座谈会的形式。访问法的优点是能深入了解各种现象，真实性较高。但面谈访问对访问者的人际交往能力要求较高，不适宜调查某些敏感问题或稳私问题，人们的文化程度、社会经验、社会地位、价值观念等方面的差异都会影响调查结论，且人力、物力、财力花费较大。

2. 电话访问

电话访问是以电话为媒介搜集信息的一种调查法。这种调查法成本较低，不受地域的限制，能迅速地获得资料，但访问的时间不能太长，比较适用于对热点问题、突发性问题的数据搜集。

3. 网络访问

网络访问是通过网络方式所进行的调查。这种方式速度快、费用低、数据处理方便，是目前搜集资料最常用的方法。

2.4.3 问卷法

问卷法是根据调查研究目的，事先设计出各种问题，以问卷形式提问，由被调查者依问卷提出的问题及给定的选择答案进行回答的一种调查方法。调查人员可以当面或通过网络等途径将问卷发给被调查者。采用问卷法始于20世纪30年代的美国，当今已成为世界各国搜集资料的主要方式。问卷法有以下几个方面的特点。①通俗易懂，实施方便。由于问卷法将所要调查的问题及可供选择的答案都已列出，被调查者有足够的时间从中进行选择，容易接受。②适用范围广。问卷法既可用于对社会政治经济现象进行调查，也可用于调查某个专项问题。从实施的空间来看，问卷法适用于各种范围与环境。③节省调查时间，调查效率高。由于在调查问卷中已将调查目的、内容、问题及可供选择的答案列出，无须详细说明，直接由被调查者选择回答即可，从而能节省调查时间，加快调查速度。问卷法所设计的问卷是关键，必须精心设计问卷，问题要简明扼要，要保证问卷的回收率和调查质量。

2.4.4 报告法

报告法是由报告单位按照要求及时向有关部门提供统计资料的一种调查方法。统计报表就属于这种方法。报告法一般是对机关团体和企事业单位，而不是对个人或个体单位调查，下级必须按规定准确、及时地向上级提供统计资料，具有法律行政的强制性。如果报告系统规范，原始资料和核算工作准确，采用此法可以取得比较精确、全面的资料。

任务2.5 调查问卷的设计

调查问卷是用来搜集资料的一种工具，它是根据调查目的和要求设计，由一系列的问题、备选答案、说明等组成的一种调查形式。完美的问卷必须具备两个功能，即能将问题传达给被问的人和使被问者乐于回答。

调查问卷设计的好坏直接影响到数据的质量和分析结论。设计的问卷应能有效地用来搜集数据、获取信息，尽可能减少误差，并能减少搜集和处理数据所花费的费用和时间。问卷设计时应当按照一定的结构，遵循一定的原则，运用一定的技巧。

2.5.1 问卷设计的原则

成功的问卷设计必须满足两个条件：一是被调查者能准确无误地理解问卷所列的问题，愿意并乐于回答；二是调查者能获得所需的完整、准确的信息，并方便数据的处理。

问卷设计应遵循以下原则。

1. 主题必须明确
问卷题目的拟定应围绕调查的主题，从实际出发拟题，问题目的要明确、重点要突出，避免出现可有可无的问题。

2. 结构合理，逻辑性强
调查问卷中问题的排列要有一定的逻辑顺序，符合被调查者的思维顺序，一般先易后难，先简后繁，将被调查者感兴趣的问题放在前面，一些比较乏味的问题放在后面，以利于调查的顺利进行。

3. 问题表述清楚，易于理解
问卷中要尽量避免使用专业术语及不规范的简称，应使被调查者能够清楚无误地加以回答。

4. 控制问卷的长度
回答问卷的时间应控制在 20 分钟以内，尽量短。问卷中既不多问一个问题，也不遗漏一个问题。

5. 尽量避免敏感性问题
敏感性问题是指被调查者不愿意让别人知道答案的问题，如个人收入问题等。问卷中要尽量避免提问敏感性问题或容易引起人们反感的问题。若采用匿名答卷的方式，被调查者则会倾向于如实回答较为敏感的问题。

6. 便于资料的整理、统计和分析
设计好的问卷在调查完成后，应能够方便地对所采集的信息资料进行整理，对调查结果进行统计和分析。如果不注意这一点，很可能出现调查结束，信息资料获得很多，但是统计处理却无从下手的难堪局面。

2.5.2　问卷的结构

调查问卷一般由题目、卷首语（开场白）、正文、结束语 4 个部分组成。

1. 题目
问卷的题目是对问卷调查内容的概括，通过问卷的题目可以反映出调查的主题。题目要准确、醒目、突出，使被调查者对所要回答什么方面的问题有一个大致的了解。

2. 卷首语（开场白）
卷首语（开场白）是一封致被调查者的短信，目的是让被调查者了解调查者的身份、调查的内容和意义、对被调查者的希望和要求等。卷首语篇幅不宜过长，文字要简洁、开门见山，也可在卷首语中进行一定的宣传。虽然卷首语的篇幅短，但能否获得被调查者的合作与支持，在很大程度上取决于卷首语的质量。因此，卷首语语气应该是亲切、有礼貌的。大量的实践表明，如果潜在的调查对象在听取介绍调查来意的一开始就愿意参与合作，那么绝大部分都会合作，而且会认真填写。

3. 正文
正文是问卷的主体，主要包括问题和备选答案，是体现问卷质量的关键所在。这些问题从形式上看有两种：一是开放式；二是封闭式。开放式问题只提出问题没有答案，答案由被调查者自己填写。例如，调查受访者对商品包装的建议等，这类问题一般提问比较简单，回答比较真实，但问题的答案结果不规范，回答方式各异，难以统计整理，不易做定量分

析研究。封闭式问题有问题且有备选答案。例如，调查受访者喜欢哪一款商品，将商品的款式列出来供受访者挑选等，这种问题由于答案标准化，不仅回答方便，而且易于问卷的整理和统计分析，但这类问题容易造成强迫式回答，给草率应付的调查对象提供了乱答的条件。按内容，问题可分为两类：一类是客观题，如调查受访者是否去过某地旅游，回答是或否；另一类是主观题，这类题是调查受访者对某个问题的看法、认识等，如对某商品质量的满意度等。

4. 结束语

结束语的任务就是告诉受访者阅卷结束，访问完毕了。例如，"再次感谢您的参与，麻烦您检查是否还有尚未填写的题目，确认填写完整后请交给我们的工作人员。"等。

调查问卷可以按照上述结构形式设计，但并非一定要拘泥于此，可以适当地变化。因为调查问卷最重要的功能是帮助搜集所需的信息，任何问卷的结构形式都是为了帮助问卷设计者更加有利地设计问卷而提出的，所设计的问卷应操作性强，能达到预期的数据要求。

2.5.3 调查问卷的问题设计

问题设计是调查问卷设计的主要内容，是决定调查质量的关键。若问题设计不当，则可能会使被调查者产生误解，甚至引起反感。因此，在设计问卷时，必须根据设计问卷的步骤和原则，针对问题的类型反复推敲，才能设计出高水平的调查问卷。

1. 开放式问题的设计

开放式问题不提供具体的答案，由被调查者根据自己的意愿自由作答，特别适用于探索性调查。开放式问题主要有以下几种设计方法。

（1）再确认法

再确认法是通过给被调查者提供与调查对象相关的某种线索来刺激其回忆确认。回忆程度可分为"知道、听说过、不知道"等，刺激材料可以是文字、图画或照片。例如，请问您知道下面哪几个空调品牌？

品　　牌	知　　道	听　说　过	不　知　道
三洋			
华凌			
海尔			
格力			

用再确认法拟定问题时需注意：要根据调查目的选择刺激材料；要注意使刺激材料形成无序排列，以避免产生引导性误差；刺激材料的数目一般不要超过10个。

（2）回忆法

回忆法是用于调查被调查者对品牌名、广告等印象强烈程度的一种问题设计方法。例如，"请说出您所知道的汽车品牌""您知道广州有多少家调味品生产厂家"等。回忆法可与再确认法配合使用，再确认法一般用于调查"记忆的分量"，而回忆法则多用于调查"回忆的强度"。

（3）自由式回答法

自由式回答法是指设计问题时不设计供调查者选择的答案，而是由被调查者自由陈述意见，对其回答不作任何限制，如"您认为学校食堂可以从哪几个方面改进"等。自由式回答法的优点是：拟定问题不受限制，比较容易；可获得深层次的意见和不同的看法。其缺点是：调查结果整理比较困难；有些被调查者不知道如何回答，因而缺项较多。

（4）字词联想法

字词联想法是将按照调查目的选择的一组字词展示给被调查者，每展示一个字词，就要求其立刻回答看到该字词后想到了什么，由此推断其内心想法。

字词联想法常用的设计方式有以下几种。

① 自由联想法：对被调查者的回答不作任何限制，如"提到冰箱您想到什么？"。

② 控制联想法：把被调查者的回答限制在某一方面，如"提到冰箱您想到什么品牌？"。

③ 提示联想法：提出问题后，请被调查者在事先拟定好的单词表上挑选产品，如"看到LV您想到什么？请在下面的字词中选择答案：衣服　女士包　名牌　奢侈品　高质量"。

字词联想法常用来比较、评价和测试品牌名称、品牌形象及广告用语等。在使用字词联想法调查时，要注意记录被调查者回答问题的时间。因为回答越快，说明被调查者对这个字词的印象越深，越能反映被调查者的态度。回答越慢，则说明被调查者的答案越不肯定，答案的可靠性越差。

（5）文句完成法

文句完成法是将问题设计成不完整的句子，请被调查者完成。例如，"经常买（　　）牌子的化妆品"。

与字词联想法相比，文句完成法不用强调被调查者回答问题的时间，由于被调查者完成的是句子，调查结果也比较容易分析。因此，常用于调查消费者对某种事物的态度或感受。为了减少被调查者回答时的顾虑，在设计问题时应避免用第一或第二人称。

（6）图画故事完成法

图画故事完成法是指通过向被调查者出示一组漫画或图片，要求其根据自己的理解描述漫画或图片的内容，或者编造一个故事，调查者则从被调查者的描述中探询对方的态度或愿望。在采用这种方法时，由于被调查者是根据自己的经验或想法不受拘束地进行描述或编造故事，因此，回答内容能够反映其内心的真实需求和愿望。这种方法对调查者的要求比较高，要能根据被调查者的回答分析其内心想法。

2. 封闭式问题的设计

封闭式问题对问题事先设计了各种可能的答案，供被访者从中选择作答。封闭式问题主要有以下几种设计方法。

（1）是否法

是否法是指在一个问题的后面附有两个答案，回答时只能在两个答案中选择一个。例如，你是否拥有TCL手机？

A. 是　　　　　　　　　　　　B. 否

是否法的答案明确简单，便于统计，特别适用于相互排斥的两择其一式的问题。但是，由于只有对立的两极答案，难以调查出被调查者意见的程度区别。

设计是否法问题时，要注意有些问题看似只有两个选择，其实并非如此。例如，"您"

是否准备购买汽车？"这个问题从表面看答案只有"是"或"否"，实际上却有5个答案：是、否、可能买、可能不买、不一定。对这种包含多个答案的问题就不能用是否法，可采用多项选择法。另外，有的问题虽然只有两个答案，但两者并不是相互对立的。例如，"您是喜欢看电影，还是喜欢看电视？"一个家庭可能两者都不喜欢或两者都喜欢。对这种答案本身不相互排斥的，最好采用多项选择法。

（2）多项选择法

多项选择法是指一个问题有两个以上的答案，被调查者可选择一项或多项作为回答。例如，您购买手机主要考虑哪些方面的因素？

A. 价格　　B. 质量　　C. 外观　　D. 功能　　E. 其他（请注明）

多项选择法提供的答案是标准化的，对答案进行编码和分析都比较容易；回答者易于作答，有利于提高问卷的回收率；问题的含义比较清楚，因为所提供的答案有助于理解题意，这样就可以避免回答者由于不理解题意而拒绝回答。但回答者对题目不正确理解的，难以觉察出来，可能产生"顺序偏差"或"位置偏差"，即被调查者选择答案可能与该答案的排列位置有关。研究表明，对于陈述性答案，被调查者趋向于选第一个或最后一个答案，特别是第一个答案，即使设计有"其他"项，常常也可能被忽略。

（3）排序法

排序法是对一个问题列出几个回答项，要求被调查者根据自己认为的重要程度对其排序。例如，请根据您认为的重要程度，对下列影响您购买汽车的因素进行排序。

A. 外观　　B. 内饰　　C. 空间　　D. 操控　　E. 动力　　F. 油耗　　G. 价格

这种问题形式便于被调查者对调查事项进行比较衡量，能够客观地表达自己对调查事项重要性的态度，而且资料的统计整理也比较简便。排序法的缺点是不能反映各调查事项重要性的差异程度。一般在对有关事物重要性先后次序进行调查时采用这种方法。

（4）数值分配法

数值分配法也称打分法，是考察调查对象具有的各种特点的程度，由被调查者选择有一定代表特性的程度数值，如从1到10之间的数值。该方法常用于对商品的评价、企业印象的评定等。例如，要求被调查者按质量的好坏，给列出的各种品牌的自行车打分。统计时把每种品牌的得分加在一起，然后以得分最低的品牌为基数，与其他品牌相比较，所得到的一系列数值，就是该次测量值。

（5）数值尺度法

数值尺度法是指在5个或5个以上阶段上配以适当的程度副词，以探求回答者意见、态度的一种测量方法。一般常用的阶段副词有：很满意、满意、不满意、还算满意、有些不满意、很不满意或非常喜欢、比较喜欢、一般、不喜欢、很不喜欢等。例如，请根据您对本次行程的满意程度，在相应的点上标"√"。

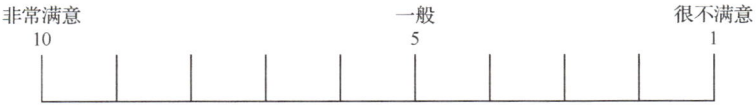

数值尺度法简便易行，但在理论上必须先假定从"非常"到"比较"、从"比较"到"一般"等每个阶段之间的距离是完全相等的。这要求对被调查项目做严格的筛选和评定等准备工作。

2.5.4　问题设计时应遵循的原则

实际调查工作中，被调查者的个体差异会给问卷调查带来很多难题。解决这些难题，除依赖调查问卷的设计人员丰富的实际经验外，还有必要在问题设计过程中注意下述原则。

1. 穷尽性原则

所谓穷尽性，是指所列出的答案包括了所有可能的情况。所有被调查者都能在给定的备选答案中至少选择一项适合自己回答的答案，不至于因所列出的答案中没有合适的答案而放弃回答。例如，您每月所需费用的来源？

　　A. 父母提供　　　B. 奖学金　　　C. 勤工助学

对该问题若只设计以上3个备选答案就违背了穷尽性原则。应加上答案"其他"，这样答案才完备。

2. 互斥性原则

所谓互斥性，是指答案之间不能相互重叠或相互包含。例如，在下列动物中，您最喜爱的是哪一个？

　　A. 大熊猫　　B. 哺乳动物　　　C. 鹦鹉　　　D. 狗　　　E. 乌龟

答案中哺乳动物和大熊猫、狗等都不是互斥的。

3. 一致性原则

所谓一致性，是指所提问题与所设答案应做到一致。例如，您的职业是什么？

　　A. 教师　　　B. 企业　　　C. 事业单位　　　D. 工人

该问题与所设的答案"企业、事业单位"就不一致。

4. 中性化原则

所谓中性化原则，就是提问要中性化，避免带有倾向性或暗示性的问题。例如，"您是否也和大多数人一样喜欢该品牌汽车？"这样的问题带有明显的暗示性。"大多数"这种暗示性的询问会导致两个不良后果：一是会使回答者不假思索地就顺从大多数人的意见；二是会使回答者反感，他会想既然大多数人都喜欢，问我还有什么意义，因而他或拒绝回答或给予相反的回答。因此，在问句中要避免使用类似的词语。

5. 具体性原则

所谓具体性原则，是指提问具体，避免过于笼统。调查问卷的用语讲究简短、准确、客观性，模棱两可的语句必然会造成回答上的误差，因为理解的错误是造成回答错误的重要原因之一。在问卷调查中，经常会遇到一些不明确的问题。例如，"您认为某品牌的跑步机如何？"这样的问题很不具体，很难达到了解回答者对该品牌跑步机总体印象的预期调查效果。应把这一类问题分解为几个方面的问题，如具体询问被调查者对该品牌跑步机在价格、质量等几个方面的印象。

项目小结

本项目主要讲述统计资料搜集的种类、方式、方法及问卷的设计。统计资料的搜集是统计整理的基础，其质量直接影响到统计分析的质量。

1. 统计调查方案的设计步骤如下：①确定调查目的；②确定调查对象、调查单位和报告单位；③拟定调查项目和调查表；④确定调查时间和调查期限；⑤制订调查工作的组织实施计划。

2. 调查资料搜集方式：①统计报表制度；②普查；③重点调查；④典型调查；⑤抽样调查。

3. 搜集资料的基本方法：直接观察法、访问法、问卷法、报告法。

4. 调查问卷设计的核心内容如下。

（1）问卷的基本结构：由题目、卷首语（开场白）、正文、结束语4个部分组成。

（2）问卷问题的设计方法：①开放式问题的设计方法，包括再确认法、回忆法、自由式回答法、字词联想法、文句完成法、图画故事完成法；②封闭式问题的设计方法，包括是否法、多项选择法、排序法、数值分配法、数值尺度法。

5. 问题设计时应遵循的原则：①穷尽性原则；②互斥性原则；③一致性原则；④中性化原则；⑤具体性原则。

本项目的重点：统计资料搜集的基本要求和种类、调查资料的搜集方式、搜集资料的基本方法、调查问卷的设计。

本项目的难点：普查、重点调查、典型调查、调查问卷的设计。

项目实战

客观题

实战题

复习思考题

项目 3
统计资料的整理与显示

> **知识目标**
> - 了解统计资料整理的意义及程序。
> - 理解统计分组的作用和方法。
> - 掌握统计分组、编制分配数列的方法。

> **技能目标**

能够设计科学合理的统计资料整理方案；能够根据资料进行正确的统计分组，在分组的基础上编制分配数列；利用 Excel 计算编制统计表或统计图，表现统计资料整理的结果。

乔丹和詹姆斯谁更出色

> **情景引入**

本情景反映了乔丹和詹姆斯两位 NBA 巨星的职业生涯数据。这个数据的处理步骤是怎样的？如何对统计数据进行整理？本项目将学习统计资料整理的方法。

任务 3.1　统计资料整理概述

3.1.1　统计资料整理的意义

通过统计调查所取得的各项原始资料只是一些个别单位的有关标志的表现，是零星的、分散的、不系统的，只能反映事物的表面现象，还不能反映事物的本质，更不能从数量方面来揭示现象发展变化的规律。因此，必须对这些杂乱无章的资料去粗取精、去伪存真、由此及彼、由表及里，即进行科学的加工整理，得出反映总体数量特征的综合资料。

统计资料整理是统计工作的第三个阶段，是统计调查的继续、统计分析的前提，在统计工作中起着承前启后的作用。统计资料整理就是根据统计研究的目的和统计工作的要求，对统计调查所取得的反映总体单位特征的分散资料进行科学的分组和汇总，以得到反映总体特征的系统化、条理化资料的工作过程。统计调查所搜集到的资料，只有通过科学的审核、分类、汇总等整理工作，才能使统计在认识社会的过程中，实现由个别到全体、由特殊到一般、由现象到本质、由感性到理性的转化，才能从整体上反映出事物的数量特征；否则统计调查所得的资料再丰富、再完备，其作用也发挥不出来，统计调查就将徒劳无益，统计分析也将无法进行。

例如，在全国人口普查中所搜集的每个居民的资料，只能说明每个居民的性别、年龄、民族、文化程度、职业等具体情况。为了说明全国人口的总体综合特征，则必须对原始资料进行分组、汇总，形成系统化的资料，如全国人口总数、性别比例、年龄结构、民族构成、文化教育特征、从业人员特征等。不恰当的加工、整理往往会使搜集来的丰富、完备的资料失去价值，掩盖现象的真相，导致错误的结论。因此，必须充分重视统计资料整理工作。

3.1.2 统计整理的步骤

统计整理的内容是由统计的研究目的决定的。首先根据研究的目的和统计分析的要求，选择需要整理的相关标志或指标，确定具体的分组方法，对统计资料进行汇总、计算，然后通过统计表或统计图描述汇总的结果。在统计整理中，抓住最基本的、最能说明问题本质特征的统计分组和统计指标，对统计数据进行加工整理，这是进行统计整理必须遵循的原则。

统计整理的步骤由内容来决定，大体分为以下几个步骤。

1. 制订统计整理方案

统计整理方案是指导整个工作的基本文件，应根据上述统计整理的原则，在方案中明确规定各种统计分组及统计指标设置。统计整理方案具体表现为一系列综合表式、填表说明以及各种统一的填报目录等。在统计整理方案之外，还要制订一个整理的工作计划，说明整理工作完成的期限、组织领导、培训、资料的审核和汇总的方法等。

整理方案与调查方案应紧密衔接。整理方案中的指标体系与调查项目要一致，不能脱离或超越调查项目的范围。整理方案是否科学，对于统计整理乃至统计数据分析的质量都是至关重要的。

2. 审核、纠正统计数据资料

在汇总前，要对搜集的原始资料进行审核。审核、检查所搜集的统计资料是否完整，有无迟报、不报、漏报的情况，如果报送已齐全，应审查有无差错。审查的办法主要有以下几种。

① 逻辑关系分析法。这是把调查数据与人们普遍接受的对现象的某些特征或关系的看法进行比较，以判断有无矛盾的地方。例如，15周岁的少年不应有已婚的情况出现；没有文化的人职称一栏不应出现工程师。

② 计算比较法。如果掌握了有关问题的大量资料，就可以通过计算或利用平衡公式来检查数据。例如，人口统计中，期末人口 = 期初人口 + 本期出生人数 + 本期迁入人数 - 本期死亡人数 - 本期迁出人数，如果有出生死亡、迁入迁出资料，可以推算出期末人口，把它与实际调查的数字进行对照，就可看出调查数字有无太大的出入。

③ 设置疑问框法。现象之间客观上存在一定的量值范围和比例关系，根据这种量值范围和比例关系，可以给出判断的参照标准，从而据之判断数据的误差大小。

④ 与独立来源数据对比法。这是一种比较简单的核实数据的方法。具体做法是，把调查数据与和该调查不同的调查数据进行比较，通过两者的差别验证调查数据的误差。例如，把棉花的亩产量调查数字，与根据皮棉调查数据计算出来的亩产量进行对比。

发现统计数据差错以后，要分别就不同情况及时纠正与处理。在对原始资料进行审核的同时也要对整理后的次级数据进行审核与检查。

3. 进行科学的统计数据分组与汇总

统计整理的前提和基础是采用一定的组织形式和方法，对原始资料进行科学的分组。分组后的资料，要进行必要的汇总和计算，使得反映总体单位特征的数据资料转化为反映统计总体特征的数据资料。

4. 编制统计表与绘制统计图

统计表是统计资料整理的结果，也是表达统计资料的重要形式之一。根据研究的目的可以编制各种统计表，也可以根据需要绘制不同类型的统计图。

任务 3.2　统计分组

3.2.1　统计分组的概念和作用

1. 统计分组的概念

统计分组是根据统计研究的目的和任务，按照一个或几个标志将总体划分为若干性质不同的组成部分。统计分组的目的就是要揭示现象内部各部分之间存在的差异。对总体而言是"分"，即将总体区分为性质不同的若干部分；对总体单位而言是"合"，即将性质相同的单位组合在一组。就分组标志而言，同组的个体单位间都具有相同之处，不同组的个体单位间具有相异之处。因此，统计分组在统计总体内部进行的是一种定性分类，可以区分现象在性质上、数量上及空间上的差别。

2. 统计分组的作用

统计分组产生了两个后果：一是消除了组内差异；二是扩大了组间差异。其作用表现如下。

（1）区分社会经济现象的类型

统计分组的根本作用在于区别事物的质，而分组正体现了这个作用。例如，把国民经济按产业进行分组，分成第一产业、第二产业、第三产业，便于分门别类、深入细致地研究与分析，揭示不同产业的特征及发展规律。

（2）研究现象的内部结构

将所研究的现象按某一标志进行分组，计算出各组在总体中的比重，以反映总体内部的构成，认识总体各部分的地位，借助于总体各部分数量上的差别和联系，进而对总体做出正确的分析。例如，2016—2020 年国内生产总值产业结构数据如表 3-1 所示。

表 3-1　2016—2020 年国内生产总值产业结构　　　　　　　　　　%

国内生产总值产业结构	2016	2017	2018	2019	2020
第一产业	8.4	8.1	7.5	7.0	7.1
第二产业	40.8	39.6	39.9	39.7	39.0
第三产业	50.8	52.3	52.6	53.3	53.9

由表 3-1 可以看出，第三产业产值在 2016 年已经超过了国内生产总值的一半，并且每年还在进一步上升，标志着第三产业已经成为中国经济的支柱产业。

（3）分析现象间的依存关系

统计研究的社会经济现象不是彼此孤立的，总是存在相互依存和相互制约的关系。例如，国民收入与居民储蓄额之间、市场商品价格与需求量之间、企业销售额和流通费用率之间、家庭收入与生活费支出之间、工人技术级别与产品质量之间、工人劳动生产率与产品成本之间等，都在一定程度上存在相互依存的关系。对于这些依存关系，可通过统计分组来发现影响因素与结果因素之间的变动规律，并可进一步从数量上描述依存关系的密切程度。例如，分析某地区企业产量与单位成本之间的依存关系，分组资料如表 3-2 所示。

表 3-2　某地区企业产量与单位成本情况

产量 / 万件	企业数 / 个	平均单位成本 /（元 / 件）
2	9	16.8
3	5	15.6
4	5	15.0
5	6	14.8
6	5	14.2

3.2.2　统计分组的方法

1. 统计分组的关键和原则

统计分组的关键在于选择分组标志和划分各组界限。必须遵守相关的原则认真分析，做出正确的判断，选出合理的分组标志，为进一步的统计分析做好准备。统计分组必须遵循以下两个原则。

（1）穷尽原则

穷尽原则应使总体中的每一个单位都有组可归，或者说各分组的空间足以容纳总体所有的单位。例如，从业人员按文化程度分组，分为小学毕业、中学毕业（含中专）和大学毕业 3 组，那么，那些文盲或识字不多的及大学以上的学历者则无组可归。如果将分组适当调整为文盲及识字不多、小学程度、中学程度、大学及大学以上，这样分组，就可以包括全部从业人员的各种不同层次的文化程度，符合了分组的穷尽原则。

（2）互斥原则

互斥原则就是在特定的分组标志下，总体中的任何一个单位只能归属于某一组，而不能同时或可能归属于几个组。例如，某商场把服装分为男装、女装、童装 3 类，这不符合互斥原则，因为童装也有男、女装之分。若先把服装分为成年与儿童两类，然后每类再分为男女两组，这就符合互斥原则了。

2. 分组标志的选择

分组标志就是分组时所依据的标准。例如，人口总体按性别分组，或按年龄分组，或按文化程度分组，那么，性别、年龄、文化程度就是分组标志。分组标志不同，所进行的统计分组就不同，由此所得出的结论也不同。分组标志是统计分组的依据和标准，正确选择分组标志能使统计分组的作用得以充分发挥。由此可见，正确选择分组标志是统计分组的核心问题。在选择分组标志时应注意以下几点。

（1）分组标志的选择应根据统计研究的目的和任务确定

例如，要研究推销人员的工作业绩，可以采用销售量或销售额作为分组标志。若要研究推销人员的收入，则要选择总收入作为分组标志。

（2）应在众多可供选择的标志中，选择最能反映事物本质特征的标志作为分组标志

要研究我国网民特征，可供选择的分组标志有：网民个人信息（如年龄、身高、体重、职业、受教育程度、收入、婚姻状况等），网民行为信息（如上网地点、上网时间、上网时长、主要内容等）。这些分组标志有些是主要的，有些是次要的。要找出反映现象本质的标志对总体进行分组，则网民身高、体重就不那么具有现实意义了。研究人民生活水平变动情况时，可供选择的分组标志有家庭人口数、每户就业人数、每一就业者负担人数、家庭总收入、平均每人月收入等，而其中最能反映人民生活水平变动的标志是平均每人月收入，故应选择这一标志作为分组标志。

（3）分组标志的选择应考虑现象所处的具体历史条件及其发展变化

社会经济现象随着时间、地点、条件的变化而不断变化，反映现象本质特征的主要标志也会因时、因地而不同。选择分组标志时，应根据历史的发展与时俱进，具体情况具体分析，客观地选择分组标志。例如，在研究企业规模时，对于劳动密集型企业，应选择职工人数作为主要分组标志；对于资金密集型或技术密集型企业，则应选择固定资产价值或技术拥有量作为分组标志。

3. 分组标志的种类与各组界限的划分

确定分组标志之后，还必须划分各组界限。划分各组界限是在分组标志的变异范围内，划定各相邻组间的性质界限和数量界限。确定分组界限的重要原则是，将不同类的单位归入不同的组，每一个总体单位只能归入一组，即"有组可归，仅归一组"。划分各组界限，一定要本着保证各组组内单位的同质性和组与组之间单位的差异性的原则进行。

3.2.3　统计分组的种类

1. 按分组标志的性质不同分

按分组标志的性质不同，统计分组可分为品质标志分组和数量标志分组。这是最重要的统计分组类型，二者的具体处理方法不同。

品质标志分组是指选择反映事物属性差异的品质标志作为分组标志，根据其变异范围划定各组界限，将总体划分为若干个形式不同的组成部分。按品质标志分组，有的比较简单，分组标志一经确定，组限很容易区分，组名称和组数也就确定了。例如，人口按性别分组，通常就只分两组；人口按就业情况分组，可分为待业、短时就业、长期就业、退休等4组。有些品质标志分组比较复杂，组与组的界限不易区分，如工业企业按部门分组、产品按种类分组就很复杂，在实际工作中，可根据统一的《工业部门分类目录》《产品分类目录》规定的分组名称、顺序等进行分组。对于有些事物构成比较复杂，组数可多可少的情况，就要根据统计研究的目的和要求来确定组数。例如，就业人员按行业分组，组数可多可少，究竟分为几组合适，只能根据统计研究目的和要求来确定了，要求详细时，组数可多些；要求粗略时，组数则可少些。

数量标志分组是指选择反映事物数量差异的数量标志作为分组标志后，根据其变异范围划定各组界限，将总体划分为若干个性质不同的组成部分。数量标志分组不是简单地确

定各组间的数量差异，而是要通过分组体现数量变化来确定现象的不同性质和类型。分组时各组数量界限的确定必须能反映事物质的差别。例如，对学生的学习成绩分组，不能把 55 分和 65 分合为一组，因为这样的分组未区分及格与不及格这个质的差别。另外，应根据被研究的现象总体的数量特征，采用适当的分组形式，确定相宜的组距、组限和组数。

2. 按分组标志的多少不同分

按分组标志的多少不同，统计分组可分为简单分组和复合分组。简单分组就是对总体只按一个标志进行分组，如工业企业仅按部门进行分组，职工仅按工种进行分组。简单分组实际上就是各组按一个标志进行分组。复合分组就是对总体采用两个或两个以上的标志进行层叠式分组，即在按一个标志分组的基础上再按其他标志进行进一步分组，如对某工业企业按照经济类型、规模和盈亏进行复合分组，如图 3-1 所示。

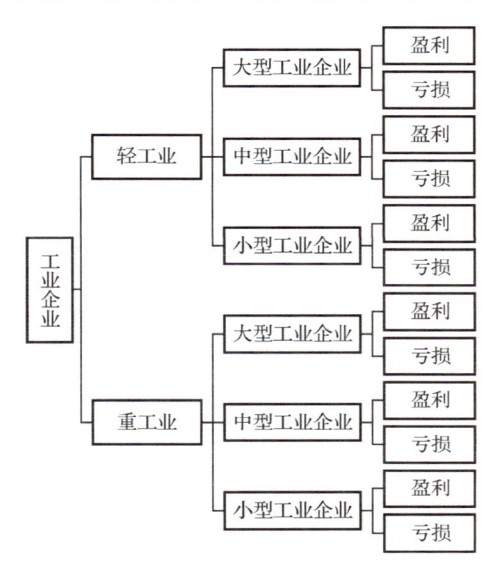

图 3-1　某工业企业复合分组示例

复合分组的优点是，从对同一现象的层层分组和分组标志的联系中，更深入全面地研究总体各个方面的内部结构。但是，采用复合分组时，组数会随着分组标志的增加而成倍增加，使每组包括的单位数相应减少，处理不好反而不利于分析问题。因此，不能滥用复合分组，尤其不宜采用过多的标志进行复合分组，也不宜对较小总体进行复合分组。

任务 3.3　分配数列

3.3.1　分配数列的概念和种类

1. 分配数列的概念

在统计分组的基础上，把总体中所有单位按某一标志进行分组排列，说明总体中各单位在各组间的分布情况，称为分配数列，又称频数分布或次数分配。

分配数列是统计分组结果的主要表现形式，是统计资料整理的重要形式，也是统计分析的重要方法。它可以很直观地反映总体单位在各组的分布特征、结构状况，并在这个基础上进一步研究标志的构成、平均水平和变动的规律性。

分配数列包括两个要素：总体按某标志所分的组和各组对应的单位数。各组对应的单位数称为次数或频数，如果用比重表示，则称频率。频率是各组单位数（次数）与总体单位总数对比所得的相对数。所有组的频率总和等于1。

2. 分配数列的种类

分配数列包括品质分配数列和变量分配数列，分别由品质标志分组和数量标志分组形成。

（1）品质分配数列

品质分配数列是指按品质标志分组所编制的分配数列，简称品质数列。品质分配数列有两个要素：一是品质标志所分各组组名；二是各组次数，如果用比重表示，则称频率。例如，某地区工业企业规模分布情况如表3-3所示。

表3-3　某地区工业企业规模分布情况

按规模分组	企业数/个	比重/（%）
大型	15	9.04
中型	48	28.92
小型	103	62.04
合计	166	100
（各组组名）	（次数或频数）	（频率）

（2）变量分配数列

变量分配数列是指按数量标志分组所编制的分配，简称变量数列。它在变量分组的基础上形成，主要用于反映不同变量值各组的分布情况。它由变量值和次数构成。变量数列又有单项式变量数列和组距式变量数列，分别由单项式分组和组距式分组形成。

① 单项式变量数列。用一个变量值（标志值）作为一组，形成单项式变量数列。在单项式变量数列中，有多少不重复的变量值就有多少组，每一个变量值是一个组，顺序排列。单项式变量数列仅适用于离散型变量且变量变动范围不大、不重复变量值较少的场合。以育龄妇女按其生育子女存活数分组为例，分为0个、1个、2个、3个、4个、5个共6组即可。例如，某小区居民家庭拥有汽车的情况如表3-4所示。

表3-4　某小区居民家庭拥有汽车情况

居民家庭拥有汽车数量/辆	居民户数/户	比重/（%）
0	68	36.2
1	110	58.5
2	8	4.2
3辆以上	2	1.1
合计	188	100

② 组距式变量数列。将变量依次划分为几段区间，一段区间表现为"从……到……"

距离，把一段区间内的所有变量值归为一组，形成组距式变量数列。每个组由若干个变量值形成的区间表示，区间的距离就是组距。组距式变量数列适用于连续型变量，或者变动范围较大、不重复值较多的离散型变量的情况。例如，某班级统计学考试成绩如表 3-5 所示。

表 3-5　某班级统计学考试成绩

成绩 / 分	人数 / 人	比重 / (%)
50 及以下	2	4
51～60	5	10
61～70	13	26
71～80	19	38
81～90	8	16
91～100	3	6
合计	50	100

3.3.2　变量数列的编制

变量数列有单项式和组距式两种。在编制变量数列前要确定变量数列的形式。当分组标志的标志值不多，变量值变动幅度不大，而且属于离散型变量时，一般编制单项式变量数列；当分组标志的标志值较多，变量值变动幅度较大时，一般编制组距式变量数列。

1. 单项式变量数列的编制

由于单项式变量数列中变量值个数比较少，组数也比较少，因此其编制很简单，应用领域也有限——只要把各组的变量值确定，然后对各组的单位数或标志值进行汇总计算，最后编制成单项式变量数列即可。

例 3-1　某车间 40 名工人某日加工的零件个数统计如下。

32　36　34　35　37　33　32　33　37　35
35　33　34　35　36　32　34　34　36　35
33　34　35　36　35　33　34　35　36　33
36　34　35　34　36　33　35　35　34　36

要求：编制变量数列，反映工人加工零件的分布情况。

1）把 40 名工人加工零件的个数按照由小到大的顺序排列，排列结果如下。

32　32　32　33　33　33　33　33　33　33
34　34　34　34　34　34　34　34　34　35
35　35　35　35　35　35　35　35　35　35
36　36　36　36　36　36　36　36　37　37

2）进行分组。由于变量值只有 32、33、34、35、36、37，因此可以把每一个变量值作为一组，同时计算出各变量值出现的次数（各组的工人数），按顺序加以排列，如表 3-6 所示。

表 3-6　40 名工人加工零件个数分布

按加工零件数分组/个	工人人数/人	比重/（%）
32	3	7.5
33	7	17.5
34	9	22.5
35	11	27.5
36	8	20.0
37	2	5.0
合计	40	100

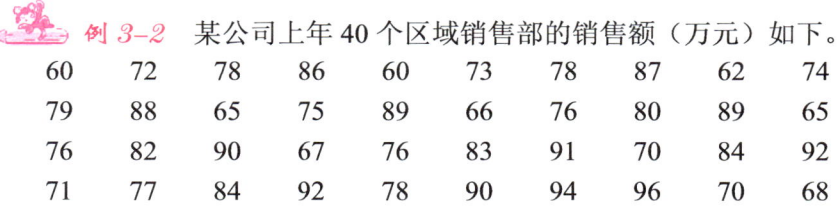

2. 组距式变量数列的编制

组距式变量数列的编制较单项式变量数列复杂，影响各组次数分布的要素有组数、组距、组限和组中值等问题。

例 3-2 某公司上年 40 个区域销售部的销售额（万元）如下。

60	72	78	86	60	73	78	87	62	74
79	88	65	75	89	66	76	80	89	65
76	82	90	67	76	83	91	70	84	92
71	77	84	92	78	90	94	96	70	68

要求：编制变量数列，反映区域销售部的销售额分布情况。

1）将原始资料按其数值大小重新排列。只有把得到的原始资料按其数值大小重新排列顺序，才能看出变量分布的集中趋势和特点，找出变量的最大值、最小值，为确定全距、组距和组数做准备。

排列结果如下。

60	60	62	65	65	66	67	68	70	70
71	72	73	74	75	76	76	76	77	78
78	78	79	80	82	83	84	84	86	87
88	89	89	90	90	91	92	92	94	96

最大值为 96 万元，最小值为 60 万元。

2）确定全距。全距是变量值中最大值和最小值的差数。确定全距，主要是确定变量值的变动范围和变动幅度。如果是变动幅度不大的离散变量，即可编制单项式变量数列；如果是变量幅度较大的离散变量或连续变量，就要编制组距式变量数列。

$$全距 = 最大值 - 最小值 = 96 - 60 = 36（万元）$$

3）确定组距和组数。组距的大小和组数的多少，是互为条件和互相制约的。当全距一定时，组距大，组数就少；组距小，组数就多。在实际应用中，根据一般经验，组数为 5～15 个为宜，组距应是整数，最好是 5 或 10 的倍数。在确定组距时，必须考虑原始资料的分布状况和集中程度，注意组距的同质性，尤其是对带有根本性的质量界限，绝不能混淆，否则就失去了分组的意义。

组距根据研究对象的特点和研究目的有等距和不等距之分。如果变量值的变动范围不大，变动比较均匀，可以采用等距分组；如果变量值的变动范围很大，且变量值变动很不均匀，则应采用不等距分组。在等距分组条件下，存在以下关系。

组数 = 全距 / 组距

本例中，按照经验可以把40个区域销售部的销售额按4个等距分组，每个组的组距为10万元。

4）确定组限。组限要根据变量的性质来确定。如果变量值相对集中，无特大或特小的极端数值，则采用闭口式，使最小组和最大组也都有下限和上限；反之，如果变量值相对比较分散，则采用开口式，使最小组只有上限（用"××以下"表示），最大组只有下限（用"××以上"表示）。如果是离散型变量，可根据具体情况采用不重叠组限或重叠组限的表示方法，而连续型变量则只能用重叠组限来表示。在采用闭口式时，应做到最小组的下限低于最小变量值，最大组的上限高于最大变量值，但不要过于悬殊。

采用重叠组限表示时，会遇到这样的问题。例如，职工的工资可分为"1 500元以下，1 500～2 000元，2 000～3 000元，3 000元以上"4组，3 000元既是第3组的上限，又是第4组的下限。那么，工资为3 000元的职工应计入到哪个组？统计学中的惯例是按"上限不在内"的原则处理，即把工资为3 000元的职工归到工资"3 000元以上"的职工这一组。

本例中，按照经验可以把40个区域销售部的销售额分为4个等距分组，各组组限分别为"60万元～70万元、70万元～80万元、80万元～90万元、90万元以上"。

等距分组有很多好处，便于绘制统计图，也便于进行各类运算。但以下几种情况，则须考虑异距分组。

① 在标志值分布很不均匀的场合。例如，学生成绩如果密集于某一范围，如60～80分或70～90分，其他部分则分布十分稀少，在这种场合若仍以10分为组距进行等距式分组，则无法显示出分布的规律性，会使得这一密集的分数段分布的信息损失过大。因此，合理的做法是，在分布比较密集的区间内使用较短的组距，在分布比较稀疏的其余部分使用较长的组距，形成各组的组距不相等的异距分组。

② 在标志值相等的量具有不同意义的场合。例如，生命的每一个月对于新生婴儿和对于成年人是大不一样的，此时，进行人口疾病研究的年龄分组，应采用异距式分组，即1岁以下按月分组，1～10岁按年分组，11～20岁按5年分组，21岁以上按10年或20年分组，等等。

③ 标志值按一定比例发展变化的场合。例如，百货商场营业额差别是很大的，如营业额为5万元～5 000万元，可采取公比为10的不等距分组：5万元～50万元、50万元～500万元、500万元～5 000万元。若用等距分组，即使组距为100万元，也得分为50组，显然是不合适的。

对于异距分组方法的运用，没有固定模式可供依循，全凭统计人员在实践中不断探索，关键在于对所研究现象的内在联系必须十分熟悉，才能很好地运用异距分组来揭示事物的本质。

5）计算频数与频率，编制变量数列。经过统计分组，明确了全距、组距、组数和组限及组限表示方法以后，就可以把变量值归类排列，把各组单位数经综合后填入相应的各组频数（次数）栏中，同时计算各组的频率（比重）并填入表中。

本例中，公司把40个区域销售部的销售额进行科学合理的适当分组，编制分配数列，如表3-7所示。

表 3-7 销售额分配数列

按销售额分组 / 万元	频数 / 个	频率 / (%)
60～70	8	20.0
70～80	15	37.5
80～90	10	25.0
90 以上	7	17.5
合计	40	100

6）计算组中值。在组距式变量数列中，各组的变量值只表现为一个范围，各组内的每个单位的具体变量值被掩盖了。为了反映各组变量值的一般水平，统计工作中采用组中值来代表。各组中点位置所对应的变量值即为组中值。其计算公式如下。

$$闭口组的组中值 = \frac{本组上限 + 本组下限}{2}$$

$$缺上限开口组的组中值 = 本组下限 + \frac{邻组组距}{2}$$

$$缺下限开口组的组中值 = 本组上限 - \frac{邻组组距}{2}$$

在计算平均指标或进行其他统计分析时，利用组中值来代表各组标志值的平均水平，实际上是以组内各单位的变量值呈现均匀分布或以组中值为中心呈对称分布为前提的，但大多数资料并非如此。因此，用组中值作为各组变量值的代表值有误差。当各组标志值均匀分布时，组中值代表各组标志值的水平，其代表性就高。

例如，反映某工业企业工人生产定额完成情况，按生产定额完成程度分组，分为"90%以下，90%～100%，100%～110%"，110% 以上。开口组的组距是以相邻组的组距为本组的组距，如 90% 以下的组，因相邻组的组距为 10%（100%-90%），故第一组视为 80%～90%，其组中值为 (80%+90%)÷2=85%，即 85%；110% 以上的组距以邻组的组距 10% 为本组组距，视为 110%～120%，组中值为 (110%+120%)÷2=115%。

本例中，组中值计算结果具体如表 3-8 所示。

7）计算向上累计或向下累计。有时为了更深入地概括总体各单位的分布特征，还要观察某一数值以下或以上的频数或频率之和，这时，应编制累计频数数列和累计频率数列。累计数列的编制有向上累计和向下累计两种方法。

向上累计是指将各组频数和频率由变量值低的组向变量值高的组累计，表明在这些数值以下所有数值所占的比重；向下累计是指将各组频数和频率由变量值高的组向变量值低的组累计，表明在这些数值以上所有数值所占的比重。

本例中，累计频数和频率计算结果具体如表 3-8 所示。

从表 3-8 中可以看到，80 万元～90 万元这一组对应的向上累计频数和频率表明，有 82.5% 的 33 个区域销售部达到 90 万元的销售额水平，那么可以考虑以 90 万元为销售任务奖励标准。同理，70 万元～80 万元这一组对应的向下累计频数和频率表明，有 80% 的 32 个区域销售部超过 70 万元的销售额水平，那么可以考虑以 70 万元为销售任务业绩考核最低档。这样的分析既体现了公平，又符合公司的销售业务实际情况。

项目 3 统计资料的整理与显示

表 3-8 销售额分配数列统计

按销售额分组 / 万元	频数 / 个	频率 / (%)	组中值 / 万元	向上累计		向下累计	
				频数 / 个	频率 / (%)	频数 / 个	频率 / (%)
60～70	8	20.0	65	8	20.0	40	100.0
70～80	15	37.5	75	23	57.5	32	80.0
80～90	10	25.0	85	33	82.5	17	42.5
90 以上	7	17.5	95	40	100.0	7	17.5
合计	40	100.0	—	—	—	—	—

3. 统计数据的分布特征

现象总体的性质不同，统计数据的次数分布特征也不同，归纳起来主要有 3 种类型。

（1）钟形分布

其特征是"两头小，中间大"，即靠近中间的变量值分布的次数多，靠近两边的变量值分布次数少，形若古钟，如图 3-2 所示。

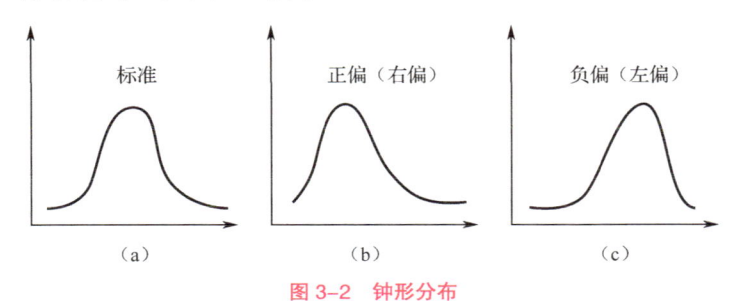

图 3-2 钟形分布

例 3-2 中，这 40 个区域销售部的销售额呈现"中间大，两头小"的钟形分布特点，有 37.5% 销售部的销售额在 70 万元～80 万元，20.0% 销售部的业绩不太理想，17.5% 销售部的业绩非常优秀。

（2）J 形分布

在社会经济现象中，一些统计总体分布曲线呈 J 形，如图 3-3（a）所示。例如，随着产品产量的增加，产品单位成本下降。

（3）U 形分布

其特征与钟形分布正相反，靠近中间的变量值分布的次数少，靠近两端的变量值分布次数多，形成"两头大，中间小"的 U 形分布，如图 3-3（b）所示。例如，人口总体中，人口死亡现象按年龄分布便是如此，幼儿和老人死亡率高，而中青年死亡率低。

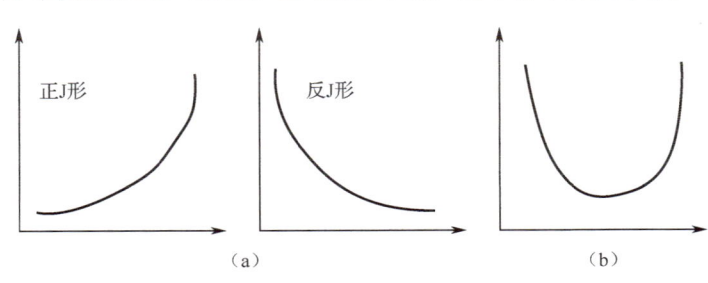

图 3-3 J 形分布与 U 形分布

任务 3.4　统计资料的汇总

统计资料整理的步骤中，继统计分组之后的一个重要步骤就是统计资料汇总。从完整的统计资料整理来讲，统计分组仅完成了整理工作的一部分。在分组的基础上，还要进行大量的汇总工作，即把总体单位各个方面的标志表现综合为指标，从而根据指标来反映总体数量特征的规律，达到从个体认识到总体认识的目的。在大规模的统计调查中，汇总是一项复杂繁重的工作。

3.4.1　统计资料汇总的形式

统计资料汇总的组织形式也称纵向汇总方式，是指按一定的统计管理体制，将统计资料自下而上进行汇总的方式。常用的统计资料汇总形式有逐级汇总、集中汇总、综合汇总。

1. 逐级汇总

逐级汇总是按照一定的统计管理机制，将统计调查资料自下而上逐级汇总并逐级上报，直至最高机构。我国现行的统计报表制度主要采用这种汇总形式，一些专门调查也常采用这种形式。逐级汇总的优点是便于审核和订正资料，而且汇总的资料能够满足各级部门的需求。其缺点是由于经过的中间环节多，资料层层汇总需要的时间较长。

2. 集中汇总

集中汇总是指将统计调查资料直接集中到组织统计调查的最高机构或某一级的统计机构统一汇总，可分为越级汇总和超级汇总。越级汇总是指在自下而上的汇总过程中，越过一定中间层次而进行的汇总，介于逐级汇总和超级汇总之间。超级汇总是在自下而上的汇总过程中，越过一切中间层次，将统计调查资料由基层直接上报到组织统计调查的最高机构统一汇总。集中汇总的优点是可以减去许多中间环节，并便于采用数字化技术进行汇总，从而提高统计资料的时效性和准确性。集中汇总的缺点是如果发现资料有差错，审查订正就比较困难；同时，只由某一级部门进行汇总，调查资料可能满足不了各级部门的需要。

3. 综合汇总

综合汇总是将逐级汇总与超级汇总两种形式结合使用的方式，即将各级所需要的最基本的统计指标实行逐级汇总，以满足各级部门的需要；同时又将全部原始资料随同综合表集中到最高机构超级汇总。综合汇总集中了逐级汇总和集中汇总的优点。

3.4.2　统计资料汇总的内容

1. 总体单位总量方面的汇总

总体单位总量方面的汇总也称次数频数的汇总，即汇总各组和总体的单位个数。这一内容的汇总结果，就是总体单位总量。它是研究总体在分组标志上的一般分布状况的直接依据和基础，也是进一步深入分析的重要依据。在许多标志上的分析，都是以它作为权数的。

例如，调查某学校财会班所有学生的基本情况，可以先按性别进行分类，那么男性总人数或财会专业总人数，均是总体单位总量方面的汇总。

2. 总体单位标志方面的汇总

（1）品质标志表现的汇总

品质标志表现的汇总即用文字或符号形式的品质标志表现在各组的次数的计数，最终合计为数量指标。例如，所有学生的性别、籍贯计数合计得到的即是品质标志表现的汇总。

（2）绝对数标志值的汇总

绝对数标志值的汇总即是绝对数或总量形式的标志值在各组的加总，最终合计为指标即总体标志总量指标。例如，所有学生的身高加总求和得到的即是绝对数标志值的汇总。

（3）平均数和相对数标志值的汇总

按照标志的严格定义，总体单位的数量标志中包括平均数和相对数。总体各单位的平均数和相对数标志不能直接加总，因此，汇总这两类标志时必须先把它们的绝对数分子和分母分解出来，然后再把分子和分母进行加总，通过对加总结果的对比计算，来汇总总体各单位在各组的平均数和相对数标志值。

在汇总时要注意，标志值的汇总不能违背、歪曲标志的基本含义或要素的规定性。单位数和绝对数标志值的汇总只是范围的扩大，不会改变标志的要素规定性，因此汇总不是直接相加就可以的。

而平均数和相对数标志值属于对比分析性标志，要求的是质的可比性。汇总的结果也必须符合这一质的规定性。例如，劳动生产率应该是总产出与对应的劳动消耗之比，汇总结果也必须是这一含义。如果用各单位的劳动生产率直接相加的话，就会违背这一含义，所以不能直接相加。

3.4.3 统计资料汇总的方法

统计资料汇总的方法主要有手工汇总和计算机汇总两种。

1. 手工汇总

统计资料手工汇总的常用方法包括划记法、过录法、折叠法、卡片法等。

（1）划记法

划记法是采用一定的符号形式，在预先设计好的汇总表上划记汇总的标志内容。常用的符号形式如"正"等，这类方法简单，但只适合于汇总各组的单位数与总体单位数总量，而且一般在总体单位不多时才采用。

（2）过录法

过录法就是把要汇总的内容从各调查表中抄录下来，加总或综合计入汇总表的相应组或相应位置。此方法对汇总内容的适用范围较广泛。过录法不仅可以满足计算各组及总体单位数的需要，还可以满足计算各组及总体标志值总和的需要，在发现分配计算有错误时，也便于核对、调整，无须全部返工。

（3）折叠法

折叠法是指在汇总大量格式相同的调查表时，将所有调查表或报表中需汇总的项目和数值全部折边，并一张一张地叠放在一起，然后直接汇总同一纵栏或同一横行中的数字。其优点是简便易行，不需过录，省时省力，在报表汇总中常用。其缺点是一旦出现差错，不易查明原因，往往要从头返工。

（4）卡片法

卡片法就是将调查资料先摘录在特制的卡片上，一张卡片为一个调查单位，然后利用卡片进行分组汇总。其优点是无论进行多少次分组，各单位资料只需进行一次过录，检查也较容易，一般运用于大规模的专门调查和分组较复杂的资料整理工作，比上述方法更为简便、准确。

2. 计算机汇总

计算机数据处理是在手工处理的基础上发展起来的，其处理过程虽然与手工处理大致相同，但具有手工处理所不可比拟的优越性。计算机在统计工作中的应用，是统计工作现代化的标志，计算机数据处理大致经过以下步骤。

（1）软件的选择与编程

随着科学技术的发展，软件在统计工作中的应用越来越广泛，用户可根据计算机的类型、所处理数据的特点和对统计结果的要求，选择合适的软件，如 SAS（Statistical Analysis System，统计分析系统）、SPSS（Statistical Product and Service Solution，统计产品与服务解决方案）等，这些软件均具有统计汇总的功能。其特点是面向用户，用户只需具备计算机操作的一般知识，而不必掌握计算机的内部细节，借助软件说明书即可完成对相应软件的操作，完成数据处理工作。根据统计研究的需要，在数据处理过程中，用户还可以编写程序，以完成数据处理工作。

（2）数据的转换与编码

为满足计算机数据处理的需要，在对所搜集的统计数据进行处理前，必须对其进行标准化、规范化，即将这些数据转化为计算机所能接收的数据，这种转换工作即所谓的数据编码。通过编码可以提高统计数据录入与处理的速度，有利于进行数据的分类和汇总。数据编码就是将字符型数据按照专门制定的编码规则转换成数值型数据，以便于进行数据的录入和计算机能够正确地接收。数据编码工作的处理对象主要是字符型数据

（3）数据的录入与控制

统计调查所取得的数据经过编码、预审工作，能够被计算机所接收，而要对这些大量的数据进行加工处理，输出预期的结果，必须将这些数据录入到计算机中，从而使计算机对数据进行加工处理成为可能。数据录入工作是整个计算机数据处理工作的基础环节，录入的数据的质量将直接影响数据处理结果的正确性和可用性。

（4）数据的编辑、汇总与输出

计算机数据处理过程中，为确保所录入数据的正确性或合理性，在进行数据的分类、汇总计算等处理之前，还必须根据数据本身的特点和数据内各数据之间的相互关系对数据进行进一步的加工净化，即数据编辑。数据经过审查无误后，根据用户的要求，即可进行数据的汇总。数据的输出是将计算机处理后的数据输出到一定的介质上，如磁盘、纸张等，以满足不同的需要。

任务 3.5　统计数据的展示

统计的语言是数据，统计数据可以通过统计表和统计图来显示。统计整理结果的数

据显示，应该选择能发挥统计职能和作用的展示形式，同时还要方便对统计资料的汇总和分析。

3.5.1 统计表

统计表是最常用、最规范的统计资料表达方法。统计资料经过准确的汇总后，得到了一系列说明总体特征的指标数值，将这些指标数值按一定的次序，用表格的形式显示出来，这种表格就称为统计表。统计表不仅是表现统计资料的重要形式，而且是汇总和积累统计资料的重要手段，还是统计分析的有力工具。正确编制统计表对做好统计整理、完成统计分析任务具有重要的意义。

1. 统计表的结构

（1）从形式上看

从形式上看，统计表由总标题、横行标题、纵栏标题、数字资料 4 部分构成。各部分的含义及具体表现如表 3-9 所示。

总标题是表的名称，用以概括统计表中的全部内容，一般用简明扼要的文字写在表的上端中央；横行标题是横行的名称，代表统计表要说明的对象，一般写在表的左方；纵栏标题是纵栏的名称，用来表示各项统计指标，一般写在表的上方；数字资料是统计指标的数值，写在各横行标题和纵栏标题的交叉处，即表格中的数字就是指标数值，用来说明总体及其组成部分的数量特征，它是统计表格的核心部分。

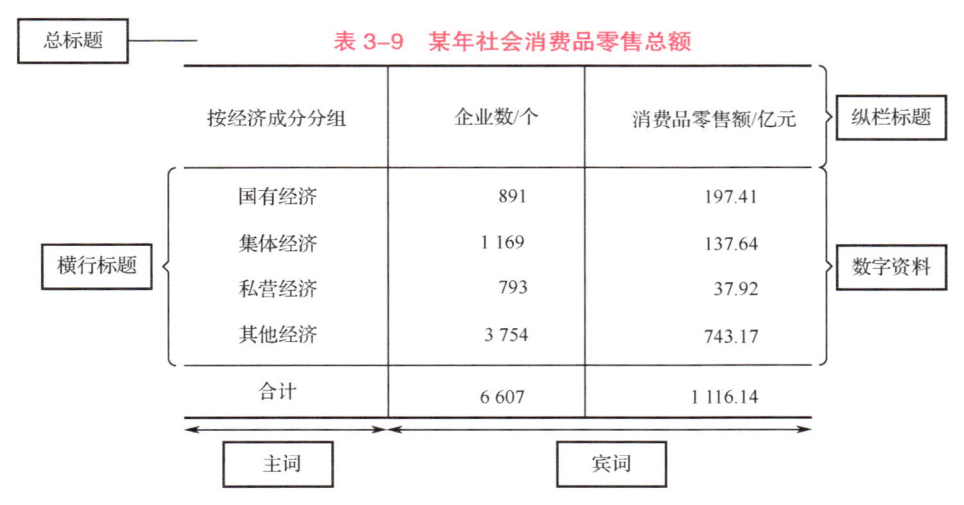

表 3-9　某年社会消费品零售总额

按经济成分分组	企业数/个	消费品零售额/亿元
国有经济	891	197.41
集体经济	1 169	137.64
私营经济	793	37.92
其他经济	3 754	743.17
合计	6 607	1 116.14

（2）从内容上看

从内容上看，统计表包括主词和宾词两部分。主词是统计表所要说明的对象，通常列在统计表的左边；宾词是说明总体特征的统计指标，包括指标名称和指标数值，通常列在统计表的右边。

此外，根据需要，统计表还有补充资料、注解、资料来源、填表单位、填表人、填表时间等附加内容。

2. 统计表的种类

按照作用不同，统计表可分为调查表、汇总表或整理表、分析表。这里主要介绍汇总表、分析表的设计思想。

（1）按主词结构分类

按照统计表的主词是否分组和分组的程度，统计表可分为简单表、简单分组表和复合分组表。

① 简单表是指统计总体未做任何分组的统计表，即统计表的主词仅罗列总体各单位的名称或按时间顺序排列的统计表，如表 3-10 所示。

表 3-10　某年某地区进出口公司出口商品收购计划完成情况

单位名称	计划金额/万元	实际金额/万元	完成程度/（%）
甲公司	380	410	107.89
乙公司	260	240	92.31
丙公司	430	450	104.65
丁公司	100	120	120.00
合计	1 170	1 220	—

② 简单分组表是统计表的主词按某一个标志进行分组的统计表。它的主词可以按品质标志分组，也可以按数量标志分组。例如，表 3-9 就是按照品质标志分组形成的。

③ 复合分组表是指统计表的主词按两个或两个以上标志进行分组的统计表。复合分组表把几个分组标志结合在一起，可以揭示现象受多种因素影响的特征和规律性。例如，表 3-11 就是按照专业和性别两个标志对主词进行复合分组设计的统计表。

表 3-11　某年某校在校学生人数

按专业和性别分组	学生人数/人
合计	500
会计专业	100
男	70
女	30
计算机专业	250
男	180
女	70
电子商务专业	150
男	120
女	30

说明：第二标志进行分组的组别名称要后退一或二个字。

（2）按宾词结构分类

统计表宾词按设计不同分为宾词简单排列、宾词分组平行排列和宾词分组层叠排列 3 种。

① 宾词简单排列是指宾词不加任何分组，按一定顺序排列在统计表上，如表 3-11 所示。

② 宾词分组平行排列是指宾词栏中各分组标志彼此分开，平行排列，如表 3-12 所示。

项目 3　统计资料的整理与显示

表 3-12　某院校学生人数统计

按专业分组	学生人数/人	按性别分组		按学制分组	
		男	女	二年制	三年制
（甲）	（1）	（2）	（3）	（4）	（5）
计算机 经济管理 旅游管理 会计					
合计					

③ 宾词分组层叠排列是指统计指标同时有层次地按两个或两个以上标志分组，各种分组层叠在一起。其宾词的栏数等于各种分组的组数连乘的积。例如，农村劳动力按三次产业分为 3 组，按性别分为 2 组，则符合分组设计的宾词栏共有 6 栏（不包括总计栏），如表 3-13 所示。

表 3-13　2016—2021 年农村劳动力的分布情况

年份	劳动力人数			三次产业								
				第一产业			第二产业			第三产业		
	合计	男	女	合计	男	女	合计	男	女	合计	男	女
2016												
2017												
2018												
2019												
2020												
2021												
总计												

统计表的主词分组与宾词分组是有区别的。主词分组的结果使总体分成许多组成部分，它们是要用统计指标（宾词）来描述和表现的。宾词分组的结果并不增加统计总体的组成部分，仅仅是比较详细地描述总体已有的各个组成部分。由此可见，主词分组具有独立的意义，而宾词分组从属于主词的要求，是为了描述主词的数量特征而设计的。

3. 统计表的设计

统计表的设计要求是简练、明确、实用、美观，便于比较。

（1）统计表表式设计应注意的事项

① 统计表应设计成由纵横交叉线条组成的长方形表格，长与宽之间保持适当的比例。

② 线条的绘制。表的上下两端应以粗线绘制，表内主词、宾词部分以细纵横线绘制；数据资料部分横行之间通常不画线，纵栏之间用细线。表格的左右两端一般不画纵线，采用"开口式"。

③ 合计栏的设置。统计表各纵列需合计时，一般应将合计列在最后一行；各横行需合计时，可将合计列在最前一栏或最后一栏。当没有必要列出所有的项目时，应先列出合计，后列出其中一部分重要项目。

④ 栏数的编号。如果栏数较多，应当按顺序编号，习惯上主词栏部分分别编以"甲、乙、丙、丁……"，宾词栏编以"（1）、（2）、（3）……"。若各栏数字之间有计算关系，也可以用数字符号表示，如（5）=（3）÷（4）等。

（2）统计表内容设计应注意的事项

① 标题设计。无论是总标题，还是横行、纵栏标题都应简明扼要，简练而又准确地表述出统计资料的内容及所属的时间和空间范围。

② 指标数值。表中数字应填写整齐，对准位数。当数字本身为0或因数字太小而忽略不计时，可填写为"0"；当缺某项数字资料时，可用符号"……"表示；不应有数字时用符号"—"表示。

③ 计量单位。统计表必须注明数字资料的计量单位。当全表只有一种计量单位时，可以把它写在表头的右上方。如果表中各栏的指标数值计量单位不同，可在横行标题后添一列计量单位，或与纵标题写在一起，并写在括号内。

④ 注解与资料来源。为保证统计资料的科学性与严肃性，在统计表下，应注明资料来源，以便考查。必要时，在统计表下加注说明。

3.5.2 统计图

如果说统计表能够集中有序地表现统计资料，统计图则具有直观、形象、生动、具体等特点，可以使复杂的统计数字简单化、通俗化、形象化，使人一目了然，便于人们直观地认识事物的特征。随着计算机技术的不断发展，数字制图功能日益强大，统计图的制作更加方便和精确。

1. 统计图的结构

统计图由下列各部分构成。

（1）标题

统计图都应有标题，其要求与统计表的标题一致。

（2）标目

统计图的纵横两轴应有标目，即纵标目和横标目。纵标目放在图的左侧，横标目放在图的下边，并要注明度量衡单位或其他单位。

（3）尺度

纵轴尺度自下而上，横轴尺度自左至右，一律由小到大，同时尺度标注要适中，不要过疏或过密。

（4）图例

表示两种或几种事物时，要用图例说明。图例一般放在图的下方或右方。

2. 统计图的种类

（1）条形图或柱形图

条形图是用宽度相同的条形的高度或长度来表示数据变动的图形。条形图可以横置也可以纵置，纵置时又称柱形图。也就是说，当各类别放在纵轴时，称为条形图（见图3-4）；当各类别放在横轴时，称为柱形图（见图3-5）。当需要展示数据的绝对量对比状况、数值大小在不同时间的表现时，建议采用条形图。

项目 3　统计资料的整理与显示

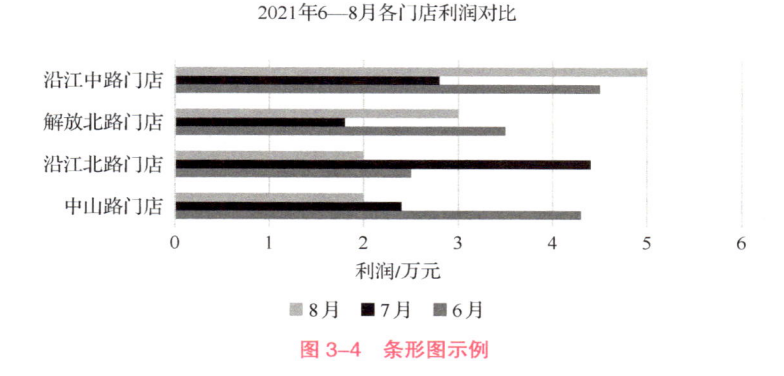

2021年6—8月各门店利润对比

图 3-4　条形图示例

某超市2021年在各城区销售情况

图 3-5　柱形图示例

（2）折线图和曲线图

折线图可以在直方图的基础上，把直方图顶部的中点用直线连接而成，也可以用组中值与频数求坐标连接而成。当对数据所分的组数很多时，组距会越来越小，这时所绘制的折线图就会越来越光滑，逐渐形成一条平滑的曲线，这就是频数分布曲线。折线图（见图3-6）是在平面坐标上用折线表现数量变化特征和规律的统计图。折线图和曲线图主要用于显示时间序列数据，以反映事物发展变化的规律和趋势。

小明2016—2020年身高变化

图 3-6　折线图示例

某班级统计学考试成绩分布

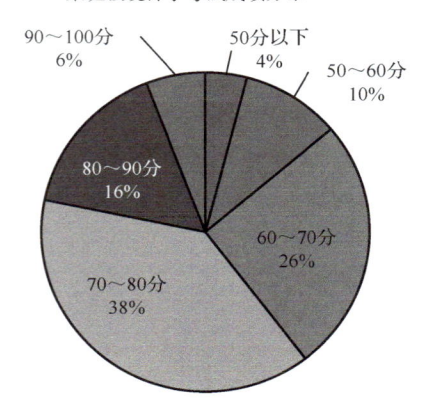

图 3-7 圆形图示例

（3）圆形图

圆形图又称饼图，是用圆形和圆内扇形的面积来表示数值大小的图形，主要用于表示总体中各组成部分所占的比例，对研究结构性问题十分有用。在绘制圆形图（见图 3-7）时，总体中各部分所占的百分比用圆内的各个扇形面积表示，这些扇形的中心角度是按各部分百分比占 360°的相应比例确定的。当需要展示总体中各组成部分所占比例的结构性问题时，建议采用圆形图。

（4）环形图

环形图与圆形图又有区别，环形图中间有一个空洞，总体中的每一部分数据用环中的一段表示；圆形图只能显示每一个总体中各部分所占的比例，而环形图则可以同时绘制多个总体的数据系列，每一个总体的数据系列为一个环。因此环形图可以显示多个总体各部分所占的相应比例，从而有利于进行比较研究。

例如，在一项有关住房问题的研究中，调查人员在甲、乙两个城市各抽样调查300户家庭，其中一个问题是："您对您家庭目前的住房状况是否满意？"备选答案有：①非常不满意；②不满意；③一般；④满意；⑤非常满意。

调查结果如表 3-14、图 3-8 所示。

表 3-14　家庭住房调查统计

回答类别	甲城市家庭		乙城市家庭	
	户数	比例/（%）	户数	比例/（%）
非常不满意	24	8	21	7
不满意	108	36	99	33
一般	93	31	78	26
满意	45	15	64	21.3
非常满意	30	10	38	12.7
合计	300	100	300	100

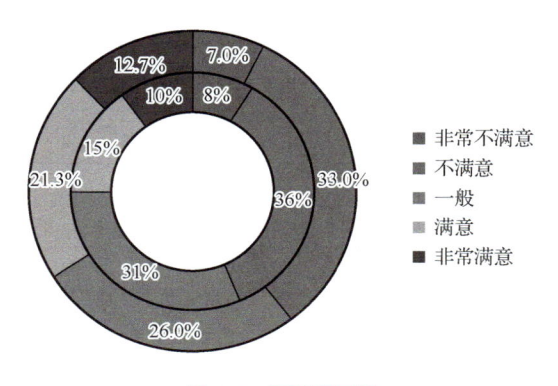

图 3-8　环形图示例

项目 3　统计资料的整理与显示

3. 绘制统计图时应注意的事项

① 时间一般绘制在横轴，指标数据绘制在纵轴。

② 图形的长宽比例要适当，一般为横轴略大于纵轴的长方形，其长宽比例大致为 10∶7，图形过扁或过于瘦高，不仅不美观，而且会给人造成视觉上的错觉，不便于对数据变化的理解。

③ 一般情况下，纵轴数据下端应从 0 开始，以便于比较。如果数据与 0 之间的间距过大，可以采取折断的"∥"符号将纵轴折断。

任务 3.6　Excel 在统计资料整理中的应用

Excel 软件提供了许多数据整理工具，如创建数据整理公式、对数据排序、使用频数分布函数直接进行频数分组、图表绘制、数据透视表、数据透视图等。

3.6.1　利用 Excel 对原始数据进行整理

1. 数据排序

对例 3-2 的销售额进行排序操作。首先输入数据，选择需要排序的数据区域，然后在菜单栏中选择"数据"→"排序"命令，弹出"排序"对话框，在"主要关键字"下拉列表中选择"排序后的销售额（万元）"选项，在"次序"下拉列表中选择"升序"选项，单击"确定"按钮，如图 3-9 所示

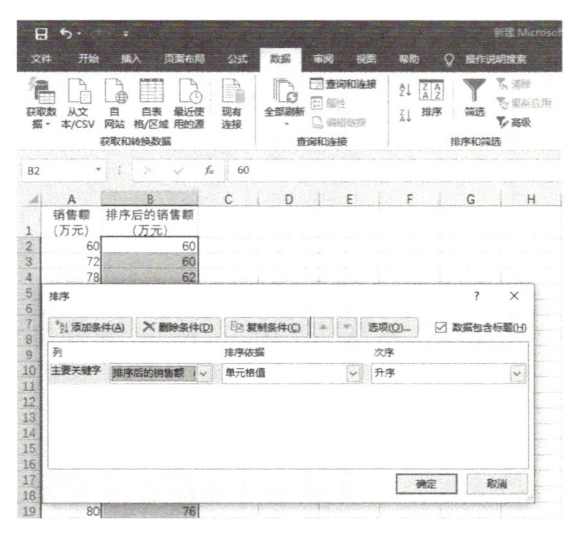

图 3-9　销售额排序示例

2. 数据分组

频数分布函数是 Excel 软件统计工作表函数中的一个，它可以使一列数组返回某个被界定的区域中数据的频数分布。频数分布函数的语法形式如下。

FREQUENCY(Data_array, Bins_array)

其中，Data_array 为用来编制频数分布的数据，Bins_array 为频数或次数的接收区间。

完成例 3-2 的销售额排序后，根据变量数列的编制方法和数据的实际情况，以销售额为分组标志，找到最大值、最小值，计算全距，选定组数，确定以 10 万元为组距编制分配数列。用 Excel 软件计算频数的步骤如下。

1）在图 3-9 的基础上，在 D8 单元格中输入"按销售额分组（万元）"标志，在 E8 单元格中输入"频数（个）"标志，在 F8 单元格中输入"频率（%）"标志，在 C8 单元格中输入"分组"。

2）在 D9:D13 单元格区域中依次输入"60～70""70～80""80～90""90 以上""合计"；在 C9:C12 单元格区域中依次输入"69""79""89""100"作为频数的接受区间（Bins_array），分别表示销售额在"60～70""70～80""80～90""90 以上"等的分组情况。因此，在 D9:D13 单元格区域中输入的信息只起标志作用，而在 C9:C12 单元格区域中输入的信息为各组的上限值，是 FREQUENCY 函数的参数之一。

3）选中 E9:E12 单元格区域，在菜单栏中选择"公式"→"插入函数"命令，在弹出的"插入函数"对话框（见图 3-10）中的"统计"类别中找到 FREQUENCY 函数，然后单击"确定"按钮，弹出频数分布的"函数参数"对话框，如图 3-11 所示。

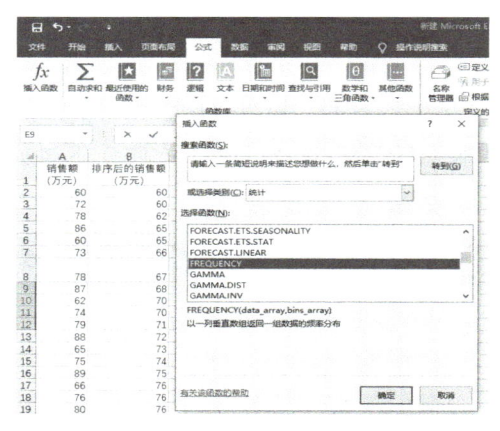

图 3-10　选择 FREQUENCY 函数

4）在"函数参数"对话框中，在数据区域 Data_array 中输入"B2:B41"，在数据接受区间 Bins_array 中输入"C9:C12"，这时可以在对话框中看到相应的结果 {8;15;10;7;0}，如图 3-12 所示。

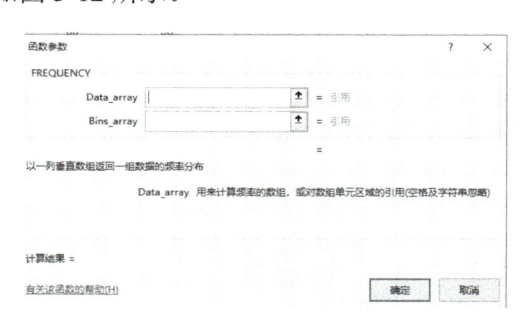

图 3-11　"函数参数"对话框　　　　　　图 3-12　返回频数分布

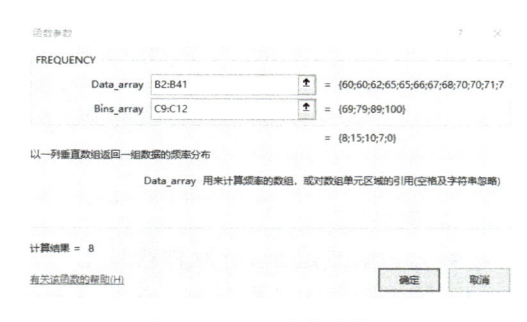

5）特别提醒，此时不能直接单击"确定"按钮，而应在按住 Ctrl+Shift 键的同时按 Enter 键，就可以得出分配数列的分组结果，如图 3-13 所示。

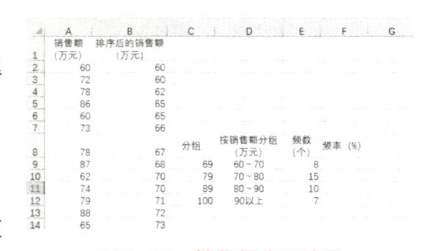

图 3-13　销售额分组结果

3. 频率、组中值、累计频数、累计频率计算

（1）频率计算

在 E13 单元格中输入公式"=SUM(E9:E12)"，计算频数合计数。再在 F9 单元格中输入公式"=E9/$E$13"，计算第 1 组的频率。移动鼠标指针至 F9 单元格右下角，当鼠标指针变为"+"字形时，拖动此填充柄至 F12 单元格。在 F13 单元格中输入公式"=SUM(F9:F12)"，计算频率合计数。

（2）组中值计算

在 G9 单元格中输入公式"=(60+70)/2"，计算第 1 组上、下限的平均值，作为第 1 组的组中值。在 G10 单元格中输入公式"=(70+80)/2"，计算第 2 组上、下限的平均值，作为第 2 组的组中值。在 G11 单元格中输入公式"=(80+90)/2"，计算第 3 组上、下限的平均值，作为第 3 组的组中值。在 G12 单元格中输入公式"=90+10/2"，计算第 4 组上、下限的平均值，作为第 4 组的组中值。如果计划采用单元格的形式，可像上述步骤一样通过"先输入公式，再复制公式"的方式简便完成。请自行尝试。

（3）累计频数、累计频率计算

在 H9 单元格中输入公式"=E9"，计算第 1 组向上累计频数。再在 H10 单元格中输入公式"=E10+H9"，计算第 2 组向上累计频数。移动鼠标指针至 H10 单元格右下角，当鼠标指针变为"+"字形时，拖动此填充柄至 H12 单元格。

在 I9 单元格中输入公式"=F9"，计算第 1 组向上累计频率。再在 I10 单元格中输入公式"=F10+I9"，计算第 2 组向上累计频率。移动鼠标指针至 I10 单元格右下角，当鼠标指针变为"+"字形时，拖动此填充柄至 I12 单元格。

在 J12 单元格中输入公式"=E12"，计算第 4 组向下累计频数。再在 J11 单元格中输入公式"=E11+J12"，计算第 3 组向下累计频数。移动鼠标指针至 J11 单元格右下角，当鼠标指针变为"+"字形时，拖动此填充柄至 J9 单元格。

在 K12 单元格中输入公式"=F12"，计算第 4 组向下累计频率。再在 K11 单元格中输入公式"=F11+K12"，计算第 3 组向下累计频率。移动鼠标指针至 K11 单元格右下角，当鼠标指针变为"+"字形时，拖动此填充柄至 K9 单元格。计算结果如图 3-14 所示。

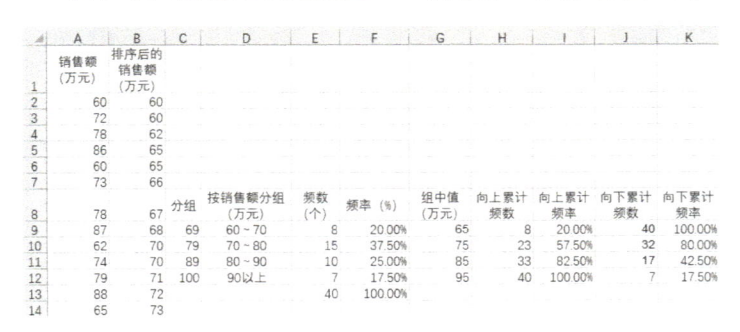

图 3-14　销售额分组输出结果

4. 数据透视表功能

Excel 提供的数据透视表为数据分组和分析带来极大的方便，不仅可以利用数据透视表向导对已有的数据清单或表格中的数据制作各种交叉分析表，还可以对来自外部数据库的数据进行交叉制表和汇总。本部分只对其基本内容进行介绍。

（1）变量数据分组汇总

前述例 3-2 的销售额分组工作可以运用数据透视表功能加以实现。具体步骤如下。

1）在 A1:A41 单元格区域中输入销售额资料与数据。在菜单栏中选择"插入"→"数据透视表"命令，弹出"创建数据透视表"对话框。在"请选择要分析的数据"选项组中选中"选定一个表或区域"单选按钮，在其下的"表/区域"文本框中输入"$A:$A"。 在"选择放置数据透视表的位置"选项组中选中"现有工作表"单选按钮，在其下的"位置"文本框中输入"$C$1"，如图 3-15 所示。单击"确定"按钮，显示如图 3-16 所示的操作界面。

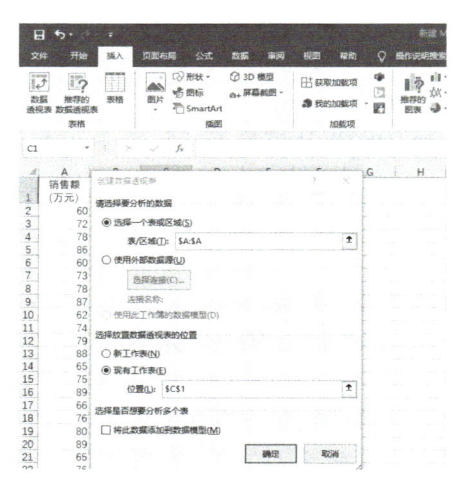

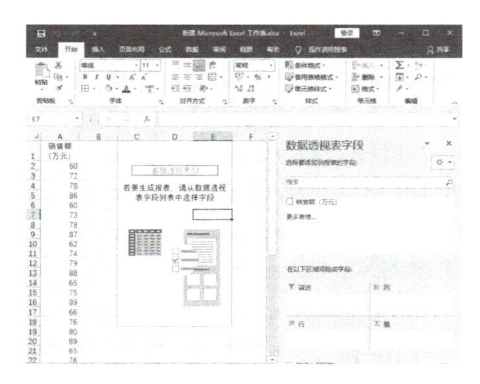

图 3-15　创建数据透视表　　　　　图 3-16　数据透视表操作界面

2）在"数据透视表字段"对话框中将"销售额"字段拖动至"列"区域中，如图 3-17 所示。

3）右击 C1 单元格，在弹出的快捷菜单中选择"组合"命令，弹出"组合"对话框。在"起始于"文本框中输入 60，在"终止于"文本框中输入 100，在"步长"文本框中输入 10，如图 3-18 所示。单击"确定"按钮，显示分组结果，如图 3-19 所示。

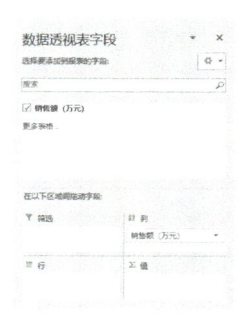

图 3-17　设置列字段　　　　图 3-18　"组合"对话框　　　　图 3-19　分组情况

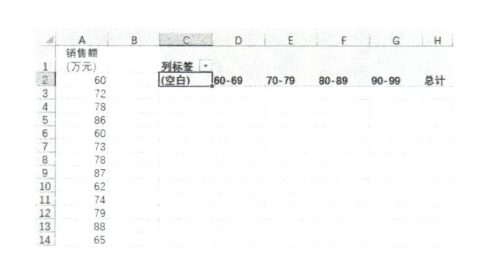

项目3　统计资料的整理与显示

4）在"数据透视表字段"对话框中将"销售额"字段拖动至"值"区域中，显示出分组结果，如图 3-20 所示。

5）将 C1:I3 单元格区域中的数据透视表复制并粘贴到 C5:I7 单元格区域中，以示对照分析。右击 C7 单元格，在弹出的快捷菜单中选择"值汇总依据"→"求和"命令，在 E7:I7 单元格区域中显示出 4 个分组的销售额汇总为 513、1123、852、645 以及总计为 3133 的信息，如图 3-21 所示。数据透视表字段的其他选项，读者可以自行尝试。

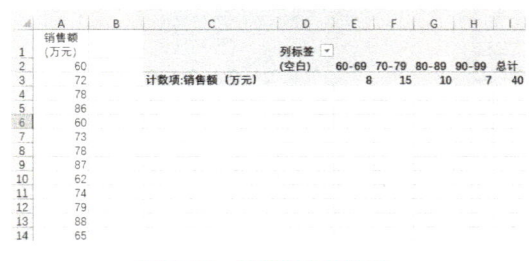

图 3-20　销售额分组结果　　　　　　　图 3-21　销售额汇总结果

（2）品质数据分组汇总

对比 FREQUENCY 函数和数据透视表分组功能，两者都能对一列数据进行分组，而且还能适时更新数据，其中数据透视表功能简便快捷。FREQUENCY 函数功能可以应用于异距分组情况，而数据透视表功能则主要应用于等距分组情况。实际工作中，可根据需要灵活运用。对于品质分组资料，也可以运用数据透视表分组功能进行分组操作，而 FREQUENCY 函数功能只能进行变量分组。

品质数据分组汇总

例 3-3　某市所属 30 家企业情况调查汇总信息如表 3-15 所示，要求按企业性质这一标志分组汇总。

表 3-15　企业情况调查汇总信息

编号	部门	企业性质	编号	部门	企业性质	编号	部门	企业性质
1	工业	国有	11	工业	民营	21	交通	民营
2	商业	国有	12	商业	国有	22	商业	民营
3	交通	民营	13	工业	三资	23	工业	国有
4	工业	三资	14	商业	三资	24	交通	国有
5	商业	三资	15	工业	三资	25	工业	三资
6	交通	民营	16	工业	国有	26	交通	国有
7	工业	国有	17	工业	国有	27	工业	三资
8	工业	民营	18	商业	三资	28	工业	国有
9	商业	国有	19	工业	三资	29	商业	国有
10	交通	国有	20	工业	三资	30	工业	国有

1）在 A1:C31 单元格区域中输入企业信息资料。在菜单栏中选择"插入"→"数据透视表"命令，弹出"创建数据透视表"对话框。选中"选择一个表和区域"单选按钮并输入"\$A\$1:\$C\$31"，选中"现有工作表"单选按钮并输入"\$E\$1"，如图 3-22 所示。单击"确定"按钮，显示如图 3-23 所示的操作界面。

55

统计基础与应用（第2版）

图 3-22　创建数据透视表

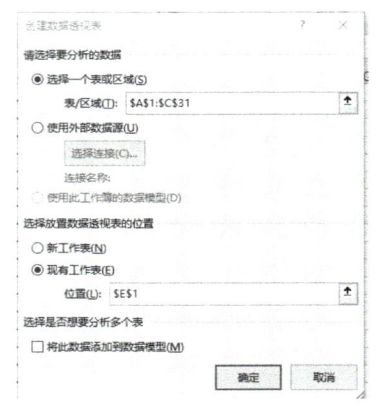

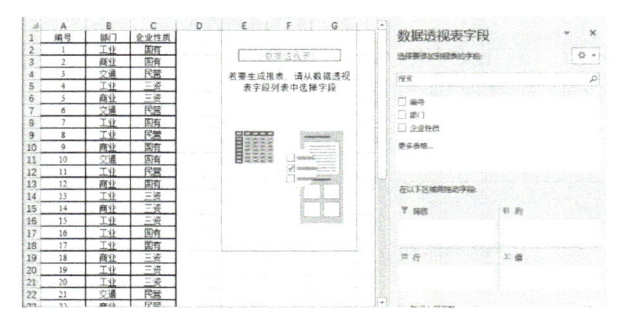

图 3-23　数据透视表操作界面

2）在"数据透视表字段"对话框中，将"部门"字段拖动至"列"区域中，将"企业性质"字段拖动至"行"区域中，如图 3-24 所示。

3）在"数据透视表字段"对话框中，将"编号"字段拖动至"值"区域中，在 F3:I6 单元格区域中显示出分组汇总结果，如图 3-25 所示。其中分组表格中的数据显示为"求和项"结果，因此还要修改汇总方式。

图 3-24　数据透视表设置结果

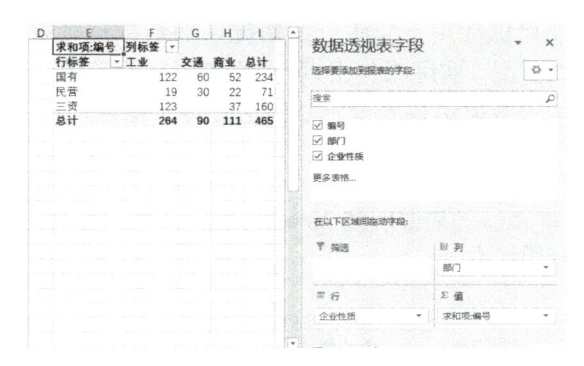

图 3-25　企业按"部门"和"企业性质"分组初步结果

4）右击 E1 单元格，在弹出的快捷菜单中选择"值汇总依据"→"计数"命令。在 F3:I16 单元格区域中显示出分组计数与汇总信息，如图 3-26 所示。

图 3-26　企业按"部门"和"企业性质"分组最终结果

项目 3　统计资料的整理与显示

3.6.2　利用 Excel 绘制统计图

1. 图表函数绘图

为例 3-2 绘制销售额统计图的具体步骤如下。

1）在图 3-14 所示的分组计算结果的基础上，选中 D8:E12 单元格区域，在菜单栏中选择"插入"选项卡，在"图表"命令组中单击右下角的小箭头按钮，在弹出的"插入图表"对话框中选择"所有图表"选项卡，选择"柱形图"，再选择"簇状柱形图"，如图 3-27 所示。单击"确定"按钮，输出结果如图 3-28 所示。

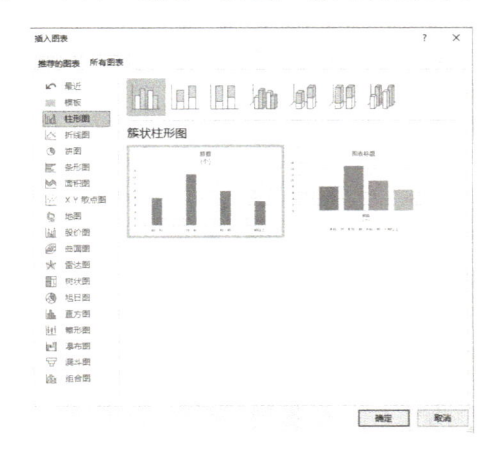

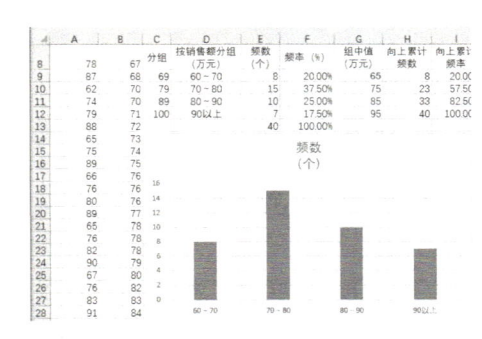

图 3-27　"插入图表"对话框　　　　　　　图 3-28　簇状柱形图输出结果

2）选中图表，单击图表右上角的绿色"+"按钮，在弹出的"图表元素"列表框中选中"坐标轴标题""图例"复选框，如图 3-29 所示。

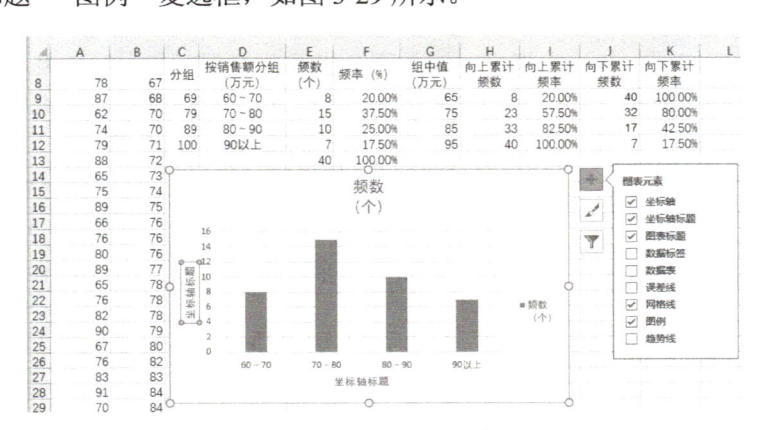

图 3-29　选择图表元素

3）双击图表标题，修改为"销售额统计图"；双击纵坐标标题，修改为"销售部门个数"；双击横坐标标题，修改为"销售额 单位 / 万元"，如图 3-30 所示。

2. 数据透视图绘图

为例 3-2 绘制销售额统计图还可以运用数据透视图功能加以实现。具体步骤请参照相关资料自行尝试，此处省略。

统计基础与应用（第 2 版）

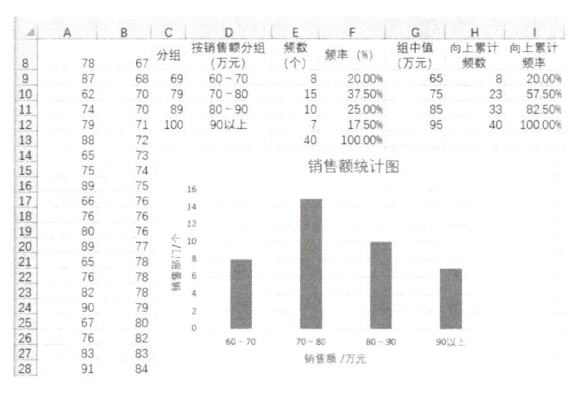

图 3-30　销售额统计图绘制完成

项目小结

本项目主要讲述统计资料的整理方法，包括资料的分组、汇总、展示。统计资料收集后进行整理很重要，数据只有整理好后才便于分析。

1. 统计资料的整理主要是将搜集的原始资料加工成反映总体特征的综合资料的工作过程，在统计过程中起着承上启下的作用。统计资料整理的原则是目的性、联系性和系统性；整理的内容主要包括方案设计、审核、分组、汇总、显示、保管和积累。

2. 统计分组必须遵循穷尽原则和互斥原则，正确选择分组标志和分组界限是统计分组的关键。统计分组中最重要的是按分组标志的性质和分组标志的多少分。

3. 频数分布包括品质数列和变量数列。变量数列的编制方法分为单项式数列和组距式数列两类。

4. 统计表从形式上看，包括总标题、横行标题、纵栏标题和数字资料；从内容上看，包括主词和宾词两部分。统计表根据主词是否分组及分组程度分为简单表、简单分组表和复合分组表，根据宾词设计不同分为宾词简单排列、分组平行排列和分组层叠排列。统计图应具有直观、形象、生动、具体等特点，便于人们直观地认识事物。

本项目的重点：统计分组的概念和方法、分配数列的编制方法、统计资料的汇总、统计表、统计图。

本项目的难点：统计分组的方法、分配数列的编制方法、统计表的编制、各种统计图的编制。

项目实战

客观题　　实战题　　计算题　　复习思考题

项目 4 统计指标分析

▶ **知识目标**
- 理解总量指标、相对指标、平均指标和标志变异指标的含义、分类及计算方法。
- 理解平均指标、标志变异指标的区别、联系及适用场合,并运用标志变异指标说明平均数的代表性。
- 理解总量指标、相对指标、平均指标和标志变异指标的作用和相互关系。

▶ **技能目标**

能够应用总量指标、相对指标分析与处理实际问题,培养运用总体规模与对比数据分析社会经济现象的能力;能够应用平均指标描述现象分布的集中趋势,用标志变异指标描述现象分布的离散趋势,培养运用集中趋势和离散趋势分析社会经济现象的能力;利用 Excel 计算综合指标分析具体问题。

▶ **情景引入**

本情景中用到了哪些统计指标呢?如何运用这些指标进行正确的分析呢?本项目将学习运用统计指标进行数据分析。

2021 年第一季度全国居民人均可支配收入基本情况

任务 4.1 总量指标

经过调查、整理后的大量综合资料,就是通过多种统计指标综合反映现象的本质和特征。综合指标包括总量指标、相对指标、平均指标和标志变异指标。总量指标是社会经济统计的基础指标,反映社会经济现象的总规模、总水平;相对指标是两个有联系的指标对比的比值,反映现象的数量特征、数量关系、变动程度、普遍程度和强度,常用来评价社会经济现象、工作业绩;平均指标是反映现象总体一般水平的代表值和描述数据分布集中趋势的特征值,在社会经济现象中用来作为横向和纵向的比较;标志变异指标是与平均指标相匹配的特征值,反映现象分布的离散程度和平均指标的代表程度。

4.1.1 总量指标的概念和作用

总量指标反映某一客观现象总体在一定条件下的规模、水平或工作数量的总和。其表现形式是绝对数,故也称绝对指标或绝对数。例如,一个国家或地区的人口总数、土地面积、国内生产总值,一个工业企业的产品产量、产品销售收入、实现利润总额等。

总量指标在统计工作中具有非常重要的作用，是最基本的反映客观现象基本状况的综合指标，其作用表现在以下几个方面。

1. 总量指标是从总体上认识社会经济现象的起点

总量指标用来反映、了解一个国家或地区的基本情况，反映国情国力或人、财、物力的基本情况。例如，国内生产总值、粮食产量、财政收入等指标，能够表明一个国家或地区的经济发展水平。又如，2019年中国国内生产总值990 865亿元，粮食产量66 384万吨，财政收入190 382亿元，表明我国面对错综复杂的国内外形势，坚持稳中求进的工作总基调，统筹稳增长、调结构、促改革，探索创新宏观调控方式，经济社会发展稳中有进、稳中向好，实现了全面建成小康社会的目标。企业的产品产量、职工人数、生产能力等总量指标是制订计划，进行预测、决策的基本依据。

2. 总量指标是制定政策、编制社会经济发展计划、实施科学管理的重要依据

制定宏观方针政策和微观管理措施、编制中长期规划和工作具体计划、考核工作业绩与成效，都要从客观实际出发，掌握大量有关信息，做到心中有数。而这个"数"就是有关现象的总量指标，以此作为依据，不能凭空运作，避免"瞎指挥""拍脑袋"等不合理现象。

3. 总量指标是计算相对指标和平均指标的基础

统计综合指标中的相对指标、平均指标的计算都是以绝对数指标为基础进行的，大多是由两个有联系的总量指标对比计算的结果，是总量指标的派生指标。总量指标的科学性、正确性，直接影响到相对指标和平均指标的正确性。

4.1.2　总量指标的种类

1. 按其反映总体内容不同分类

总量指标按其所说明的内容不同可分为总体标志总量指标和总体单位总量指标。

总体标志总量指标是总体各单位某一标志值的总和，表明总体在一定时间、地点条件下该标志值的总体水平或工作总量。例如，我国第七次人口普查结果表明，我国人口为14.1亿人；2021年10月，我国货物进出口总额33 357亿元；2021年1—10月，全国城镇新增就业1 133万人。这是我们通常提到总量指标时所表述的内容。

总体单位总量指标是总体单位数的合计，说明总体本身规模大小的总量指标。例如，研究某市的工业发展状况，统计总体是该市的所有工业企业，若该市现有工业企业2 145个，则2 145个即为总体单位总量指标。又如，对某地区居民粮食消费情况进行研究，该地区的居民人口数便是总体单位总量指标。这是进行综合指标派生计算和分析时，需要明确的总量指标内容。

明确总体标志总量指标与总体单位总量指标之间的差别，对计算相对指标与平均指标具有重要意义。一个确定的统计总体，其总体单位总量指标是唯一确定的，而总体标志总量指标却可以有多个。例如，研究某市的工业发展状况，统计总体是该市的所有工业企业，那么该市的每个工业企业是总体单位，每一个工业企业的职工人数是该工业企业的一个数量标志，则该市全部工业企业职工总人数就是总体标志总量，该市工业总产值、工业利税总额等指标也都是总体标志总量。

总体单位总量指标和总体标志总量指标的地位随统计研究的目的而变化。例如，在上例中，全市工业企业职工总人数是总体标志总量指标；若研究目的改变为研究该市工业企

业职工的生活水平，则统计总体是全市所有工业企业的全部职工，全市工业企业职工总人数就变成总体单位总量指标了。

2. 按其反映总体所处的时间状态分类

总量指标按所处的时间状态可分为时期总量指标和时点总量指标两种。

时期总量指标反映社会经济现象在一定时期内发展变化过程总量，如商品销售额、总产值、总产量、进出口总额、固定资产投资额等，如2021年前三季度，全国社会消费品零售总额为318 057亿元。

时点总量指标反映社会经济现象在一定时点上状况的数量，如人口总数、库存商品量、外汇储备总额等，如2020年11月1日，全国第七次人口普查，我国人口为14.1亿人。

时期总量指标和时点总量指标的性质不同，它们有以下3个主要的区别。

（1）数值是否具有可加性

时期总量指标各期的数值可以连续累加，各个时期的总量指标累计加总后表明总体在这一段时期内发展过程的总量。例如，2020年我国国内生产总值为99.1万亿元，这是从2020年1月1日到12月31日，由我国国民经济各行业所创造的价值累计加总而来的。

时点总量指标的数值是每隔一段时间进行一次性登记，即用某个瞬间的统计数来表明现象总体在某一时点上的状态水平，只有同类现象同一时点的数值可以相加，一般相加无现实意义。例如，2021年6月30日0时某地区人口总数为680万人，某企业2021年某月末某商品库存总量为50万元等。

在实际工作中，这两种总量指标在对比分析时，计算方法有所不同，必须加以注意。

（2）数值大小是否与时间长短有直接关系

时期总量指标数值的大小与所属时期长短有直接关系。一般来说，时期总量指标数值大小随着时间的长短发生变化，现象总体经历的时间愈长，指标数值愈大，反之愈小，如一个工业企业的全年产品产量，在正常情况下，比该年中任何一个月的产量要大。

而时点总量指标数值的大小与时间间隔长短无直接关系，如某企业的年末库存，不一定比该年中某月末库存多。

（3）数值是否通过连续登记取得

时期总量指标的数值是通过连续登记取得的，说明现象在一段时间内发生的总量，如一年的产品销售量是该年中每一日每一月连续登记汇总得来的；时点总量指标的数值是通过相隔一定时间做一次性登记取得的，如我国进行的6次人口普查资料，都是相隔一定时间在某一时点上做一次性登记取得的。

区分时期总量指标和时点总量指标决定了统计处理与应用上的不同，在运用时期总量和时点总量指标时，注意同一指标若从不同的角度考虑，则总量指标的性质也不同，如年末人口数和年初人口数是时点总量指标，但"年末人口数－年初人口数＝人口净增数"则为时期总量指标。

3. 按其采用的计量单位分类

总量指标按其计量单位不同可分为实物量指标、价值量指标和劳动量指标。

（1）实物量指标

实物量指标是根据现象的自然属性和特点采用实物单位计量的总量指标，是计算价值量指标的基础。实物量指标能直接反映现象的具体内容和使用价值及其规模，给人以鲜明而具体的概念，是社会经济和人们生活中常用的计量单位，但综合性差。常采用的实物计量单位有：①自然实物单位，如汽车用"辆"、电视机用"台"、手表用"只"等；②度量衡单位，如棉布用"米"、钢铁用"吨"、土地面积用"平方米"等；③专用单位，如电用"度"、热量用"卡"等；④标准实物量单位，用来加总不同规格同类物质的实物数量，以准确地反映产品的使用价值，如把不同厚度的平板玻璃折算成"重量标箱"；⑤复合单位，用两种以上的计量单位结合在一起，表明某一事物的数量，如发电量用"千瓦·时"、货物运输周转量用"吨·千米"等；⑥双重单位，指同时采用两种或两种以上的计量单位结合起来进行计量，如汽车用"辆/吨位"、起重机用"吨/台"、货轮用"艘/马力/吨位"等。

（2）价值量指标

价值量指标是以价值单位反映产品和劳务的数量。用货币单位计量的总量指标，能综合地反映经营成果、社会财富。进行国民经济核算和企业经济核算的总量指标大都采用价值量指标，它能将不同种类、不同用途的产品或商品数量予以加总，应用相当广泛。但价值量指标脱离了物质的不同内容，比较抽象。常用的价值单位有人民币元、欧元、美元等。

（3）劳动量指标

劳动量指标是以劳动时间为计量单位计算的产品产量或完成的工作量指标，如工时、工日、人工数等，一般用于企业内部核算，为成本核算和计算劳动生产率提供依据。1个工人工作1小时称为1个工时，8个工时为1个工日。企业按本单位的具体条件制定的生产单位产品或完成单位作业量所需要的时间标准，称工时定额，按这种定额计算的产品总量或完成的工作总量，就是劳动量总量指标。其优点是可以把不同种类、规格的产品产量或作业量进行加总。工业企业经常用这种定额工时产量指标安排作业计划、组织劳动竞赛和考核工人的劳动成果。

4.1.3　总量指标的计算方法和原则

总量指标的计算方法有直接计算法和间接推算法两种。直接计算法就是在全面调查的基础上逐步汇总而得到总量指标。间接推算法是根据非全面资料或各种关系推算出总量指标，如采用平衡关系推算法、因素关系推算法、比例关系推算法、抽样推算法、插值估算法等，在一定条件下都可以推算出总量指标。为了保证总量指标计算的准确性，在统计总量指标时要注意以下几点。

1. 统一性

应用正确的理论做指导，来确定每个总量指标的含义，划分有关指标间的界线和计算方法。只有按有关论述明确总量指标的含义、范围及计算方法，计算的总量指标才有现实意义。相同现象的总量指标，如果计算口径不同，在加总时应进行换算。在实践中同一实物产品有时可以采用不同的计量单位，如建材产品中平板玻璃的计量单位可用重量标箱，也可用平方米。

2. 同质性

应用总量指标时要注意现象的同质性，不同质的实物量指标不能相加。若计量单位不统一，就容易造成统计上的差错或混乱。在统计工业产品产量时，由于各种实物产品的使用价值不同，计量单位不同，所以不能直接相加，如钢材和棉花、汽车的性质不同，就不能把它们混在一起计算实物总产量。重要的总量指标的实物单位，应采用全国统一规定的指标目录中的计量单位,如原煤、原油、天然气等各种不同的能源由于使用价值相同,则可以折算为标准能源计算总量。不同时点的总量指标不能相加,如某季末的职工人数不能由相应的3个月末人数相加来求得,因为这样相加是没有意义的。

不过,在计算货物运输总量时,产品的同质性就不成为计算的条件了。因为它只要求计算货物的重量和里程,而不问其品种如何。因此,对于现象的同质性的认识,还应取决于现时所处的条件或统计研究的目的。

3. 可比性

应用总量指标时应注意历史条件变化对指标内容和范围的影响。在粗放型经济发展时期,衡量交通运输产业状况往往以货物运输总吨位数作为评价指标;随着工业产品向精细化、高值化发展,衡量交通运输产业状况就不能仅仅以货运重量评价了,还应该补充所运输货物的价值总量作为评价指标。

任务 4.2 相对指标

4.2.1 相对指标的概念和作用

社会经济现象是错综复杂、相互依存、相互制约的。如果要对事物做深入的了解,仅仅利用总量指标远远不够,还要对总体的组成和其各部分之间的数量关系进行分析、对比。统计中,数据的作用在于进行比较和分析——"比较为统计之母"。孤立的数据不进行任何比较分析,不能说明任何问题。因此,对事物进行判断、鉴别和比较,就要借助于相对指标,从而更深刻地表明现象的状况。

相对指标也称相对数。它是两个相互有联系的总量指标的比值,是反映现象数量特征和数量关系的综合指标。社会经济现象的发展程度、结构、强度或比例关系,在很多情况下都是通过相对指标来反映的。因此,相对指标在统计综合分析中应用广泛,其主要作用如下。

① 将现象绝对数的具体差异抽象化,使原来不能直接对比的总量指标变为可以直接对比的现象,从而进行更为有效的分析。不同的企业因其生产规模、生产条件、生产产品的不同,直接将总产量、总利润等绝对指标进行比较评价意义不大。但是将这些指标换算成相对指标,如计划完成相对指标、资金利润率来进行对比,就可以对其生产经营效果做出科学的评价。例如,比较两个企业的生产经营情况,如表4-1所示。

表4-1 甲、乙企业资金利润率计算

企 业	利润额/万元	资金占有额/万元	资金利润率/(%)
甲企业	50	100	50÷100=50
乙企业	80	400	80÷400=20

利润额的对比不能直接说明企业经济效益的好坏,因为两个企业的规模不同,资金占有额不同。但如果计算各个企业的资金利润率,就可以直接对比和评价哪个企业的经济效益较理想了。根据表4-1可以分析得出,甲企业的经济效益好于乙企业。

② 相对指标可以综合说明现象之间的相互关系，反映事物之间的比例、结构、速度、强度等关系，可以弥补总量指标的不足，更充分地说明现象的本质。例如，国民经济发展速度、各经济类型在国民经济中所占比重结构等指标，对分析一个国家或地区的经济状况均有着重要的意义。再如，某企业去年实现利润50万元，今年实现60万元，则今年利润增长率为20%。

③ 相对指标是对经济管理及经济活动成果进行考核的重要工具。在各级政府对国民经济运行进行宏观控制和监督，企业对经营活动情况进行考核时，都广泛运用相对指标。相对指标应结合具体经济活动内容和业务特点进行设计和计算，以满足实际工作的综合分析需要。

4.2.2　相对指标的计量单位

相对指标的计量单位有两种，一种是无名数，另一种是有名数。

有名数主要用于表示强度相对指标的数值，是由两个性质不同而又有联系的总量指标或平均指标对比、计算所得的相对指标。它保留两个对比指标原来的计量单位，多为复合计量单位，如人口密度指标以"人／平方千米"表示，万元产值能耗指标以"吨／万元"表示，商品流转速度指标以"次／年"或"次／天"表示。

相对指标一般表现为无名数，是一种被抽象化的数值，通常用系数、倍数、成数、百分数（百分点）、千分数、翻番数等表示。在统计分析中，视具体情况选用不同的表现形式，以准确清晰地反映现象的数量对比关系。

1. 系数和倍数

系数和倍数都是将对比的基数抽象化为1而计算出来的相对指标。当两个数值对比时，若分子与分母的数值相差不大，可用系数表示，如反映国民财富分配均衡程度的基尼系数、工资等级系数等。若分子数值比分母数值大得多时，常用倍数表示，如某年甲市完成的财政收入是乙市财政收入的2.7倍。

2. 成数

成数是将对比的基数抽象化为10而计算出来的相对指标，是一种习惯性表现形式。在计算农产品产量时应用较多。例如，某地小麦亩产量今年比去年增产一成，即增产1/10。

3. 百分数和千分数

百分数是将对比基数抽象化为100计算出来的相对指标，这是相对数中应用最广泛的一种，用符号"%"表示。编制、检查计划一般都用这种形式表示，如计划完成程度相对指标、物价指数等。千分数是将对比基数定为1 000而计算出来的相对指标，通常以"‰"表示。当分子数值比分母数值小得多时，如人口出生率、死亡率、万人刑事案件发生率等就用千分数形式表示。

这里还要对经济分析中经常用到的"百分点"的概念做一点说明。两个以百分数表示的相对指标相减，差距为1%，则称为相差1个百分点。百分点常用于两个百分数相减的场合。例如，在股票交易市场上，确定某一时间的股票价格为基数，将两个不同时间股票价格与之相比，分别为150%和120%，那么后一时间的股票价格比前一时间下降了30个百分点（120%-150%）。

4. 翻番数

翻番数是指两个相比较的数值中，如一个数是另一个数的 2^n，则 n 是翻番数。例如，中共十八大报告提出"到 2020 年，实现国内生产总值和城乡居民人均收入比 2010 年翻一番"，即增加 1 倍，是 2010 年国内生产总值的 2 倍。以此类推，"翻两番"，即增加 3 倍，是原来的 4 倍；"翻三番"，即增加 7 倍，是原来的 8 倍。

4.2.3　相对指标的种类和计算方法

因为研究的任务和目的不同，采取不同的比较标准（对比的基础），所以对比所起的作用也有所不同，从而形成不同的相对指标。相对指标一般有 6 种形式，即计划完成程度相对指标、结构相对指标、比较相对指标、比例相对指标、强度相对指标、动态相对指标。下面分别介绍它们的计算方法及应用。

1. 计划完成程度相对指标

计划完成程度相对指标又称计划完成相对数，是现象在某时期内的实际完成数与同期计划任务数的比值，反映计划完成或执行的情况，用百分数表示，用以检查、监督计划完成程度。其计算公式为

$$\text{计划完成程度相对指标}(\%) = \frac{\text{实际完成数}}{\text{同期计划任务数}} \times 100\% \quad \text{式（4-1）}$$

$$\text{超额或未完成计划绝对数} = \text{实际完成数} - \text{同期计划任务数} \quad \text{式（4-2）}$$

计划任务数是计划规定的用于衡量计划完成情况的标准。因此，计划任务数与实际完成数的指标含义、计算口径、计算方法、计量单位，以及时间长度和空间范围都必须保持一致。

在对计划完成情况进行评价时，应根据不同的经济现象性质制定不同的评价标准。当社会经济现象的数值越大越好时，则计划指标按最低限额规定。例如，产量、产值、劳动生产率、GDP 等，计划完成百分比超过 100% 为超额完成计划，不足 100% 为未完成计划；分子分母之差为正值，表示超额完成计划的绝对数，负值表示未完成计划的绝对数。当社会经济现象的数值越小越好时，则计划指标按最高限额规定。例如，产品单位成本和原材料消耗定额等，计划完成百分比超过 100% 为未完成计划，不足 100% 为超额完成计划；分子、分母之差为正值表示未完成计划的绝对数，负值表示超额完成计划的绝对数。

实际工作中，相对比的两个数（分子、分母）可以是总量指标、相对指标、平均指标等不同形式。因此，计划完成相对指标的方法相应有所不同。

（1）计划任务数为总量指标

① 当计划任务数和实际完成数统计为同一时期时，可用基本公式计算计划完成情况相对指标，用以对短期计划完成情况的检查，通常用于说明年度计划执行的结果。

例 4-1　某企业某年第一季度计划生产产品 200 万吨，实际完成 220 万吨，则

$$\text{计划完成程度相对指标}(\%) = \frac{\text{实际完成总量}}{\text{同期计划总量}} \times 100\% = \frac{220}{200} \times 100\% = 110\%$$

超额完成计划绝对数 = 220 - 200 = 20（万吨）

该企业第一季度生产产品计划完成程度相对指标为110%，超额完成计划10%，超额完成产量20万吨，计划完成情况良好。

② 当计划任务数和实际完成数统计不同时期时，且实际完成数所对应的时期只是计划期的一部分，则对计划完成情况的检查转变为对计划执行进度的检查。其计算公式为

$$\text{计划执行进度指标（\%）} = \frac{\text{某一段时间的累计实际完成数}}{\text{同期计划任务数}} \times 100\% \quad \text{式（4-3）}$$

例 4-2 某厂某年计划生产产品 1 200 万吨。第 1、2、3 季度实际完成产量分别为 300 万吨、280 万吨、305 万吨，则截止到第 3 季度，该产品的计划执行进度为

$$1—3 \text{ 季度计划执行进度指标（\%）} = \frac{300+280+305}{1\,200} \times 100\% = 73.75\%$$

从 1—3 季度计划执行进度指标的结果可以看出，全年时间已超过 3/4，而实际完成产量尚未到 3/4，仅完成了 73.75%，第 4 季度必须加强管理，找出薄弱环节，采取措施抓紧生产，控制生产质量，以保证完成年度生产计划。

（2）计划任务数为相对指标

当计划任务数为相对指标，表示为提高或降低的百分比（如产品成本降低率、产值增长率等）时，用来检查计划完成情况，考核社会经济现象运行中超额或未完成计划的情况。其计算公式为

$$\text{计划完成程度相对指标（\%）} = \frac{\text{实际完成达到的百分数}}{\text{计划规定的百分数}} \times 100\%$$

$$= \frac{1 \pm \text{实际提高（降低）率}}{1 \pm \text{计划提高（降低）率}} \times 100\% \quad \text{式（4-4）}$$

例 4-3 某企业计划使产量较上年提高 10%，而总成本要求下降 5%，若实产量增长了 15%，总成本下降了 3%，则

$$\text{产量计划完成程度相对指标（\%）} = \frac{1+15\%}{1+10\%} \times 100\% \approx 104.55\%$$

$$\text{总成本计划完成程度相对指标（\%）} = \frac{1-3\%}{1-5\%} \times 100\% \approx 102.11\%$$

从计算结果可以得出，产量计划超额完成 4.55%。类似这种指标，计算结果大于 100%，说明超额完成了计划的比值大，计划完成得好。而总成本没有完成计划。此类指标，计算结果大于 100%，说明实际总成本比计划总成本提高了 2.11%，未能完成计划；该比值愈小，则计划完成得愈好。

（3）计划任务数为平均指标

当计划任务数为平均指标，表示为某一社会经济现象的平均水平（如劳动生产率、单位产品原材料消耗量等）时，用来考核平均档次或等级标准的计划完成情况。其计算公式为

项目 4　统计指标分析

$$\text{计划完成程度相对指标（\%）} = \frac{\text{实际平均水平}}{\text{计划平均水平}} \times 100\% \qquad \text{式（4-5）}$$

例 4-4　某工业企业计划要求月劳动生产率达到 50 000 元／人，产品的计划平均单位成本为 100 元，而实际月劳动生产率达到 55 000 元／人，产品平均单位成本为 90 元，则

$$\text{月劳动生产率计划完成程度相对指标（\%）} = \frac{55\ 000}{50\ 000} \times 100\% = 110\%$$

$$\text{产品单位成本计划完成程度相对指标（\%）} = \frac{90}{100} \times 100\% = 90\%$$

计算结果表明，该厂月劳动生产率实际比计划超额 10%，平均每人每月多生产产值 5 000 元，而产品平均单位成本实际比计划降低 10%，产品平均每件成本降低了 100 元。该厂计划执行情况良好，做到了增产节约。

在实际工作中，不论检查长期计划，还是短期计划，都要随时掌握监察计划执行进度，如逐日、逐旬、逐季、逐年观察预测计划完成情况，以掌握动态，发现经济运行中存在的问题和薄弱环节，以便随时采取措施，保证计划完成。

在检查中长期计划完成情况时，除了检查计划完成程度外，还要计算其提前完成计划的时间。根据指标性质的不同，其检查方法分为累计法和水平法两种。

（1）累计法

累计法是检查中长期计划期内各年的累计总和与计划完成数对其进行分析考核的方法，将整个计划期内实际完成的累计数与同期规定的累计计划数进行对比。累计法适用于检查中长期计划期（通常为 5 年计划期）内计划执行情况，如固定资产投资总额、住宅建筑面积等计划完成情况。其计算公式为

$$\text{长期计划完成程度相对指标（\%）} = \frac{\text{计划期内实际累计完成数}}{\text{计划期计划任务数}} \times 100\% \qquad \text{式（4-6）}$$

计算提前完成计划的时间，将计划期内全部时间减去自计划执行之日起至累计实际完成计划任务的时间即可。

例 4-5　某市 5 年计划规定累计完成固定资产投资额 800 亿元，实际执行情况如表 4-2 所示。

表 4-2　某市 5 年内固定资产投资情况

年　　度	第 1 年	第 2 年	第 3 年	第 4 年	第 5 年			
					第 1 季度	第 2 季度	第 3 季度	第 4 季度
投资额／亿元	120	130	150	180	80	90	50	50

$$\text{计划完成程度相对指标（\%）} = \frac{120+130+150+180+(80+90+50+50)}{800} \times 100\% = 106.25\%$$

超计划投资额 = 850 - 800 = 50（亿元）

该市固定资产投资超额完成计划 6.25%，超计划投资 50 亿元。

从表 4-2 中的资料计算得到,某市第 5 年的第 3 季度末实际累计完成投资额 800 亿元,即 120+130+150+180+80+90+50=800(亿元),说明已提前 3 个月完成了 5 年计划的固定资产投资任务。

(2)水平法

水平法是检查整个计划期末达到规定水平的方法。它适用于反映生产能力的经济指标,如发电量、钢铁产量、煤产量等。它是将计划期末(最后一年)实际所达到的水平和计划规定同期应达到的水平进行对比。其计算公式为

$$\text{计划完成程度相对指标(\%)} = \frac{\text{计划期末(最后一年)实际达到的水平}}{\text{计划期末(最后一年)规定达到的水平}} \times 100\% \quad \text{式(4-7)}$$

计算提前完成计划的时间,是根据计划期内连续一年时间的实际完成数,即连续 12 个月的累计数,而不是按日历年度计算。达到计划规定最后一年的计划水平,往后推算所余时间即为提前完成计划的时间。

提前(+)或推迟(-)完成计划时间
= 长期计划的期末日期 - 实际达到计划期最后一年水平的日期 式(4-8)

例 4-6 某煤矿 5 年计划最后一年的煤产量为 5 000 万吨,实际计划执行情况如表 4-3 所示。

表 4-3 某煤矿 5 年内计划煤产量情况

年度	第 1 年	第 2 年	第 3 年		第 4 年				第 5 年			
			上半年	下半年	第 1 季度	第 2 季度	第 3 季度	第 4 季度	第 1 季度	第 2 季度	第 3 季度	第 4 季度
产量 / 万吨	4 300	4 500	2 200	2 500	1 100	1 180	1 200	1 220	1 280	1 300	1 300	1 400

$$\text{计划完成程度相对指标(\%)} = \frac{1280+1300+1300+1400}{5000} \times 100\% = 105.6\%$$

超计划完成产量 =5 280-5 000=280(万吨)

计算提前完成计划时间,先计算连续 12 个月实际达到的产量水平,再推算提前完成计划的时间。本例中从第 4 年第 3 季度算起,到第 5 年第 2 季度末连续 12 个月的煤产量为 5 000 万吨,即 1 200+1 220+1 280+1 300=5 000(万吨),已达到计划规定期末的水平,说明提前 6 个月完成了计划。

2. 结构相对指标

研究社会经济现象总体时,不仅要掌握其总量,而且要揭示总体内部各组成部分的数量表现,并加以分析。结构相对指标又称比重或比率,是在对总体内某一指标数值进行分组的基础上,将总体中该指标某一部分数值与总体的全部数值进行对比的比值,说明总体内部结构和类型特征,一般用百分数或系数表示。其对比的基础是同一总体的统计指标总数值,从而总体中各部分的结构相对数可以直接相加,其和为 100%。其计算公式为

$$\text{结构相对指标(\%)} = \frac{\text{总体内某部分指标}}{\text{总体总量指标}} \times 100\% \quad \text{式(4-9)}$$

例 4-7 某地区 2020 年工业总产值为 100 亿元，其中重工业 53.4 亿元，则

重工业结构相对指标（%）=53.4÷100×100%=53.4%

结构相对指标在社会经济统计中应用广泛，有着重要的作用。

① 通过计算结构相对数，以便人们认识事物的内部结构及其比例关系、发展变化情况，促进事物构成的合理性。

某地区第七次人口普查和第六次人口普查人口结构对比，如表 4-4 所示。

表 4-4　某地区第七次人口普查和第六次人口普查人口结构对比

年龄类型	人数 / 万人	比重 /（%）	与第六次人口普查相比增减百分比 /（%）
0～14 岁	2.22	16.60	-6.29
15～59 岁	9.40	70.14	+3.36
60 岁及以上	1.78	13.26	+2.93
其中 65 岁及以上	1.19	8.87	+1.91
合计	13.40	100	—

参考联合国人口学专家提出的 3 种人口的类型划分标准，如表 4-5 所示。

表 4-5　联合国人口学专家提出的 3 种人口的类型划分标准

老年人口占总人口比重	少儿人口占总人口比重	人口类型
5% 以下	40% 以上	年轻人口型
5%～10%	30%～40%	壮年人口型
10% 以上	30% 以下	老年人口型

从表 4-4 中可以看出，这个地区总人口 13.4 万人，比 2010 年增长 5.84%，年均增长 0.57%。从人口出生率来看，这个地区已进入低生育水平时期。人口普查还表明这个地区人口老化进程加快，继续保持现行生育政策极不利于应对人口快速老化的严峻挑战。专家呼吁："中国的生育政策应逐步平稳调整，由此造成的出生人数增加，有利于拉动内需，扩大就业。新增婴儿在 20 年后进入劳动年龄时正值'人口负债期'，不但不会增加就业压力，而且将大大减轻劳力资源萎缩与人口老化的压力。"

② 说明各组在总体中的地位和作用。通过计算结构相对数指标来反映总体内部结构，以便抓住重点，加强宏观控制、微观管理，把工作做得更有效率。例如，物资管理工作中采用 ABC 分析法，其基本原理就是对影响经济活动的因素，按各种因素影响程度的大小进行分析。物资分类原则如表 4-6 所示。

表 4-6　物资分类原则

产品类型	所占资金的累计比重	所占品种的累计比重
A	70% 以下	20% 以下
B	70%～90%	20%～50%
C	90% 以上	50% 以上

将库存物资分为 A、B、C 三类，突出"重要的少数"物资、"非重要的多数"物资，实行分类管理。要重点确保 A 类物资的及时采购和库存控制，对 C 类物资则可以采取少

投入管理成本的措施，有效地达到提高企业经济效益的目的。

③ 通过计算某一现象不同时期的结构相对数，分析事物发展变化过程和趋势。例如，2020 年、2021 年某地区两次经济普查数据如表 4-7 所示。

表 4-7　某地区两次经济普查单位从业人员结构情况

项　目	从业人员/人		比重/（%）	
	第一次	第二次	第一次	第二次
具有初级技术职称及以下人员	1 860.2	3 464.6	41.21	52.34
具有中级技术职称人员	1 942.7	2 262.6	43.03	34.19
具有高级技术职称人员	711.6	891.8	15.76	13.47
从业人员合计	4 514.5	6 619	100	100

从表 4-7 中可以看出，从业人员学历、职称、技术等级都有大幅度增加。从业人员内部构成发生了显著变化，为该地区创新驱动、转型发展提供了有力的科学技术支撑，将有力地推动该地区的经济发展。

3. 比例相对指标

比例相对指标是将同一总体内不同组成部分的指标数值进行对比的比值，用来反映总体中各部分之间的数量比例关系和协调平衡状况，一般用系数或倍数表示，也可用百分比的形式表示。其计算公式为

$$比例相对指标（\%）=\frac{总体中某一部分数值}{同一总体中另一部分数值}\times 100\% \qquad 式（4-10）$$

比例相对指标可以用百分数表示，也可用"1∶n""$n∶m$"或"$a∶b∶c$"表示。例如，某班共有 50 人，其中，男生 30 人，女生 20 人，则男女生的比例为 3∶2。一般来说，比例相对数的分子和分母可交换，某些特定指标不可交换。

比例相对数在我国国民经济宏观调控中有着重要作用，如轻重工业比例、三次产业产值比例等。例如，某地社会劳动者人数为 59 432 万人，其中，第一产业为 34 769 万人，第二产业为 12 921 万人，第三产业为 11 742 万人，三次产业劳动者人数比例为 100∶37∶34。

利用比例相对指标可以分析国民经济中各种比例关系，调整不合理的比例，促进社会主义市场经济稳步协调发展。比例相对指标和结构相对指标有着密切的联系，两者的作用相同，只是对比的方法不同，侧重点有差别。比例相对指标所反映的比例关系是一种结构性比例。

4. 比较相对指标

比较相对指标是指同一时期内同类现象的不同总体某种指标数值在不同空间对比的比值。它反映同类事物在不同国家、不同地区或不同单位之间的差异程度，一般用倍数或百分数表示。其计算公式为

$$比较相对指标（\%）=\frac{某一国家、地区（单位）某种现象的指标数值}{另一国家、地区（单位）同一现象的指标数值}\times 100\% \quad 式（4-11）$$

项目 4　统计指标分析

例 4-8　2020 年甲市全年财政收入完成 186.2 亿元，乙市全年财政收入完成 232.7 亿元，则两市财政收入完成额的比较相对指标为

$$甲市与乙市的比较相对指标（\%）= \frac{186.2}{232.7} \times 100\% \approx 80.0\%$$

$$乙市与甲市的比较相对指标（\%）= \frac{232.7}{186.2} \times 100\% \approx 123.0\%$$

比较相对指标中用来对比的两个指标，可以是总量指标，也可以是相对指标或平均指标。

例 4-9　甲、乙两公司 2021 年商品销售额分别为 5.4 亿元和 3.6 亿元，则

$$甲公司与乙公司的商品销售额比较相对指标 = \frac{5.4}{3.6} = 1.5$$

若已知甲公司人均年销售额为 21.6 万元，乙公司人均年销售额为 23.2 万元，则

$$甲公司与乙公司的人均年销售额比较相对指标（\%）= \frac{21.6}{23.2} \times 100\% \approx 93.1\%$$

计算结果表明，甲公司商品销售额为乙公司的 1.5 倍，人均年销售额为乙公司的约 93%。虽然甲公司的总销售额比乙公司多，但劳动效率却低于乙公司。用总量指标进行计算对比，往往受到总体规模和条件的影响，结果不能准确反映现象的本质差异。一般采用相对指标或平均指标计算。

根据现象的性质和研究的目的，分子和分母还可以互换，以满足不同的研究要求。在实际工作中，比较相对指标不仅可用于两个不同的总体间对比同类指标，还可把各项技术经济指标与国家规定的标准对比，与国内外同行的先进水平对比，从而找差距、挖潜力、定措施，为提高企业的经营管理水平提供依据。

5. 强度相对指标

强度相对指标是两个性质不同而有联系的不同总体的指标数值相对比的比值。它反映现象的强度、密度和普遍程度。在现实生活中，它应用相当广泛，如人口密度、商业网点密度、商品流通费用率等。强度相对指标一般用有名数表示。其计算公式为

$$强度相对指标 = \frac{某一现象的指标数值}{另一有联系而性质不同的指标数值} \qquad 式（4-12）$$

例 4-10　某地区土地面积为 85 万平方千米，人口总数为 11 648 万人，则

$$人口密度 = \frac{11\ 648 万人}{85 万平方千米} \approx 137（人 / 平方千米）$$

强度相对指标是一种特殊的相对指标，也有采用无名数形式的，如人口自然增长率、商品流通费率、企业资金利润率、人口死亡率等。

强度相对指标常带有"平均"的含义，但由于它的分子和分母分属两个不同总体，所以与平均指标有本质的不同。用强度相对指标来说明社会经济现象的强弱程度时，广泛采用人均产量（产值）指标来反映一个国家的经济实力，用人均 GNP（Gross National Product，国民生产总值）指标来反映一个国家的财富普遍程度。类似的指标还有居民人均

可支配收入、人均汽车拥有量等。它与平均指标的根本区别在于：平均指标是同一总体中的标志总量与单位总量之比，是总体的某一数量标志的各个变量值加以平均，分子与分母的指标数值有一一对应关系；强度相对指标则表明两个不同总体之间的数量对比关系，分子与分母的指标数值没有一一对应关系。

强度相对指标有正指标、逆指标之分。正指标是指比值的大小反映现象的强度、密度关系的大小，指标数值越大，则现象的密度、强度等越大；逆指标则相反。

例 4-11 某市 2021 年末人口总数是 1 334.7 万人，连锁商业网点为 6 432 个，则

$$\text{正指标：商业网点密度} = \frac{6\,432\,\text{个}}{1\,334.7\,\text{万人}} \approx 4.8\,(\text{个}/\text{万人})$$

表示每万人有 4.8 个零售商业网点为其服务。

$$\text{逆指标：商业网点密度} = \frac{1\,334.7\,\text{万人}}{6\,432\,\text{个}} \approx 0.21\,(\text{万人}/\text{个})$$

表示每个零售商业网点为 2 100 人服务。

这两个指标反映商业部门为社会服务能力的大小。实际工作中，对于反映服务机构为社会服务能力大小，人们比较习惯正指标的运用和表述。根据需要和经济分析的惯例，公式中的分子和分母可视情况互换设定。

例如，反映卫生事业对居民服务保证程度的正指标有

$$\text{每千人口医院床位数} = \frac{\text{医院床位数（张）}}{\text{人口数（千人）}}$$

同理，将分子和分母互换，反映卫生事业对居民服务保证程度的逆指标有

$$\text{每张医院床位负担人口数} = \frac{\text{人口数（人）}}{\text{医院床位数（张）}}$$

但要注意的是，在实际工作中，并不是所有的强度相对指标都有正指标和逆指标之分。

强度相对指标反映社会经济现象的强弱程度，常用来表现一个国家、一个地区或一个单位的经济实力，并进行国家、地区、单位间的实力比较，确定发展的差距和不平衡程度；强度相对指标能够反映现象的密度和普遍程度，如人口密度、万人拥有的公共图书馆数、万人拥有的商业网点数等；强度相对指标还可以反映经济活动的条件和效益，如劳动力的资金装备程度可以反映经济活动的条件，各种利润率指标可以反映经济活动的效益，便于在不同空间进行比较，找出差距，研究现象之间的相互关系，为制定政策、编制计划提供可靠依据。

6. 动态相对指标

动态相对指标是同一现象总体不同时间的两个指标数值对比的比值。它说明事物在不同时间上的发展变化过程，一般用百分数表示。通常将作为比较基础的时期称为基期，与基期对比的时期称为报告期或计算期。其计算公式为

$$\text{动态相对指标}(\%) = \frac{\text{报告期指标数值}}{\text{基期指标数值}} \times 100\% \qquad \text{式（4-13）}$$

例如，华鑫公司 2021 年 6 月份的利润为 98 万元，2021 年 5 月份的利润为 80 万元，则

项目 4 统计指标分析

$$动态相对指标（\%）=\frac{98万元}{80万元}\times100\%=122.5\%$$

这个指标表明华鑫公司的利润是增长的，6月份比5月份的利润增长了22.5%。

动态相对指标在统计中的应用非常广泛，可以研究现象在不同时间上的发展变化，以便人们认识现象的发展变化趋势及其发展规律性。关于动态相对指标，将在项目5做专门研究。

下面将6种相对指标列表比较，如表4-8所示。

表4-8 6种相对指标比较

不同时期比较	同一时期比较				
	不同现象比较	同类现象比较			
		不同总体比较	同一总体中		
			部分与部分比较	总体中部分与总体比较	实际与计划比较
动态相对指标	强度相对指标	比较相对指标	比例相对指标	结构相对指标	计划完成程度相对指标

4.2.4 正确运用相对指标的原则

1. 两个相对比的指标必须具有可比性

相对指标是两个有联系的指标数值之比，这两个指标所表明的经济内容、统计范围、计算方法、计量单位必须一致、可比。只有这样，计算结果才能反映现象的真相，符合统计分析研究的要求，避免得出错误的结论。例如，我国按同一不变价格计算的不同时期国民收入是可比的，它能够反映我国经济发展的变化情况。但是这个指标不能直接和其他国家的国民收入对比，因为二者之间的经济内容、计算方法、货币价值不同，因此，它们缺乏可比性，是不可直接对比的。

2. 相对指标要与总量指标结合起来运用

相对指标是两个指标数值之比，是把现象的绝对水平抽象化了，掩盖了现象之间绝对量的差异。如表4-9所示，若仅看相对数，甲企业产量的增长速度为10%，比乙企业增长的6%快得多。但把相对指标与总量指标结合起来分析，尽管甲企业产量增长速度快于乙企业，而乙企业增长的绝对数是30吨，甲企业仅10吨；乙企业增长1%的绝对值是5吨，甲企业仅1吨，可见大的相对数后面隐藏着小的绝对数，而小的相对数后面隐藏着大的绝对数。只有将二者结合起来分析问题，才能避免片面性。

表4-9 甲、乙企业产品产量情况

企业	基期/吨	报告期/吨	增长量/吨	增长速度/（%）	增长1%的绝对值
甲企业	100	110	10	10	1
乙企业	500	530	30	6	5

3. 各种相对指标要结合运用

每种相对指标只能反映现象数量关系的某一方面。把各种相对指标联系起来看问题，就能比较全面地分析被研究对象的特征及其发展变化规律。例如，对一个工厂生产情况进行评价，不但要考查其产品产值、产量、利税等计划完成情况，还要将它们与以前年度、同行业、国内外先进水平进行对比，研究其生产发展情况，才能对企业进行深入分析，做出切合实际的评价。但要注意的是，相对指标中除了同一时期、同一总体的结构相对指标可以相加外，其余几种相对指标的数值都不能简单地相加。

任务 4.3　平均指标

4.3.1　平均指标概述

平均指标是统计中常用的综合指标。它是说明同质总体内某一标志值在一定时间、地点、条件下所达到的一般水平，是总体内各单位某一标志值的各种不同具体表现的代表值。

总体是由许多单位构成的。在一个确定的研究目的下，各总体单位具有共同的标志，但却具有不同的标志值。如果从整体上观察这些标志值，便会发现这些具有差异的标志值在分布上具有集中趋势，即向某一数值聚集，而这个数值便可代表总体各单位标志值的一般水平，称为平均指标。例如，某地区职工月工资高低不同，为了反映该地区职工的整体工资水平，就需要一个值代表所有职工的月工资水平，这个代表值就是平均工资。

平均指标具有以下特点。

1. 总体同质性

平均指标必须在同质总体内计算，这是计算平均指标的前提。只有这样，才能反映现象的本质，否则会掩盖总体各单位之间的本质差异，歪曲事实真相，形成"虚构"平均数。例如，某厂职工平均工资，只能由该厂范围内的职工人数和相应的工资总额进行计算，凡不属于这个范围内的职工和相应的工资总额都不能包括在内。

2. 差异抽象性

平均指标是将总体标志总量在总体各单位之间的数值差异抽象化，是一种一般化的水平指标。例如，一个企业职工工资高低不同，而平均工资就是将不同工资差异抽象化。对总体中某一标志值集中趋势的测量，说明其一般水平的代表值。

3. 集中趋势性

从总体变量分布的特点看，多数现象的分布服从正态分布，即接近平均数的标志值出现的频率较高，远离平均数的标志值出现的频率则较低。只有进行大量观察，尽量将现象偶然性的差异相互抵消，平均指标才能反映出总体各单位标志值的集中趋势。

平均指标和标志变异指标是一对反映同一现象总体集中趋势和离散趋势的对应指标。平均指标有静态平均指标和动态平均指标——序时平均数。本项目主要研究静态现象总体的平均指标问题。项目 5 主要研究动态数列的序时平均数问题。

4.3.2　平均指标的作用和种类

集中趋势是指大量变量值向某一点集中的情况，从而反映出该变量分布状况的综合数量特征。描述集中趋势的实质是找出变量的集中点或中心值，这些集中点上的数值称为集

项目4　统计指标分析

中趋势的代表值，即平均指标。

1. 平均指标的作用

① 平均指标可以消除因总体范围不同而带来的总体数量差异，从而使不同的总体具有可比性。平均指标可以用来对不同地区、不同单位的同一现象进行比较，从而反映各地区、各单位之间工作成绩和产品质量等情况的差异及现象的发展规律，并评价不同企业生产经营管理的情况，如劳动生产率、平均成本等指标。平均指标还可以用于编制和检查计划，如对粮食、棉花等农作物的单位平均产量、工人劳动生产率、平均工资等指标进行对比分析，可以用来检查计划执行情况。

② 同一总体在不同时间上的平均数可以说明该现象总体的发展变化趋势。例如，用不同历史时期的平均工资进行对比，反映出我国职工工资收入不断增加，人民生活逐步改善。

③ 通过平均指标分析社会经济现象之间的依存关系。将有关指标与平均指标结合运用，可以分析现象之间的内在联系，如劳动生产率的提高与产品成本之间的关系、产品原材料单耗与产品产量的关系等。在抽样调查中，可以利用样本平均数推算总体平均数。

2. 平均指标的种类

常用的反映集中趋势的平均指标，由于确定方法不同，分为数值平均指标与位置平均指标。

① 数值平均指标是根据各总体单位标志值综合计算形成的，具体包括算术平均数、调和平均数、几何平均数。

② 位置平均指标是根据总体标志值所处位置确定的，包括众数、中位数。

4.3.3　数值平均指标的计算方法

1. 算术平均指标

算术平均指标是分析社会经济现象一般水平和典型特征的最基本指标。它是表明同一总体各单位标志值一般水平的平均指标，是计算平均指标最常用的方法，适用于总体各单位标志之间是相加求和的数量关系。其计算公式为

$$算术平均数 = \frac{总体标志总量}{总体单位数} \qquad 式（4-14）$$

式中，分子与分母在社会经济内容上有着从属关系，分子与分母为同一总体内的两个总量指标，分子数值必须是分母总体各单位对应的标志值之和，二者范围必须一致。由于占有资料的情况不同，算术平均指标分别采取不同的计算方法，分为简单算术平均指标和加权算术平均指标两种计算形式。

（1）简单算术平均指标

① 适用范围：在掌握了没有分组的总体各单位标志值，或已经搜集了总体标志总量和总体单位总量资料后，就可以采用这种方法计算。

② 计算公式：将总体各单位标志值简单加总除以总体单位数。

$$\bar{X} = \frac{x_1 + x_2 + \cdots + x_n}{n} = \frac{\sum x}{n} \qquad 式（4-15）$$

式中，$\bar{X}$——算术平均指标；$x_1, x_2, \cdots, x_n$——各总体单位标志值；$\sum$——加总符号；n——总体单位数。

例4-12 某生产小组有6个工人，某种产品每人日产量（件）分别为8、9、10、10、11、12。要求确定该生产小组人均日产量。

$$人均日产量 = \frac{8+9+10+10+11+12}{6} = 10（件）$$

③ 影响因素：简单算术平均数的大小只受各变量值本身大小的影响，其平均数不会超过变量值的变动范围。

（2）加权算术平均指标

如果掌握的统计调查资料已整理分组，计算平均指标就应采用加权算术平均指标的计算形式。具体方法是：首先以各组总体单位数（频数）乘各组标志值求得各组的标志总量，再将各组标志总量相加求出总体标志总量，最后用总体标志总量除以总体单位数求出平均指标。

加权算术平均指标是根据变量数列计算的。而变量数列由于其标志在各组分布状况不同又分为单项式变量数列和组距式变量数列，不同形式的变量数列在计算中有所区别。

① 单项式变量数列。

例4-13 某工厂加工车间有工人80人，他们每人每天加工零件数的统计资料如表4-10所示。要求确定车间全体工人日平均加工零件数。

表4-10　某工厂加工车间工人生产情况

按日加工零件分组/件	工人人数/人	占总人数比重/（%）
12	1	1.25
13	3	3.75
14	6	7.50
15	11	13.75
16	18	22.50
17	17	21.25
18	10	12.50
19	7	8.75
20	5	6.25
21	2	2.50
合计	80	100

由于平均指标是同一总体内的标志总量除以总体总量，平均加工零件数就是加工零件总数除以工人人数。若根据频数即各组的单位数计算，则日平均加工零件数计算过程如表4-11所示。

项目 4　统计指标分析

表 4–11　某工厂加工车间工人生产情况计算

按日加工零件分组 / 件 x	工人人数 / 人 f	占总人数比重 / (％) f/ ∑ f	各组加工零件数 / 件 xf
12	1	1.25	12
13	3	3.75	39
14	6	7.50	84
15	11	13.75	165
16	18	22.50	288
17	17	21.25	289
18	10	12.50	180
19	7	8.75	133
20	5	6.25	100
21	2	2.50	42
合计	80	100	1 332

$$\bar{X} = \frac{\sum xf}{\sum f} = \frac{1332}{80} = 16.65（件）$$

从上式可以看出，平均每天加工零件数的多少受两个因素的影响，一是各组加工零件数的多少，二是各组工人人数的多少。工人人数多的组对日平均加工零件数量的影响作用大，工人人数少的组对日平均加工零件数量的影响作用小。工人人数（频数）在平均工资的计算中具有权衡轻重的作用，统计上称为权数。以这种形式计算的平均指标即称为加权算术平均指标。用 x 代表各组标志值，f 代表各组频数（权数），$\bar{X}$ 代表平均数，$x_1, x_2, \cdots, x_n$ 代表各组标志值，则加权算术平均指标的计算公式为

$$\bar{X} = \frac{x_1 f_1 + x_2 f_2 + \cdots + x_n f_n}{f_1 + f_2 + \cdots + f_n} = \frac{\sum xf}{\sum f} \qquad 式（4-16）$$

各组出现的次数除用频数表示外，加权算术平均数还可用比重即频率来表示，如果各组频数以比重的形式表示，则加权算术平均指标的计算公式为

$$\bar{X} = \frac{\sum \left(x_1 \cdot \frac{f_1}{\sum f} + x_2 \cdot \frac{f_2}{\sum f} + \cdots + x_n \cdot \frac{f_n}{\sum f} \right)}{\frac{f_1}{\sum f} + \frac{f_2}{\sum f} + \cdots + \frac{f_n}{\sum f}} = \sum \left(x \cdot \frac{f}{\sum f} \right) \qquad 式（4-17）$$

若根据频率即各组的单位数占总体单位数的比重计算，则日平均加工零件数计算过程如表 4-12 所示。

表 4-12　某工厂加工车间工人生产情况计算

按日加工零件分组 / 件 x	工人人数 / 人 f	占总人数比重 / (%) $f/\sum f$	$xf/\sum f$
12	1	1.25	0.15
13	3	3.75	0.487 5
14	6	7.50	1.05
15	11	13.75	2.062 5
16	18	22.50	3.6
17	17	21.25	3.612 5
18	10	12.50	2.25
19	7	8.75	1.662 5
20	5	6.25	1.24
21	2	2.50	0.525
合计	80	100	16.65

$$\bar{X} = \sum \left(x \cdot \frac{f}{\sum f} \right) = 16.65 \text{（件）}$$

② 组距式变量数列。根据组距式变量数列计算平均指标，其计算方法与上述方法基本相同，有一点不同的是，组距式变量数列以各组组中值代表各组变量值的一般水平来计算。

例 4-14　根据已知某班学生统计学考试成绩的调查资料整理编制的组距式变量数列（见表 4-13），确定该班学生平均成绩。

表 4-13　某班学生统计学考试成绩统计

成绩 / 分	频数 / 人 f	频率 / (%) $f/\sum f$
50～60	2	6.7
60～70	4	13.3
70～80	9	30.0
80～90	11	36.7
90～100	4	13.3
合计	30	100

某班学生统计学考试平均成绩分组计算过程如表 4-14 所示。

表 4-14　某班学生统计学考试平均成绩分组计算

成绩 / 分	频数 / 人 f	频率 / (%) $f/\sum f$	组中值 / 分 x	各组总分 / 分 xf	$xf/\sum f$
50～60	2	6.7	55	110	3.667
60～70	4	13.3	65	260	8.667
70～80	9	30.0	75	675	22.500
80～90	11	36.7	85	935	31.167
90～100	4	13.3	95	380	12.667
合计	30	100	—	2 360	78.67

项目 4　统计指标分析

若根据频数即各组的单位数计算,则

$$\bar{X} = \frac{\sum xf}{\sum f} = \frac{2\,360}{30} \approx 78.67 \text{（分）}$$

若根据频率即各组的单位数占总体单位数的比重计算,则

$$\bar{X} = \sum \left(x \cdot \frac{f}{\sum f} \right) \approx 78.67 \text{（分）}$$

组距式变量数列计算平均指标的计算方法是在假定各组内标志值均匀分布的前提下进行的,但事实上要完全服从于均匀分布的假定是不可能的。因此,根据组距式变量数列计算的加权算术平均数的结果,只能是平均指标的近似值。

加权算术平均数的大小不仅受各组标志值本身大小的影响,还决定于各组标志值出现的次数（权数）。某组标志值出现次数多,对平均数影响大;反之,对平均数影响就小。因此,平均数往往都接近于次数多的一组的标志值。若各组频数相同,表明权数相等,则加权算术平均数与简单算术平均数计算结果完全相同。

需要说明的是,计算加权算术平均数会遇到权数的选择问题。一般来说,分配数列中的次数通常就是权数。

例 4-15　某市将同类产品的工业企业按劳动生产率高低分组,其资料如表 4-15 所示。试计算这类产品的平均劳动生产率。

表 4-15　某市同类产品工业企业分组

按劳动生产率分组 /（件 / 人）	企业数 / 个	工人数 / 人
50～60	6	1 200
60～70	8	2 000
70～80	4	800
80～90	2	400
90～100	2	250
合计	22	4 650

某市同类产品工业企业平均劳动生产率分组计算过程如表 4-16 所示。

表 4-16　某市同类产品工业企业平均劳动生产率分组计算

按劳动生产率分组 /（件 / 人）	组中值 /（件 / 人） x	企业数 / 个	工人数 / 人 f	各组总产量 / 件 xf
50～60	55	6	1 200	66 000
60～70	65	8	2 000	130 000
70～80	75	4	800	60 000
80～90	85	2	400	34 000
90～100	95	2	250	23 750
合计	—	22	4 650	313 570

$$\bar{X} = \frac{\sum xf}{\sum f} = \frac{313\,570}{4\,650} \approx 67.43 \text{（件 / 人）}$$

从表4-15可知，按劳动生产率不同分组的项目有两个，分别是企业数和工人数。但在这里，企业数不是合适的权数，以各组人数为权数才合适。因为企业数与劳动生产率（件/人）的乘积没有实际意义，而各组人数与劳动生产率（件/人）的乘积才表示各组的总产量意义。一般由相对数求平均数时，也常会遇到次数不适合作为权数的情况，因而对于权数的选择必须慎重考虑。通常应该同时满足两个条件：其一，它必须是标志的直接承担者；其二，它与标志值相乘具有一定的经济意义。

另外，还要注意的是，算术平均数（如平均劳动生产率、平均工资、人均粮食消费量）与强度相对数（如人均GDP、人均汽车拥有量、人均粮食产量等）形式上相似，都带有"平均"或"均"字样，但是其实质是不同的。二者区别在于：平均指标中的标志总量和单位总量之间存在一一对应关系；强度相对指标中的两个联系指标之间不存在一一对应关系。例如：

$$人均粮食产量 = \frac{粮食总产量}{总人数} \quad （分子、分母不存在一一对应关系）$$

$$人均粮食消费量 = \frac{粮食总消费量}{总人数} \quad （分子、分母存在一一对应关系）$$

算术平均数在统计中的作用甚大，但也有缺点。例如，当数列分布不够集中时，容易受极大值或极小值影响，这时，算术平均数缺乏代表性；当分配数列呈U形或J形分布时，算术平均数没有代表性，如人口死亡率与人口年龄关系分布等现象。

2. 调和平均指标

调和平均数也称倒数平均数，是加权算术平均指标的变形。它是先对变量的倒数求平均数，然后再取倒数而得到的平均数。当只掌握总体标志总量和各单位标志值，而无总体单位总量时，则采取这种方法计算平均数。调和平均数有简单调和平均数和加权调和平均数两种计算形式。

（1）简单调和平均数

简单调和平均数是将各标志值的倒数计算简单算术平均数，再取这一平均数的倒数。所以说，调和平均数是各个变量倒数的算术平均数的倒数。其计算公式为

$$\bar{X}_H = \frac{1}{\dfrac{\left(\dfrac{1}{x_1} + \dfrac{1}{x_2} + \cdots + \dfrac{1}{x_n}\right)}{n}} = \frac{n}{\left(\dfrac{1}{x_1} + \dfrac{1}{x_2} + \cdots + \dfrac{1}{x_n}\right)} = \frac{n}{\sum \dfrac{1}{x}} \quad 式（4-18）$$

式中，$\bar{X}_H$——调和平均数；x_i——第i个总体单位的标志值（$i=1,2,3,\cdots,n$）；n——总体单位总数。

例4-16 某人各买1元的3种商品，其价格分别为0.5元/千克、0.8元/千克、1元/千克，则3种商品的平均价格为

$$\bar{X}_H = \frac{n}{\sum \dfrac{1}{x}} = \frac{1}{\dfrac{\dfrac{1}{0.5} + \dfrac{1}{0.8} + \dfrac{1}{1.00}}{3}} = \frac{3}{4.25} \approx 0.71 \quad （元/千克）$$

项目 4　统计指标分析

（2）加权调和平均数

加权调和平均数是各变量值倒数的加权算术平均数的倒数。其计算公式为

$$\bar{X}_H = \frac{1}{\dfrac{\dfrac{m_1}{x_1}+\dfrac{m_2}{x_2}+\cdots+\dfrac{m_k}{x_k}}{m_1+m_2+\cdots+m_k}} = \frac{m_1+m_2+\cdots+m_k}{\dfrac{m_1}{x_1}+\dfrac{m_2}{x_2}+\cdots+\dfrac{m_k}{x_k}} = \frac{\sum m}{\sum \dfrac{m}{x}} \qquad 式（4-19）$$

式中，m——权数。

例 4-17　某人从 3 个不同市场上分别买 2 元钱的某种商品，其单价分别为 0.66 元 / 千克、0.50 元 / 千克、0.40 元 / 千克，则该商品的平均单价为

$$\bar{X}_H = \frac{\sum m}{\sum \dfrac{m}{x}} = \frac{2+2+2}{\dfrac{2}{0.66}+\dfrac{2}{0.5}+\dfrac{2}{0.4}} \approx 0.50 \ （元 / 千克）$$

例 4-18　某厂所属 4 个车间产值计划完成程度及实际产值资料如表 4-17 所示，求平均计划完成程度。

表 4-17　某厂产值完成情况

车间名称	计划完成程度 /（%） x	实际产值 / 万元 m	计划产值 / 万元 m/x
甲	90	90	100
乙	100	200	200
丙	110	330	300
丁	120	480	400
合计	—	1 100	1 000

平均计划完成程度（%）为

$$\bar{X}_H = \frac{\sum m}{\sum \dfrac{m}{x}} = \frac{1100}{1000} \times 100\% = 110\%$$

例 4-19　某产品在 3 个不同市场的销售资料如表 4-18 所示，求该产品的平均销售价格。

表 4-18　某产品在 3 个不同市场的销售资料

市　场	市场价格 /（元 / 千克） x	销售额 / 元 m	销售量 / 千克 m/x
甲	10.00	30 000	3 000
乙	15.00	30 000	2 000
丙	14.00	35 000	2 500
合计	—	95 000	7 500

该产品的平均销售价格为

$$\bar{X}_H = \frac{\sum m}{\sum \frac{m}{x}} = \frac{95\,000}{7\,500} \approx 12.67 \text{（元/千克）}$$

调和平均指标实际上与加权算术平均指标的经济意义完全相同。调和平均指标是加权算术平均指标的变形，二者无本质差别。只是因为所掌握资料不同，所以采用不同计算方法。当有标志值为 0 时，计算调和平均指标无意义。

在实际工作中，计算调和平均数方法能够解决某些经济现象平均指标的计算问题，由于未能掌握其数量资料（如销售量、采购量等），故无法直接计算加权算术平均数，如大宗小商品的平均价格、农副产品收购的平均价格等，均可采用计算调和平均数方法来解决。

3. 几何平均指标

几何平均指标是若干个标志值的连乘积开若干次方的算术根。几何平均数适用于标志值的连乘积等于标志总量（总比率或总速度）这类社会经济现象，用于计算平均比率或平均速度。

根据掌握资料的情况不同，几何平均指标的计算可分为简单几何平均指标和加权几何平均指标。

（1）简单几何平均指标

在统计中常用的是简单几何平均指标。简单几何平均指标是 n 个标志值连乘积的 n 次方根。其计算公式为

$$\bar{X}_g = \sqrt[n]{x_1 \cdot x_2 \cdots \cdots x_n} = \sqrt[n]{\prod x} \qquad \text{式（4-20）}$$

式中，$\bar{X}_g$——几何平均指标；$\prod$——连乘符号；n——标志值个数。

例 4-20 某汽车厂有铸造车间、加工车间、零件车间、部件装配车间、总装车间等连续作业的 5 个车间，本年的产品合格率分别为 95%、92%、91%、90%、88%，求各车间产品的平均合格率。

$$\text{各车间产品平均合格率} = \sqrt[n]{\prod x} = \sqrt[5]{95\% \times 92\% \times 91\% \times 90\% \times 88\%} \approx 91.17\%$$

由于各车间产品合格率的总和不等于全厂总合格率，各车间的产品合格率是在上一车间（上道工序）制品全部合格的基础上计算的，因此，不能采用算术平均数法计算各车间的产品平均合格率。而全厂产品的合格率等于各车间产品合格率的连乘积，因此应采用几何平均数法计算各车间产品平均合格率。

（2）加权几何平均指标

当统计资料分组后，应采用加权几何平均指标计算方法。其计算公式为

$$\bar{X}_g = \sqrt[f_1+f_2+\cdots+f_n]{x^{f_1} \cdot x^{f_2} \cdots \cdots x^{f_n}} = \sqrt[\Sigma f]{\prod x^f} \qquad \text{式（4-21）}$$

式中，f——各标志值的权数或次数。

例 4-21 有银行存款一笔，年利率按复利计算，存期为 25 年。其资料如表 4-19 所示。

表 4-19　按资本利率分组

年利率/(%)	本利率/(%) x	年数/年 f
3	103	1
4	104	4
8	108	8
10	110	10
15	115	2
合计	—	25

用加权几何平均数法求 25 年的平均本利率为

$$\bar{X}_g = \sqrt[\Sigma f]{\prod x^f}$$
$$= \sqrt[25]{1.03^1 \times 1.04^4 \times 1.08^8 \times 1.10^{10} \times 1.15^2}$$
$$= \sqrt[25]{7.651} \approx 1.0848 = 108.48\%$$

平均年利率 =108.48%-100%=8.48%

计算结果表明，这笔银行存款 25 年的平均年利率为 8.48%。

几何平均数法除用于计算比率变量的平均数之外，也可用于某些成几何级差变动的变量平均数。算术平均数和几何平均数各有不同性质，适用于不同现象，不能互相代用。几何平均数在实际应用中受条件限制。例如，被平均的变量值中不能有 0，否则就不能计算；若原数列中有某个变量值为负数，就会形成负值或虚根，其结果失去意义。因此，几何平均数的应用范围比算术平均数狭窄。

4.3.4　位置平均指标的计算方法

位置平均指标是根据标志值所处位置直接观察，或根据其所处位置有关的部分与标志值计算确定的平均数。位置平均指标包括众数和中位数。

1. 众数

众数是指总体中出现次数最多的那个标志值，即最普遍、最常出现的数值，或在变量数列中频数最大（频率最高）的那个标志值。它能够鲜明地反映总体数据分布的集中趋势。它是一种位置平均数，不受极端数值的影响。例如，某班同学年龄为 19 岁的占全班总人数的 86%，18 岁的占 5%，20 岁的占 9%，其中 19 岁出现次数最多，用它代表全班同学年龄的一般水平，19 岁就是众数。

众数在实际工作中的应用相当广泛，如大多数人所穿戴的服装、鞋帽的尺寸，集市贸易上某种商品大多数的成交量，我国大多数家庭中的人口数等，都是众数。它具有一般水平或代表值的意义。运用众数确定平均指标，有一定的使用范围和条件。首先，必须是在总体单位充分多，且具有明显的集中趋势时，计算众数才具有合理的代表性和现实意义；当总体单位数少，或者总体单位数虽多，但无明显集中趋势时，确定众数没有意义。在各组频数相等的条件下，不存在众数。值得注意的是，当变量数列中出现两个或两个以上变量值的次数都比较集中时，往往反映统计数据来自两个或两个以上有区别的总体，需要进一步调查研究，以免得出错误的结论。根据掌握的资料不同，众数的确定方法有两种。

（1）由未分组的统计资料确定众数

当统计资料未分组时，频数最多（频率最高）的那一组变量值就是众数。

（2）由分组的统计资料确定众数

① 当统计资料已分组，且为单项式变量数列时，次数最多的那一组变量值就是众数。

例 4-22 某居民小区按家庭人口数分组资料如表 4-20 所示，求众数。

表 4-20 某居民小区家庭人口数资料

按人口数分组 / 人	家庭数 / 户
1	12
2	68
3	465
4	75
5	16
合计	636

从表 4-20 可以看出，该居民小区 3 口人的家庭出现次数最多，因此，标志值 3 就是众数。

② 当统计资料已分组，且为组距式变量数列时，若是正态或对称的钟形分布数列，即众数所在组前后两组的频数（频率）完全相等的条件下，众数即是众数所在组的组中值；若不是正态或对称的钟形分布的变量数列，则应先确定众数组，然后用以下公式计算众数的近似值。

下限公式为

$$M_o = L + \frac{f_2 - f_1}{(f_2 - f_1) + (f_2 - f_3)} \cdot d \qquad \text{式（4-22）}$$

上限公式为

$$M_o = U - \frac{f_2 - f_3}{(f_2 - f_1) + (f_2 - f_3)} \cdot d \qquad \text{式（4-23）}$$

式中，M_o——众数；L——众数所在组的下限；U——众数所在组的上限；f_1——众数所在组前一组的频数；f_2——众数所在组的频数；f_3——众数所在组后一组的频数；d——众数所在组的组距。

例 4-23 某班学生统计学考试成绩资料如表 4-21 所示，要求计算考试成绩的众数。

表 4-21 某班学生统计学考试成绩资料

按成绩分组 / 分	学生人数 / 人
60 以下	2
60～70	6
70～80	10
80～90	19
90～100	3
合计	40

项目4 统计指标分析

根据下限公式求众数为

$$M_o = L + \frac{f_2 - f_1}{(f_2 - f_1) + (f_2 - f_3)} \cdot d = 80 + \frac{19 - 10}{(19 - 10) + (19 - 3)} \times 10 = 83.6（分）$$

或根据上限公式求众数为

$$M_o = U - \frac{f_2 - f_3}{(f_2 - f_1) + (f_2 - f_3)} \cdot d = 90 - \frac{19 - 3}{(19 - 10) + (19 - 3)} \times 10 = 83.6（分）$$

2. 中位数

将所研究的总体中的各单位标志值按大小顺序排列，位于中点位置的那个标志值就是中位数。中位数可用来反映现象的一般水平，具有不受极端变量值影响的特征。

中位数正居变量数列各个标志值的中点位置，它与数列的算术平均指标及众数相似，在一个完全对称的正态分布数列中，三者是相等的。中位数是一种位置平均指标。在有极端变量值的数列中，求中位数可避免极端变量值的影响，从另一个侧面反映频数分布的集中趋势而代表现象的一般水平。在不宜计算算术平均数的资料中（如开口组的组距数列），可以用中位数来表明现象的一般水平。根据掌握的资料不同，中位数的确定方法有两种。

（1）由未分组的统计资料确立中位数

先把各总体单位标志值按大小顺序排列，然后用 $(n+1) \div 2$ 求出中位数的位次（n 为总体单位数），该位次对应的那个标志值即为中位数。

若总体单位数 n 为偶数，中位数则是中点位置相邻两个标志值的平均值。

例 4-24 有6个工人生产某种产品的日产量件数，按大小顺序排列为22，24，25，26，28，30，求中位数。

中位数的位次为 $(6+1) \div 2 = 3.5$。

中位数是第 3 个工人和第 4 个工人日产量的平均值，即 $(25+26) \div 2 = 25.5$（件）。

（2）由分组的统计资料确定中位数

① 由单项式变量数列确定中位数，应首先计算累计频数，然后用 $(n+1) \div 2$ 的方法，确定中点位次，该位次所在组对应的标志值即是中位数。

例 4-25 某居民小区按家庭人口数分组资料如表 4-22 所示，求中位数。

表 4-22 某居民小区家庭人口数累计频数计算资料

人口数分组/人	家庭数/户	向上累计/户	向下累计/户
1	12	12	636
2	68	80	624
3	465	545	556
4	75	620	91
5	16	636	16
合计	636	—	—

中点位次 $=(n+1) \div 2 = (636+1) \div 2 = 318.5$（户），对照表 4-22 中的向上累计次数或向下累计次数，中位数均在第 3 组，该组标志值是人口数为 3 人的家庭，即 3 为中位数。

② 在组距式变量数列中确定中位数的计算公式如下。

下限公式为

$$M_e = L + \frac{\frac{\sum f}{2} - S_{m-1}}{f_m} \cdot d \qquad 式（4-24）$$

上限公式为

$$M_e = U - \frac{\frac{\sum f}{2} - S_{m+1}}{f_m} \cdot d \qquad 式（4-25）$$

式中，M_e——中位数；L——中位数所在组下限；U——中位数所在组上限；$\sum f$——数列的总次数；S_{m-1}——中位数所在组前一组的累计次数；S_{m+1}——中位数所在组后一组的累计次数；f_m——中位数所在组的次数；d——中位数所在组的组距。

例 4-26 某班学生统计学考试成绩资料如表 4-23 所示，试确定中位数。

1）编制向上累计或向下累计次数表。

2）确定中位数所在的组，即 $\frac{\sum f}{2} = \frac{40}{2} = 20$（人）。从表 4-23 可以看出，无论对应向上累计次数表，还是向下累计次数表，中位数均在第 4 组（80～90 分）内。

表 4-23　某班学生统计学考试成绩累计频数计算资料

按成绩分组/分	学生人数/人	向上累计/人	向下累计/人
50～60	2	2	40
60～70	6	8	38
70～80	10	18	32
80～90	19	37	22
90～100	3	40	3
合计	40	—	—

3）确定中位数在该组内的位置，以标志值在该组内均匀分布为假定条件，并计算中位数的近似值。用 20-18（第 3 组向上累计次数）=2，它与全组学生的比例为 2/19≈0.105。按照该组的组距（10 分）加以推算，即 10×0.105=1.05 分，将中位数所在组的下限（80 分），加上这个数字（80+1.05=81.05 分）就是中位数。

将表 4-23 中的资料代入式（4-24）与式（4-25）进行计算。

根据下限公式求中位数为

$$M_e = L + \frac{\frac{\sum f}{2} - S_{m-1}}{f_m} \cdot d = 80 + \frac{\frac{40}{2} - 18}{19} \times 10 \approx 81.05 \text{（分）}$$

根据上限公式求中位数为

$$M_e = U - \frac{\frac{\sum f}{2} - S_{m+1}}{f_m} \cdot d = 90 - \frac{\frac{40}{2} - 3}{19} \times 10 \approx 81.05 \text{（分）}$$

中位数也可以就频率计算，根据频率编制累计次数表，将上面计算式中的 $\sum f$、f_m 及相应的次数都以频率形式表示即可。

3. 算术平均数、中位数、众数三者间的关系

① 当总体分布呈对称状态时，三者完全相等，合而为一。即在完全对称的钟形分布条件下，反映集中趋势的算术平均数是标志值分布的中心，两边标志值的频数对称分布，离中心愈近的标志值频数愈多，愈远的标志值频数愈少，形成了完全对称的钟形分布。这时算术平均数既是总体单位中点位置的标志值，也是频数最多的标志值，三者的数值相同，即有 $\bar{x}=m_e=m_o$（见图4-1）。

② 当总体受极大或极小标志值影响时，总体频数出现了有偏斜的分布，不能保持对称。偏斜分布有两种情况。

● 当总体中出现极大值的影响时，总体频数呈右偏分布，低数值比较集中，算术平均数受偏高数值的影响较大，位置在众数之右，中位数在平均数与众数之间。由于平均数处于众数的右方，偏中心距离逐渐向右方伸展，$\bar{x}$ 与 m_o 之差为正数，称为正偏斜。三者的数量关系为 $\bar{x}>m_e>m_o$（见图4-2）。

● 当总体中出现极小值的影响时，总体频数呈左偏分布，平均数在众数之左，中位数在二者之间，与 m_o 之差为负数，称为负偏斜。三者的数量关系为 $m_o>m_e>\bar{x}$（见图4-3）。

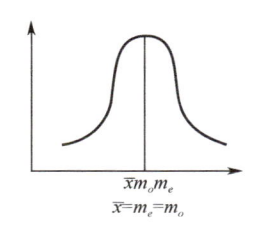

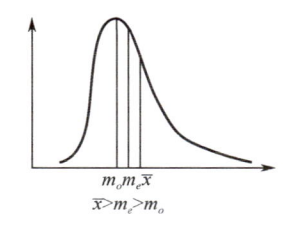

图4-1 正态分布　　图4-2 正偏（右偏）分布　　图4-3 负偏（左偏）分布

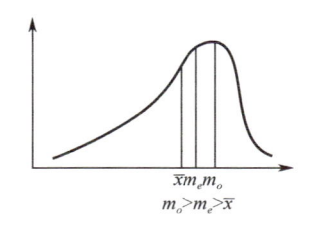

4.3.5 应用平均指标应注意的问题

1. 平均数只能在同质总体中计算

平均指标具有代表性，反映研究现象内各单位某一标志值的一般水平。因此，它必须在同质总体内计算平均数；否则，非但不能说明事物的性质及其规律性，反而会歪曲事实真相，形成虚构平均数。

2. 要将总平均数与组平均数结合起来运用

因为总平均数代表总体的一般水平，而且要受组平均数和各组权数变动的影响，致使总平均数可能发生与组平均数相反方向的变化。如表4-24所示资料就是这种情况。

表4-24　某公司技术工人与普通工人生产情况

类别	基期				报告期			
	人数/人	比重/（%）	产量/件	劳动生产率/（件/人）	人数/人	比重/（%）	产量/件	劳动生产率/（件/人）
技术工人	400	80	40 000	100	420	74	42 840	102
普通工人	100	20	5 000	50	150	26	7 800	52
合计	500	100	45 000	90	570	100	50 640	89

从表 4-24 可以看出，各组的劳动生产率都有所提高，技术工人组从 100 件 / 人提高到 102 件 / 人，普通工人组从 50 件 / 人提高到 52 件 / 人；而全厂总的劳动生产率不升反而下降了，从 90 件 / 人下降到 89 件 / 人，与组平均数发生相反的变化。这主要是受各组频数不同的影响。

3. 平均指标与标志变异指标结合起来分析

二者结合起来分析可以用标志变异指标来判断平均指标的代表性，还能从集中趋势和离散趋势两方面考虑数据分布的特点。

4. 平均指标与总量指标结合起来应用

平均指标说明了总体某一特征的一般水平，但它将总体各单位标志的差异掩盖起来了。仅看平均指标，容易产生片面性。只有将平均指标与总量指标结合起来分析，才能全面了解，得出正确的结论。

任务 4.4　标志变异指标

集中趋势和离散趋势是总体变量分布特征统计描述的两个方面，二者相辅相成。集中趋势的代表值是平均指标，离散趋势的代表值是标志变异指标。集中趋势和离散趋势从两个不同侧面共同描述变量分布的全貌。

4.4.1　标志变异指标的意义和作用

前面讨论了描述某一变量集中趋势代表值的方法——平均指标。平均指标是一个反映现象总体在一定时空条件下内在的一般水平的综合性指标。它将现象总体中的各总体单位在某一数量标志上表现的差异抽象化，反映现象的集中趋势和一般水平。为了揭示标志值间的差异，从相反的角度来揭示现象的离散趋势，应计算标志变异指标。

标志变异指标又称标志变动度或离散程度，是反映现象总体在一定时空条件下，各总体单位在某一个数量标志上表现出的差异性的综合性指标，是说明总体单位标志值的差异大小和程度的综合指标。具体来说，它有以下 3 个方面的作用。

1. 反映现象总体分布特征的离散趋势

离散趋势是变量数量特征的另一个方面，而标志变异指标是离散趋势的代表值。标志变异程度越大，则总体分布的离散程度越大，总体差异程度越大；反之，标志变异程度越小，则总体分布的离散程度越小，总体差异程度越小。

2. 反映社会经济现象的稳定性和均衡性

标志变异程度越大，则总体稳定性越弱，均衡性越差；反之，标志变异程度越小，则总体稳度性越强，均衡性越理想。

例如，甲、乙两厂第一季度完成供货计划情况如表 4-25 所示。

从表 4-25 可以看出，甲、乙两厂第一季度总供货计划都完成了，但供货计划执行的均衡性不一样。甲厂按月均衡地执行计划，而乙厂前松后紧，会影响对方生产经营活动的正常进行。

项目 4　统计指标分析

表 4-25　甲、乙两厂第一季度完成供货计划情况

企业名称	供货计划完成程度 / (%)			
	第一季度总供货计划执行结果	1月	2月	3月
甲厂	100	32	34	34
乙厂	100	20	30	50

3. 衡量平均指标对现象总体一般水平代表性的强弱

平均指标是总体某一数量标志的代表值，与总体标志变异的差异程度大小有着密切的联系。标志变动度大，平均数的代表性就小；相反，标志变动度小，平均数的代表性就大；如果标志变动度等于 0，则说明平均数具有完全的代表性。平均指标和标志变异指标正是这样一对相互联系的对应指标，从不同侧面揭示同一现象总体各总体单位标志值的分布特征值，反映现象总体的基本数量特征和规律。为了全面准确地反映出总体特征，在计算了平均数之后，还要进一步计算标志变异指标，以便对平均数做出补充说明。

4.4.2　标志变异指标的计算方法及应用

常用的标志变异指标有全距、平均差、标准差和离散系数等。

1. 全距

全距又称极差，是指总体单位标志值中最大标志值与最小标志值之差。它表明标志值的变动幅度或范围，是测定标志变动最简单的方法。

$$R = x_{max} - x_{min}$$
式（4-26）

在闭口分组的资料中，全距 = 末组上限 - 首组下限；开口分组的资料不予计算。

全距值较小，说明变量值离散范围小，离散程度也较小，变量值较集中，平均数的代表性较大；反之，全距值较大，说明变量值离散范围大，离散程度也较大，变量值较分散，平均数的代表性较小。

实际工作中，全距用于检查产品质量的稳定性，进行产品质量控制，使质量指标误差控制在一定范围内波动；一旦超过控制范围，立即采取措施，以保证产品的质量。全距在编制分配数列时，作为确定组数、组距的依据。但全距只从两端数值考查，忽略了中间数据的变动情况，受极值的影响很大，不能准确综合反映总体单位间标志值的实际差异。当极端数据相差较大，而中间数值分布比较均匀时，便不能确切反映各标志值的差异程度。

2. 平均差

平均差是总体各单位标志值对其算术平均数的绝对离差的算术平均数。它反映总体各单位的标志值与其算术平均数离差的平均差异。由于 $\sum(x_i - \bar{x})$ 会出现正负抵消的情况，不符合数理依据，所以计算平均差时，采用离差的绝对值 $\sum$，以避免离差的正负抵消。平均差计算简便，意义明确，能反映总体中所有单位标志值的差异情况和平均数代表性大小。平均差越大，总体各单位标志值越离散，平均数代表性越小；反之，则平均数代表性越大。根据所掌握的资料不同，平均差分两种不同的计算方法。

（1）简单平均式平均差的计算方法

$$A_D = \frac{\sum |x_i - \bar{x}|}{n}$$
式（4-27）

式中，A_D——平均差；x_i——标志值；$\bar{x}$——算术平均数；n——频数。

例 4-27 某厂某车间甲、乙两组均为 7 人，其生产某产品日产量资料如表 4-26 所示。试问哪一组生产更稳定？

表 4-26 某厂甲、乙两组生产某产品日产量资料

甲组（$\bar{x}_1 = 70$）			乙组（$\bar{x}_2 = 70$）		
产量/千克 x	离差 $x_i - \bar{x}_1$	绝对离差 $\|x_i - \bar{x}_1\|$	产量/千克 x	离差 $x_i - \bar{x}_1$	绝对离差 $\|x_i - \bar{x}_2\|$
55	−15	15	64	−6	6
60	−10	10	66	−4	4
65	−5	5	68	−2	2
70	0	0	70	0	0
75	5	5	72	2	2
80	10	10	74	4	4
85	15	15	76	6	6
合计	0	60	合计	0	24

$$甲组的平均差 = \frac{\sum|x_i - \bar{x}_1|}{n} = \frac{60}{7} \approx 8.57（千克）$$

$$乙组的平均差 = \frac{\sum|x_i - \bar{x}_2|}{n} \approx \frac{24}{7} \approx 3.43（千克）$$

计算结果表明，甲组的平均差比乙组大，说明甲组日平均产量（70 千克）的代表性比乙组日平均产量（70 千克）的代表性小，乙组工人的技术水平比甲组更稳定、均衡。

（2）加权平均式平均差的计算方法

$$A_D = \frac{\sum|x_i - \bar{x}|f}{\sum f} \qquad 式（4-28）$$

例 4-28 某厂一车间 100 个工人日产产品资料如表 4-27 所示，求平均差。

表 4-27 某厂工人日产产品资料

按日产量分组/千克	工人数 f	组中值 x	xf	$x_i - \bar{x}$	$\|x_i - \bar{x}\|$	$\|x_i - \bar{x}\|f$
50～60	5	55	275	−17	+17	85
60～70	35	65	2 275	−7	+7	245
70～80	45	75	3 375	+3	3	135
80～90	15	85	1 275	+13	13	195
合计	100	—	7 200	—	—	660

根据表 4-27 资料计算可得

$$\bar{x} = \frac{\sum xf}{\sum f} = \frac{7\,200}{100} = 72\text{（千克）}$$

$$A_D = \frac{\sum |x_i - \bar{x}| f}{\sum f} = \frac{660}{100} = 6.6\text{（千克）}$$

平均差反映总体各单位标志值平均的差异，比全距更优。但它采取离差的绝对值形式计算，使平均差在数学处理过程中比较烦琐且不大理想。

3. 标准差

标准差是总体中各单位标志值与算术平均数离差平方和的算术平均数的平方根，又称均方差。标准差的平方称为方差。标准差是测定标志变动程度最重要、最常用的指标。这个指标考虑了总体各单位标志值变动的影响，还能将总体中各单位标志值的差异程度全部包括在内。由于采用离差平方的方法来消除正负离差的影响，因此在数学处理上比平均差更为合理和优越，可以准确地综合反映总体的离差程度，同时避免了计算平均差时处理过程中的缺陷。根据掌握资料的不同，标准差有两种不同的计算方法。

① 未分组单项资料，采用简单式计算方法。其计算公式为

$$\sigma = \sqrt{\frac{\sum(x_i - \bar{x})^2}{n}} \qquad \text{式（4-29）}$$

例 4-29 仍以表 4-26 某厂某车间甲、乙两组生产某产品资料为例加以说明，计算过程如表 4-28 所示，比较甲、乙两组的平均日产量的代表性。

表 4-28　某厂甲、乙两组生产某产品日产量资料

甲组（$\bar{x}_1 = 70$）			乙组（$\bar{x}_2 = 70$）		
产量/千克 x	离差 $x_i - \bar{x}_1$	离差平方 $(x_i - \bar{x}_1)^2$	产量/千克 x	离差 $x_i - \bar{x}_2$	绝对离差 $(x_i - \bar{x}_2)^2$
55	-15	225	64	-6	36
60	-10	100	66	-4	16
65	-5	25	68	-2	4
70	0	0	70	0	0
75	5	25	72	2	4
80	10	100	74	4	16
85	15	225	76	6	36
合计	0	700	合计	0	112

$$\text{甲组的标准差} = \sqrt{\frac{\sum(x_i - \bar{x}_1)^2}{n_1}} = \sqrt{\frac{700}{7}} = 10\text{（千克）}$$

$$\text{乙组的标准差} = \sqrt{\frac{\sum(x_i-\bar{x}_2)^2}{n_2}} = \sqrt{\frac{112}{7}} = 4 \text{（千克）}$$

计算结果表明，甲组的标准差（10千克）比乙组的标准差（4千克）大，说明甲组的平均数比乙组的平均数代表性小。可见，标准差越大，平均数代表性越小，总体各单位标志值离散程度也越大；反之，标准差越小，平均数代表性越大，总体各单位标志值离散程度越小。

② 分组资料采用加权式方法计算。组距式变量数列资料，用各组组中值（x_i）代表各组变量值。其计算公式为

$$\sigma = \sqrt{\frac{\sum(x_i-\bar{x})^2 f}{\sum f}} \qquad \text{式（4-30）}$$

例 4-30 以表4-27资料为例，求标准差。计算过程如表4-29所示。

表4-29　某厂工人日产品资料整理

按日产量分组/千克	工人数 f	组中值 x_i	xf	$x_i-\bar{x}$	$(x_i-\bar{x})^2$	$(x_i-\bar{x})^2 f$
50～60	5	55	275	−17	289	1 445
60～70	35	65	2 275	−7	49	1 715
70～80	45	75	3 375	+3	9	405
80～90	15	85	1 275	+13	169	2 535
合计	100	—	7 200	—	516	6 100

根据表4-29资料计算可得

$$\bar{x} = \frac{\sum xf}{\sum f} = \frac{7\,200}{100} = 72 \text{（千克）}$$

$$\sigma = \sqrt{\frac{\sum(x_i-\bar{x})^2 f}{\sum f}} = \sqrt{\frac{6\,100}{100}} \approx 7.81 \text{（千克）}$$

4. 标志变动系数（离散系数）

全距、平均差、标准差等标志变异指标，其相同之处是均反映了同一个总体内各单位标志值的变异程度，其不同之处是具体表现形式各不相同，用绝对数或平均数表示，都有计量单位。但如果变量数列性质不同，要比较不同标志值的变异程度、不同组别标志值的离散程度，或对比的双方具有不同的平均水平，就不能用全距、平均差和标准差来比较，而必须用标志变异指标的相对数，即标志变异系数进行比较，以消除平均数影响，才能真实反映总体各单位标志值的离散程度。常用的标志变动系数有全距系数、平均差系数和标准差系数3种。

（1）全距系数

全距系数是用全距与其平均数相比所得的比值。其计算公式为

$$V_R = \frac{R}{\bar{x}} \times 100\% \qquad \text{式（4-31）}$$

项目 4　统计指标分析

（2）平均差系数

平均差系数是用平均差与其相应的算术平均数相比所得的比值。其计算公式为

$$V_A = \frac{A_D}{\bar{x}} \times 100\% \qquad \text{式（4-32）}$$

（3）标准差系数

标准差系数是以标准差与其相应的算术平均数相比所得的比值。其计算公式为

$$V_\sigma = \frac{\sigma}{\bar{x}} \times 100\% \qquad \text{式（4-33）}$$

例 4-31　已知甲班上学期期末数学考试平均成绩为 80 分，平均差为 10 分；乙班上学期期末数学考试平均成绩为 70 分，平均差为 10 分。试说明甲、乙两班平均成绩代表性大小。

$$\text{甲班的平均差系数} = \frac{A_D}{\bar{x}_\text{甲}} \times 100\% = \frac{10}{80} \times 100\% = 12.5\%$$

$$\text{乙班的平均差系数} = \frac{A_D}{\bar{x}_\text{乙}} \times 100\% = \frac{10}{70} \times 100\% \approx 14.3\%$$

计算结果表明，乙班上学期期末数学考试成绩的离散程度比甲班大，甲班的平均成绩代表性比乙班的大。

例 4-32　某企业进口某种电子元器件，从日本进口的平均单价为 98 元，均方差为 8 元；从美国进口的平均单价为 70 元，均方差为 7 元。试说明哪国这种电子元器件的价格更稳定。

$$V_{\sigma\text{日}} = \frac{\sigma_\text{日}}{\bar{x}_\text{日}} \times 100\% = \frac{8}{98} \times 100\% = 8.16\%$$

$$V_{\sigma\text{美}} = \frac{\sigma_\text{美}}{\bar{x}_\text{美}} \times 100\% = \frac{7}{70} \times 100\% = 10\%$$

由计算结果可以看出，虽然从日本进口的电子元器件平均单价标准差比从美国进口的大，但从两者的均方差进行系数分析，可得出从日本进口某种电子元器件比从美国进口单位成本更有代表性、更稳定的结论。当市场上进口商品价格波动较大时，以均方差系数比较不同市场的价格，有助于为以后进货做出理性决策。

标准差系数是统计中最常用、最重要的分析指标。它能对比不同水平总体之间和不同总体的标志变异程度。

任务 4.5　Excel 在平均指标与标志变异指标中的应用

4.5.1　Excel 在平均指标中的应用

1. 算术平均数

算术平均指标是计算平均指标最常用的方法，适用于总体各单位标志

使用 Excel 计算加权算术平均指标

之间是相加求和的数量关系。Excel 用 AVERAGE 函数来计算简单算术平均数，表达形式为 AVERAGE(number1, number2, …)，其中"number1, number2, …"是其平均值的参数，也可使用单个数组或区域等。

例 4-12 的人均日产量计算。先输入资料数据，然后选定放置结果的单元格 B9，在编辑栏中输入函数"=AVERAGE(B2:B7)"，按 Enter 键即可显示结果 10，如图 4-4 所示。或者在选定放置结果的单元格 B9 后，选择"公式"→"插入函数"命令，在弹出的对话框中选择 AVERAGE 函数，然后单击"确定"按钮，在"函数参数"对话框中输入"B2:B7"，如图 4-5 所示。单击"确定"按钮，即可得出同样的结果。

例 4-13 的日平均加工零件数计算。先输入资料数据，在 D1 单元格中输入"各组加工零件数（件）xf"，在 D2 单元格中设置公式"=A2*B2"，按 Enter 键后显示结果 12，如图 4-6 所示。再移动鼠标指针至 D2 单元格右下角，当鼠标指针变为"+"字形时，拖至 D11 单元格，释放鼠标左键后显示结果"39,84,165,…,42"。在 D12 单元格中设置公式"=SUM(D2:D11)"，按 Enter 键后显示结果 1332。选定放置结果的单元格 D13 后，在编辑栏中输入公式"=D12/10"，按 Enter 键后显示结果 133.2，如图 4-7 所示。或者在前述释放鼠标左键显示结果"39,84,165,…,42"后，选定放置结果的单元格 D13，选择"公式"→"插入函数"命令，在弹出的对话框中选择 AVERAGE 函数，然后单击"确定"按钮，在"函数参数"对话框中，输入"D2:D11"，再单击"确定"按钮，即可得出同样的结果。

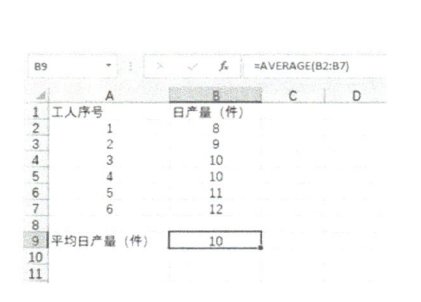

图 4-4　简单算术平均数计算结果

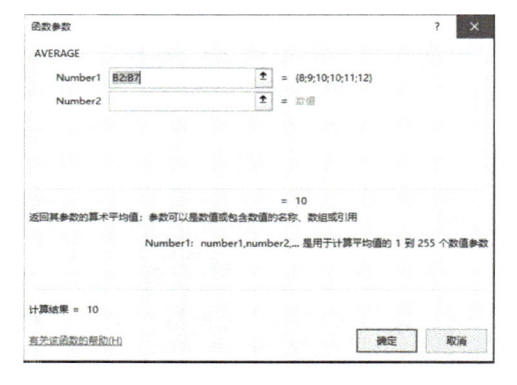

图 4-5　AVERAGE"函数参数"对话框

图 4-6　加权算术平均数计算示例

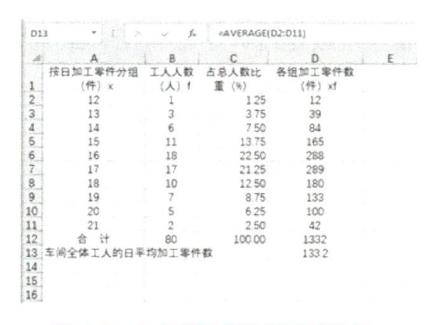

图 4-7　加权算术平均数计算结果

组距式变量数列求加权算术平均指标的 Excel 运用过程与上述方法基本相同，有一点不同的是，要先设置组中值作为代表各组变量值的一般水平来进行计算。

2. 调和平均数

调和平均指标是计算同质总体各单位平均指标的一种表现形式，它是各标志值倒数的算术平均数的倒数。Excel 用 HARMEAN 函数来计算调和平均数，表达形式为 HARMEAN(number1,number2,…)，其中"number1,number2,…"是其平均值的参数，也可使用单个数组或区域等。

例 4-16 的平均价格计算。先输入资料数据，然后选定放置结果的单元格 B6，在编辑栏中输入函数"=HARMEAN(B2:B4)"，按 Enter 键即可显示结果，如图 4-8 所示。或者选定放置结果的单元格 B6 后，选择"公式"→"插入函数"命令，在弹出的对话框中的"类别"列表框中选择"统计"，之后选择 HARMEAN 函数，单击"确定"按钮，然后在"函数参数"对话框中，输入"B2:B4"，如图 4-8 所示。单击"确定"按钮，即可得出同样的结果。

图 4-8 简单调和平均数计算结果

图 4-9 HARMEAN"函数参数"对话框

例 4-19 的产品平均销售价格计算。先输入资料数据，在 D1 单元格中输入"销售量 m/x（kg）"，在 D2 单元格中设置公式"=C2/B2"，按 Enter 键后显示结果 3000，如图 4-10 所示。再移动鼠标指针至 D2 单元格右下角，当鼠标指针变为"+"字形时，拖动至 D4 单元格，释放鼠标左键后显示结果"2000,2500"。在 D5 单元格中设置公式"=SUM(D2:D4)"，按 Enter 键后显示结果 7500。在 C5 单元格中设置公式"=SUM(C2:C4)"，按 Enter 键后显示结果 95000。选定放置结果的单元格 D6 后，在编辑栏中输入公式"=C5/D5"，按 Enter 键后即可显示结果，如图 4-11 所示。

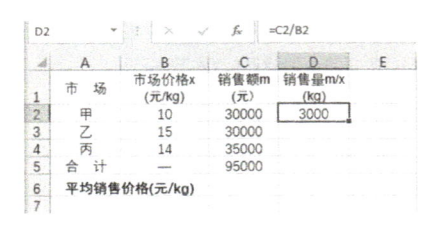

图 4-10 加权调和平均数计算示例

图 4-11 加权调和平均数计算结果

3. 几何平均指标

几何平均指标是若干个标志值连乘积开若干次方的算术根，适用于平均比率或平均速度。Excel 用 GEOMEAN 函数来计算几何平均数，表达形式为 GEOMEAN(number1,number2,…)，其中"number1,number2,…"是其平均值的参数，也可使用单个数组或区域等。

例 4-20 的平均合格率计算。先输入资料数据，然后选定放置结果的单元格 B7，在编辑栏中输入函数"=GEOMEAN(B2:B6)"，按 Enter 键即可显示结果，如图 4-12 所示。或者选定放置结果的单元格 B7 后，选择"公式"→"插入函数"命令，在弹出的对话框中的"类别"列表框中选择"统计"，之后选择 GEOMEAN 函数，单击"确定"按钮，然后在"函数参数"对话框中，输入"B2:B6"，如图 4-13 所示。单击"确定"按钮，即可得出同样的结果。

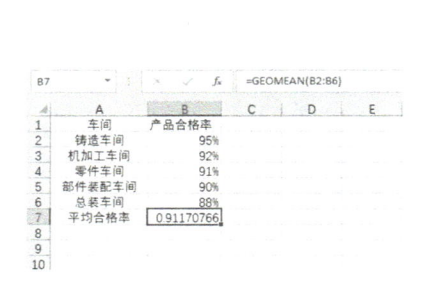

图 4-12　几何平均数计算结果

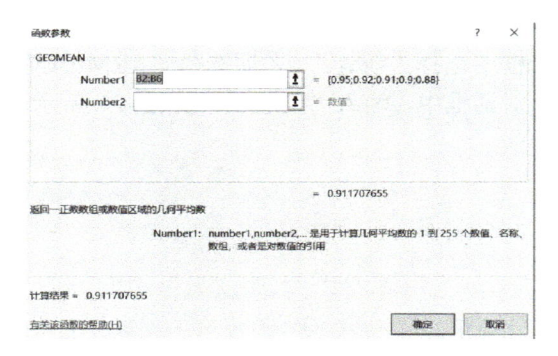

图 4-13　GEOMEAN"函数参数"对话框

4. 众数

众数是指总体中出现次数最多的那个标志值，能够鲜明地反映总体数据分布的集中趋势。Excel 用 MODE 函数来计算众数，表达形式为 MODE(number1,number2,…)，其中"number1,number2,…"是其众数的参数，也可使用单个数组或区域等。但只能用来解决未分组统计资料，且确定有众数的情况的问题。

5. 中位数

中位数是一种位置平均指标，位于中点位置的那个标志值就是中位数。Excel 用 MEDIAN 函数来计算众数，表达形式为 MEDIAN(number1,number2,…)，其中"number1,number2,…"是其中位数的参数，也可使用单个数组或区域等。但只能用来解决未分组统计资料的中位数问题。

中位数和众数计算示例如图 4-14 所示。

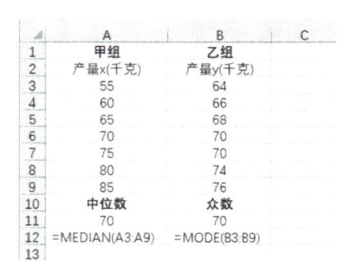

图 4-14　中位数、众数计算示例

4.5.2　Excel 在标志变异指标中的应用

1. 全距

全距又称极差，是指总体单位标志值中最大标志值与最小标志值之差。Excel 用 MAX 函数和 MIN 函数来计算全距，表达形式为 MAX(number1,number2,…)-MIN(number1,number2,…)，其中"number1,number2,…"是其最大值、最小值的参数，也可使用单个数组或区域等。但只能用来解决未分组统计资料的全距问题。

例 4-27 的全距计算。先输入资料数据，然后选定放置结果的单元格 A13，在编辑栏中输入函数"= MAX(A3:A9)-MIN(A3:A9)"，按 Enter 键后显示结果 30。移动鼠标指针至

项目 4　统计指标分析

A13 单元格右下角，当光标变为"+"字形时，拖动至 B13 单元格，释放鼠标左键后显示结果 12，如图 4-15 所示。

2. 平均差

平均差是总体各单位标志值对其算术平均数的绝对离差的算术平均数。Excel 用 AVEDEV 函数来计算平均差，表达形式为 AVEDEV(number1,number2,…)，其中"number1,number2,…"是其平均差的参数，也可使用单个数组或区域等。但只能用来解决未分组统计资料的平均差问题。

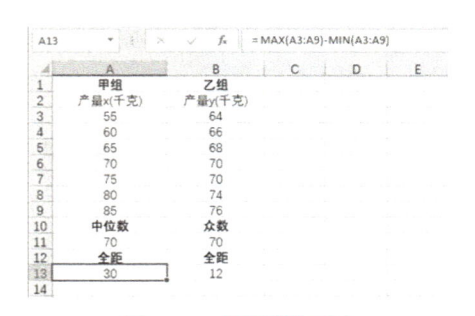

图 4-15　全距计算示例

例 4-27 的平均差计算。先输入资料数据，然后选定放置结果的单元格 A13，在编辑栏中输入函数"=AVEDEV(A3:A9)"，按 Enter 键。移动鼠标指针至 A13 单元格右下角，当鼠标指针变为"+"字形时，拖动至 B13 单元格，释放鼠标左键即可，如图 4-16 所示。

3. 标准差

标准差是总体中各单位标志值与算术平均数离差平方和的算术平均数的平方根，又称均方差。标准差的平方称为方差。Excel 用 STDEVP 函数来计算标准差，表达形式为 STDEVP(number1,number2,…)，其中"number1,number2,…"是其标准差的参数，也可使用单个数组或区域等。但只能用来解决未分组统计资料的标准差问题。

例 4-29 的标准差计算。先输入资料数据，然后选定放置结果的单元格 A13，在编辑栏中输入函数"=STDEVP(A3:A9)"，按 Enter 键。移动鼠标指针至 A13 单元格右下角，当鼠标指针变为"+"字形时，拖至 B13 单元格，释放鼠标左键即可，如图 4-17 所示。

图 4-16　平均差计算示例

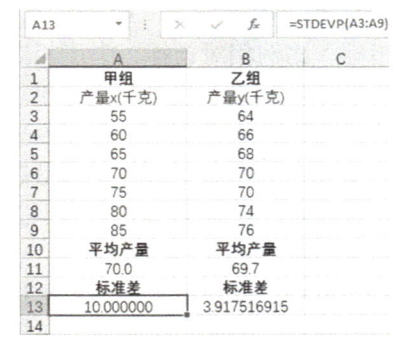

图 4-17　标准差计算示例

4. 标志变动系数（离散系数）

常用的离散系数有全距系数、平均差系数和标准差系数 3 种。Excel 用 STDEVP 函数和 AVERAGE 函数来计算标准差系数，表达形式为 STDEVP(number1,number2,…)/AVERAGE(number1,number2,…)，其中"number1,number2,…"是其标准差系数的参数，也可使用单个数组或区域等。但只能用来解决未分组统计资料的标准差问题。

例 4-29 的标准差系数计算。先输入资料数据，然后选定放置结果的单元格 A15，在编辑栏中输入函数"=STDEVP(A3:A9)/AVERAGE(A3:A9)"，按 Enter 键。移动鼠标指针至 A15 单元格右下角，当鼠标指针变为"+"字形时，拖动至 B15 单元格，释放鼠标左键即可，如图 4-18 所示。

图 4-18　标准差系数计算示例

项目小结

综合指标分析法根据统计数据的表现形式不同，分为四大类：总量指标、相对指标、平均指标和标志变异指标。这些指标分别反映总体的规模、结构、比例、水平、集中、分散等数量特征。

1. 总量指标反映社会经济现象的总规模、总水平。总量指标有 3 种分类方法，按其所说明的内容不同分类、按反映总体所处时间分类、按计量单位分类。

2. 相对指标是两个有联系的指标的比值，反映现象的数量特征、数量关系、变动程度、普遍程度和强度。相对指标一般有 6 种形式，即计划完成程度相对指标、结构相对指标、比较相对指标、比例相对指标、强度相对指标、动态相对指标。

3. 平均指标反映集中趋势，通过平均指标使得不同的总体具有可比性，说明总体的发展变化趋势，分为数值平均指标与位置平均指标。

4. 标志变异指标反映了总体的离散趋势，用来衡量平均指标对现象总体一般水平代表性的强弱，反映社会经济现象的稳定性和均衡性。常用的标志变异指标有全距、平均差、标准差和离散系数等。

本项目的重点：总量指标、相对指标、平均指标、标志变异指标的概念和计算方法。

本项目的难点：强度相对指标、平均指标、平均差、标准差的计算。

项目实战

客观题　　　　实战题　　　　计算题　　　　复习思考题

项目 5

时间数列分析

↘ 知识目标
- 掌握时间数列的基本概念。
- 掌握时间数列比较指标、平均指标的概念。
- 掌握各种指标的计算公式和方法,特别是领会各种分析指标在实际中的运用。
- 掌握趋势预测分析方法,通过分析了解季节变动趋势。

↘ 技能目标
能够编制时间数列,并根据时间数列计算、分析现象在时间上的发展变化情况和变动趋势。

↘ 情景引入
本情景是个时间数列,反映了某地区 9 年来的人口变化情况,并可以根据上面的数据预测 2021 年该地区人口将达到多少。本项目就是通过时间数列,用统计分析方法总结事物发展规律,分析发展趋势,进而预测未来。通过本项目的学习,能观察现象在不同时间上的发展变化,分析其趋势,总结其规律,借以回顾过去,把握现在,预测未来。本章要求学习者有一定的统计分析能力。

某地区 2012 年至 2020 年人口情况统计

任务 5.1 时间数列概述

5.1.1 时间数列的概念、意义、构成和种类

1. 时间数列的概念
时间数列是指同一社会经济现象的统计指标按一定的时间顺序排列而成的数列,又称动态数列。动态就是社会经济现象在时间上的发展变化。

2. 时间数列的意义
(1) 时间数列可以描绘社会经济现象发展变化的过程

时间数列是描绘社会经济现象发展变化过程的特有方法。通过时间数列,可以观察事物发展变化的升降起伏,可以观察事物由起点水平是怎样发展到现在这个水平的。它把事物发展变化的过程描绘得一清二楚。例如,在"情景引入"中,通过时间数列,可以看到某地区人口数的变化、男女人口数的变化。某地区 2020 年为 129 988 人,2021 年

为 135 404 人，这个变化的历程描绘得很清楚。

（2）时间数列可以揭示社会经济现象发展变化的规律，预测其未来的发展趋势和进度

时间数列也是积累历史资料的一种表现与方法，而通过对历史资料的观察和分析，可找出现象发展变化的规律，在此基础上结合各种统计方法，预计和推测现象发展变化的数量表现与趋势。例如，通过对我国历年来工业产品产量资料的分析，可以预测今后一段时间内工业产品产量的发展水平和发展速度，从而为国家制订社会经济长期发展计划提供重要依据。

（3）时间数列可以对比分析不同国家、地区、单位的发展水平，揭示其社会经济现象在发展过程中的差距

利用时间数列，不同地区和国家间既可以进行相同时期的横向比较，也可以进行发展全过程的纵向比较。前者如 2011—2020 年间我国国民生产总值和美国国民生产总值的对比，后者如我国社会主义制度建立 70 多年间人均年收入的对比。

总之，编制时间数列的目的是比较某一现象在不同时间上的连续变动过程，研究现象变化发展的规律，提示现象间的相互关系。

3. 时间数列的构成

时间数列是由两个要素构成的：一是社会经济现象所属的时间，即反映时间顺序的数列，如"情景引入"中的 2012—2020 年；二是现象在各个时间的指标数值，即反映各个时间的指标值变化的变量数列，如"情景引入"中各年的人口数、男性人口数、女性人口数等。

4. 时间数列与分配数列的区别

（1）反映的时间不同

分配数列是静态数列，反映的是同一时间变量取不同水平下的总体单位数，而时间数列反映的是不同时间总体的指标数值。

（2）数列所表达的对象不同

分配数列反映各组中的单位数目，而时间数列则反映各时间的指标数值。

（3）数列顺序的含义不同

分配数列是以分组为顺序排列的，而时间数列是以时间为顺序排列的。

上述区别用图表示如下。

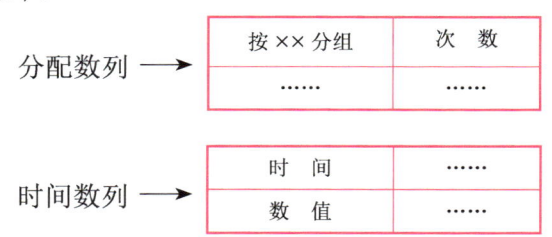

分配数列 →	按××分组	次　数
	……	……

时间数列 →	时　间	……
	数　值	……

5. 时间数列的种类

时间数列按指标数值的表现形式不同分为 3 种：总量指标时间数列、相对指标时间数列、平均指标时间数列。其中，总量指标时间数列是最基本的时间数列，其余两种时间数列是根据总量指标时间数列计算而得出的派生数列。

项目 5　时间数列分析

（1）总量指标时间数列

总量指标时间数列又称绝对数动态数列，是由同一总量指标按时间先后顺序排列而成的数列，用以反映社会经济现象的总体规模或总体水平及其发展变化情况。由于总量指标按所反映的时间状况不同分为时期指标和时点指标，因此，总量指标数列可分为时期指标动态数列和时点指标动态数列。

① 时期指标动态数列。总量指标时间数列中的总量指标，如果反映的是某种现象在一段时间内的发展过程的总量，这种数列称为时期指标动态数列，简称时期数列。例如，表 5-1 所示反映某国 2016—2020 年钢产量变化的时间数列，就是一个时期数列。

表 5-1　某国 2016—2020 年钢产量

年　份	2016	2017	2018	2019	2020
钢产量 / 万吨	22 234	28 291	35 310	42 266	48 966

② 时点指标动态数列。总量指标动态数列中的总量指标，如果反映的是某种现象在某一时点上所达到的状态数量，这种数列称为时点指标动态数列，简称时点数列。例如，广东省几年来每年年底人口总数数列。表 5-2 所示就是一个时点数列。

表 5-2　美达公司每年年末库存材料

年　份	2013	2014	2015	2016	2017	2018	2019	2020
年末库存材料 / 万吨	70.8	80.8	86.2	89.3	90.7	93.9	98.7	100.5

时期指标动态数列和时点指标动态数列的区别如表 5-3 所示。

表 5-3　时期指标动态数列和时点指标动态数列的区别

区别的项目	时　期　数　列	时　点　数　列
从所反映现象的性质看	反映现象在某一时期内发展的总量	反映现象在某一时点的状况或水平
从指标有无可加性看	数列中各项指标可以相加，以反映总量的变动情况	数列中各项指标不能相加，加总后的值没有意义
从指标大小与时间的关系看	指标值的大小与所属时期长短直接有关。时期越长，指标值越大；反之，则越小	指标值大小与间隔时间的长短没有直接联系。间隔时间长，指标值不一定就大；反之，也不一定小
从指标数值资料来源看	指标值是通过连续统计所得	各个指标值只需在某个时点进行登记即可，不需连续统计

（2）相对指标时间数列

相对指标时间数列又称相对数时间数列，是同一相对指标按时间先后顺序排列而成的数列，用以反映社会经济现象的比例、结构、程度、速度等及其发展变化情况。例如，某高职院校几年来每年入学新生中的女生比重数列。表 5-4 所示就是一个相对指标时间数列。

表 5-4　美达公司每年市场占有率情况

年　份	2013	2014	2015	2016	2017	2018	2019	2020
市场占有率 /（%）	12.5	15.6	16.3	16.8	18.7	20.2	22.1	25

从表 5-4 可以看出，美达公司的市场占有率有上升的趋势，且 2020 年为 2013 年的 2 倍，公司发展前景较好。

各种不同的相对指标时间数列，均从不同角度反映社会经济现象之间相互关系的发展过程及其规律性。相对指标时间数列中的各个指标是两个总量指标对比而成的，其计算基础不同，因此，不能直接相加。

（3）平均指标时间数列

平均指标时间数列又称平均数时间数列，是同一平均指标按时间先后顺序排列而成的数列，用以反映社会经济现象一般水平的发展趋势。例如，某农场历年小麦平均亩产量数列。表 5-5 所示就是一个平均指标时间数列。

表 5-5　美达公司员工平均工资情况

年　　份	2013	2014	2015	2016	2017	2018	2019	2020
年平均工资 / 元	750	860	940.8	1 000.9	1 100	1 400	1 450.9	1 590

表 5-5 中的数值反映了随着美达公司经营的成功，员工的工资水平呈逐年增长的趋势，生活水平不断提高。

平均指标时间数列中的各项指标数值不能相加，加起来的数字无实际意义。

5.1.2　编制时间数列的原则

编制时间数列的目的是进行动态对比和动态分析，以研究社会经济现象发展变化的过程、发展速度及发展趋势和规律性。因此，编制时间数列应遵守一个基本原则，就是可比性原则，即要保持数列中各个指标的可比性。

在编制时间数列时要遵守下列一些具体原则。

1. 时间数列中的各指标时期长短应一致

由于时间数列中各指标数值的大小与所属时期长短有直接的关系，只有时期长短保持一致，才能进行动态对比，对比的结果才能说明问题，才有实际意义。如果时期长短不一致，对比的结果就不能说明问题，就没有实际意义。例如，某公司产值的动态数列如表 5-6 所示。

表 5-6　某公司产值的变化情况

年　　份	2012—2014	2015	2016	2017—2020
产值 / 万元	650	450	400	1 500

这个时间数列中的各个指标所属的时期长短就不一致。第一、四个指标分别属于 3 年、4 年的产值，第二、三个指标属于 1 年的产值。这样的动态数列就不能进行动态对比。由此可见，保持时期长短的一致性，是编制时期数列应遵守的一个重要原则。

对于时点数列，虽然各指标数值的大小与时间间隔长短没有直接关系，但各指标的时间间隔也最好相等，以便于分析。

2. 总体范围前后应一致

时间数列中各个指标所包含的总体范围应前后一致。只有总体范围前后一致，才能进行动态对比和动态分析。如果总体范围前后不一致，便不能进行对比，对比也没有意义，不能说明问题。例如，某公司 2020 年与 2021 年产值的资料如表 5-7 所示。

表 5-7　某公司 2020 年与 2021 年产值

年　　份	2020	2021
产值 / 万元	2 400	4 800

根据表 5-7 所示的资料，该公司产值 2021 年为 2020 年的 200%，增长速度为 100%。这种高速度在正常情况下是不可能的。其原因是由于并购而引起总体范围前后不一致，即 2021 年有一部分企业被并购到该公司了。

总体范围发生了变化，要进行动态对比，必须对资料进行调整，以保持指标的可比性。调整的方法是：将并购过来的企业产值去掉，则该公司 2021 年的产值为 3 000 万元。这样，总体范围就一致了，就可进行动态对比。

我国的行政区划时有变更，在进行动态分析时尤应注意。

3. 指标的经济含义应该前后一致

经济含义是指各个指标内容的同质性和经济内容的统一性。指标不同质及经济内容不一致，不能进行动态对比。例如，我国的粮食产量，有的年份包括大豆产量，而有的年份不包括大豆产量，这样，粮食产量的经济内容前后就不一致了，就不便于进行动态对比。如果要进行动态对比，就要进行调整。

4. 指标的计算方法前后应一致

时间数列中的各个指标的计算方法前后应一致。只有前后一致，才能进行动态对比。如果时间数列中各个时期的指标计算方法前后不一致，就不便于进行动态对比。计算方法，即通常说的计算口径，包括统计方法、计算公式、计算价格、计量单位等，都要前后一致。例如，我国 2004 年的工业总产值就不能与 1978 年的工业总产值直接进行对比，因为这两个年份工业总产值所采用的不变价格不同，如要进行对比，必须将两个年份的工业总产值都按同一个不变价格来计算。实物量的计量单位，过去多用国内标准，随着我国加入世界贸易组织，统一用国际标准，也要进行换算。

为了研究现象的发展规模和程度，提示事物发展的规律，要根据时间数列的资料计算一系列的动态分析指标。动态分析指标可以分为两大类：一类是水平指标，另一类是速度指标。下面对此进行介绍。

任务 5.2　时间数列的水平指标分析

为了研究社会经济现象发展变化的过程和规律，常要对时间数列进行对比分析，计算出各种分析指标。动态数列的比较分析指标有动态数列的绝对数分析指标和动态数列的平均数分析指标。其中常用的有发展水平、平均发展水平、增长量和平均增长量。

5.2.1　发展水平

在时间数列中，每一个指标数值反映社会经济现象在各个不同时期或不同时点上所达到的发展水平,因而称为发展水平指标。发展水平就是时间数列中的每项具体指标数值。它既可以是总量指标,也可以是相对指标或平均指标。它是计算其他动态分析指标的基础。

发展水平指标是表明社会经济现象动态的重要基础指标。如果发展水平指标计算不准确,进行有关的动态分析就会失真,甚至会得出错误的结论。

发展水平指标按其在动态数列中所处的位置不同,可分为最初水平、中间水平、最末水平。现以2021年华鑫公司1—8月的净利润资料编制的动态数列来说明这几个概念,如表5-8所示。

表5-8　2021年华鑫公司1—8月净利润

月　份	1	2	3	4	5	6	7	8
净利润/万元	2 098.5	3 726.4	4 245.7	5 459.6	6 555.3	7 325.9	7 657.8	7 989.5

最初水平(a_1)是指动态数列中的第一项指标数值,在表5-8中即为2021年1月的净利润2 098.5万元。

最末水平(a_n)是指动态数列中的最后一项指标数值,在表5-8中即为2021年8月的净利润7 989.5万元。

中间水平(a_i)是指动态数列中除首尾两项指标数值之外的其余各项指标数值。

在对发展水平进行对比分析时,将所要研究或比较时期的发展水平,称为报告期水平;用于做比较标准的某个时间的发展水平,称为基期水平。通常,报告期是指离分析者比较近的那个时期,基期是指离分析者比较远的那个时期。

报告期水平和基期水平不是固定不变的,而是随着研究目的的改变而变化。

5.2.2　平均发展水平

平均发展水平是根据动态数列中各个不同时期发展水平加以平均而得到的平均数,又称序时平均数,记作a,用来反映现象在较长时期内所达到的一般发展水平。它是统计分析中常用的指标,其作用主要表现在:可以消除现象在一段时间内受除长期趋势以外的其他变动因素的影响,便于各段时间进行对比;可以衡量在一段时间内现象发展达到的一般水平,便于进行不同空间的对比。

平均发展水平可以根据总量指标动态数列计算,也可以根据相对指标动态数列或平均指标动态数列计算。从计算方法上讲,根据总量指标动态数列计算平均发展水平是最基本的方法。现分别介绍如下。

1. 由总量指标动态数列计算平均发展水平

总量指标动态数列分为时期数列和时点数列,由于它们的性质不同,计算平均发展水平时的方法也不一样。

（1）由时期数列计算平均发展水平

由时期数列计算平均发展水平采用简单算术平均法。其计算公式为

$$a=\frac{a_1+a_2+\cdots+a_n}{n}=\frac{\sum a}{n} \qquad 式（5-1）$$

式中,a——平均发展水平;a_i——各期发展水平（$i=1,2,3,\cdots,n$）;n——数列中时期项数。

项目 5　时间数列分析

例 5–1　名苑公司 2021 年上半年产量资料如表 5-9 所示。

表 5–9　名苑公司 2021 年上半年产量

月　份	1	2	3	4	5	6
产量／万件	50	55	45	48	60	75

该公司 2021 年上半年月平均产量为

$$a = \frac{\sum a}{n} = \frac{50+55+45+48+60+75}{6} = 55.5 \text{（万件）}$$

（2）由时点数列计算平均发展水平

由时点数列计算平均发展水平，因掌握的资料情况不同，具体方法也不一样，分为连续时点数列和间断时点数列两种。

① 由于连续时点数列有连续变动和非连续变动两种情况，因此有两种不同的计算方法。

● 连续变动的连续时点数列的平均发展水平，直接采用简单算术平均数，以各时点值之和除以时点数值的个数即得。其计算公式为

$$a = \frac{a_1 + a_2 + \cdots + a_n}{n} = \frac{\sum a}{n} \qquad \text{式（5-2）}$$

式中，$\sum a$ 为各时点值之和。

例 5–2　某车间 3 月上旬职工出勤情况如表 5-10 所示。

表 5–10　某车间 3 月上旬职工出勤情况

日　期	1日	2日	3日	4日	5日	6日	7日	8日	9日	10日
出勤人数／人	50	55	45	52	58	53	55	52	54	66

该车间 3 月上旬平均职工出勤人数为

$$a = \frac{\sum a}{n} = \frac{50+55+45+52+58+53+55+52+54+66}{10} = 54 \text{（人）}$$

● 非连续变动的连续时点数列的平均发展水平，采用加权算术平均法计算，即以每次变动持续的时间间隔长度（f）为权数，对各时点数值（a）加权。其计算公式为

$$a = \frac{\sum af}{\sum f} \qquad \text{式（5-3）}$$

例 5–3　某公司 4 月份在册员工人数为：1—6 日，每天有 400 人；7—15 日，每天有 410 人；16—20 日，每天有 430 人；21—30 日，每天有 450 人。则该公司 4 月份平均每天在册人数为

$$a = \frac{400 \times 6 + 410 \times 9 + 430 \times 5 + 450 \times 10}{30} \approx 425 \text{（人）}$$

② 由于间断时点数列有间隔相等和间隔不等两种情况，因此有两种不同的计算方法。

● 由间隔相等的间断时点数列计算平均发展水平。根据间隔相等的时点数列计算平均发展水平，是假定所研究的现象在两个相邻时点之间的变动是均匀的，因而可将相邻两个时点数值相加除以 2，求得两个时点之间的简单平均数，然后根据这些平均数，再用简单算术平均法计算整个所研究的时间内的现象的平均发展水平。其计算公式为

$$a = \frac{\frac{a_1}{2} + a_2 + \cdots + \frac{a_n}{2}}{n-1}$$ 式（5-4）

式中，a——平均发展水平；a_i——各项时点指标数值（$i=1,2,3,\cdots,n$）；n——时点指标数值的项数。

时间间隔相等的动态数列求平均发展水平，等于用首项的 1/2，加上中间各项，再加上末项的 1/2，再除以动态数列的项数减 1 所得的比值。这种计算方法又称首尾对半法。

例 5-4 某企业第一季度各时点职工人数如表 5-11 所示，求第一季度平均人数。

表 5-11　某企业第一季度各时点职工人数

日/月	1/1	1/2	1/3	31/3
职工人数/人	800	1 100	1 200	1 800

根据表 5-11 所示的资料计算第一季度平均职工人数为

$$a=(800\div2+1\,100+1\,200+1\,800\div2)\div3=1\,200（人）$$

● 由间隔不等的间断时点数列计算平均发展水平。如果时点数列的间隔不等，则采用加权算术平均法计算平均发展水平，其权数为两个指标值之间的间隔数。其计算公式为

$$a = \frac{\frac{a_1+a_2}{2}\times f_1 + \frac{a_2+a_3}{2}\times f_2 + \cdots + \frac{a_{n-1}+a_n}{2}\times f_{n-1}}{\sum f}$$ 式（5-5）

例 5-5 某企业 2021 年各时点的职工人数如表 5-12 所示。计算平均职工人数。

表 5-12　某企业 2021 年各时点职工人数

日/月	1/1	1/4	1/7	1/9	1/12	31/12
职工人数/人	300	400	380	420	500	600

假定间隔的各时点之间的指标数值是均匀变化的，则可利用首尾对半法计算该企业 2021 年月平均职工人数为

$$a = \frac{\frac{300+400}{2}\times 3 + \frac{400+380}{2}\times 3 + \frac{380+420}{2}\times 2 + \frac{420+500}{2}\times 3 + \frac{500+600}{2}\times 1}{12}$$

=412.5（人）

需要注意的是，根据间断时点数列计算平均发展水平，是以被研究的现象在相邻两个时点之间均匀变动为前提的，但实际上现象的变动并非完全如此。因此，求的结果只是一个近似值。为了使其计算结果尽可能反映实际情况，间断时点数列的时间间隔不宜过长。

项目 5 时间数列分析

2. 由相对指标动态数列计算平均发展水平

在统计分析中,除了经常考查总量指标动态数列的一般水平外,还要考查相对指标动态数列的一般水平。由于相对指标比较基数不同,不能直接相加,因此,不能将相对指标动态数列中的各指标直接相加计算平均发展水平。

根据相对指标动态数列计算平均发展水平,其基本方法是:首先计算构成该相对指标动态数列的分子与分母数列的平均发展水平;然后将这两个平均发展水平对比求得。其计算公式为

$$c = \frac{a}{b} \qquad \text{式(5-6)}$$

式中,a——分子数列的平均发展水平;b——分母数列的平均发展水平;c——相对指标的平均发展水平。

需要注意的是,由于相对指标由两个总量指标相比较而得,分子、分母为时期数列或时点数列,因此,在计算分子数列和分母数列的平均发展水平时,首先必须分清分子、分母数列属于时期数列还是属于时点数列,然后分别计算各自的平均发展水平。一般有以下 3 种情况。

(1)分子数列与分母数列都表现为时期数列

其计算公式为

$$c = \frac{\frac{\sum a}{n}}{\frac{\sum b}{n}} = \frac{\sum a}{\sum b} \qquad \text{式(5-7)}$$

相对指标的分子、分母资料均齐全,即有 a、b 的资料,运用此式计算 c 的平均值。

如果分子、分母指标不齐全,则先将分子或分母指标计算出来。

例 5-6 甲、乙、丙 3 个企业第三季度产量计划完成情况如表 5-13 所示。试计算 3 个企业第三季度的计划完成程度。

表 5-13 甲、乙、丙企业第三季度产量计划完成情况　　　件

月份		7	8	9
甲企业	计划产量 实际产量	300 350	400 380	600 600
乙企业	计划产量 计划完成/(%)	400 120	500 100	600 95
丙企业	实际产量 计划完成/(%)	500 100	400 105	300 90

甲企业第三季度月平均计划完成程度为

$c=(350+380+600)/(300+400+600) \approx 102.3\%$

乙企业第三季度月平均计划完成程度为

$c=(400\times120\%+500\times100\%+600\times95\%)/(400+500+600) \approx 103.3\%$

丙企业第三季度月平均计划完成程度为

$$c=(500+400+300)/(500/100\%+400/105\%+300/90\%) \approx 98.8\%$$

计算结果表明，乙企业第三季度产量计划完成情况要好于甲、丙企业。

（2）分子数列与分母数列都表现为时点数列

如前所述，时点数列有连续和间断之分。连续时点数列又分为连续变动和非连续变动时点数列，间断时点数列又有间隔相等和间隔不等之分，因而其具体计算方法不一样。但其基本原则还是先根据该相对指标的分子与分母分别计算平均发展水平，然后，将其进行对比即可。现以两个间隔不相等的间断时点数列对比形成的相对指标时间数列计算平均发展水平的方法为例加以说明。其计算公式为

$$c=\frac{\dfrac{\dfrac{a_1+a_2}{2}\times f_1+\dfrac{a_2+a_3}{2}\times f_2+\cdots+\dfrac{a_{n-1}+a_n}{2}\times f_n}{\sum f}}{\dfrac{\dfrac{b_1+b_2}{2}\times f_1+\dfrac{b_2+b_3}{2}\times f_2+\cdots+\dfrac{b_{n-1}+b_n}{2}\times f_n}{\sum f}} \quad \text{式（5-8）}$$

例 5-7 某企业 2021 年上半年工人人数与职工人数的资料如表 5-14 所示。试计算该企业上半年平均工人人数占全部职工的比重。

表 5-14　某企业 2021 年上半年工人人数与职工人数　　　　　　　　人

日/月	1/1	1/3	1/6	31/6
工人人数	400	380	450	500
职工人数	500	450	500	500

利用式（5-8），可计算该企业 2021 年上半年平均工人人数占全部职工人数的比重。

$$c=\frac{\dfrac{\dfrac{400+380}{2}\times 2+\dfrac{380+450}{2}\times 3+\dfrac{450+500}{2}\times 1}{6}}{\dfrac{\dfrac{500+450}{2}\times 2+\dfrac{450+500}{2}\times 3+\dfrac{500+500}{2}\times 1}{6}}=\frac{2\,500}{2\,875}\approx 86.96\%$$

（3）分子数列和分母数列分别表现为时期数列、时点数列

其计算公式为

$$c=\frac{a}{b} \quad \text{式（5-9）}$$

需要注意的是，在公式中，a 与 b 中一个是时期指标，一个是时点指标。在具体计算过程中应分别按照分子、分母指标的性质选用适当的方法计算。

例 5-8 某企业第一季度工业总产值及月末工人人数资料如表 5-15 所示。试计算第一季度月平均工人劳动生产率。

项目 5　时间数列分析

表 5-15　某企业第一季度的工业总产值及月末工人人数

月　　份	1	2	3	4
工业总产值 / 万元	80	90	98	100
月末职工人数 / 人	500	540	560	580

构成劳动生产率的分子工业总产值是时期数列，分母职工人数是时点数列。因此，第一季度月平均工人劳动生产率应为

$$\bar{c} = \frac{\frac{80+90+98}{3}}{\frac{\frac{500}{2}+540+560+\frac{580}{2}}{3}} = \frac{89.3}{547} \approx 0.163\ 3（万元/人）$$

3. 由平均指标动态数列计算平均发展水平

平均指标动态数列可由静态平均指标和动态平均指标组成。两种不同的平均指标动态数列的平均发展水平的计算方法也不同。静态平均指标所组成的动态数列，实质上就是两个总量指标动态数列相对应项对比形成的，即分子数列是标志总量数列，分母数列是总体单位总量数列。计算这种平均指标动态数列的平均发展水平的基本原则和方法与前面介绍的计算相对指标动态数列的平均发展水平的方法一致，也就是先计算出该平均指标的分子、分母的平均数，然后进行对比。其计算公式为

$$c = \frac{a}{b} \qquad 式（5-10）$$

由动态平均指标所形成的动态数列的平均发展水平的计算，分以下两种情况。

① 时期相等，采用简单算术平均法，即直接将各项动态平均数相加然后除以项数得出。其计算公式为

$$a = \frac{\sum a}{n} \qquad 式（5-11）$$

例 5-9　某企业第一季度各月的平均销售额如表 5-16 所示。试计算第一季度的月平均销售额。

表 5-16　某企业第一季度各月平均销售额

月　　份	1	2	3
平均销售额 / 万元	80	90	100

该企业第一季度的月平均销售额为

$$a = \frac{\sum a}{n} = (80+90+100)/3 = 90（万元）$$

② 时期不等，则以不同时期为权数，采用加权算术平均法计算。其计算公式为

$$a = \frac{\sum af}{\sum f} \qquad 式（5-12）$$

例 5-10 某企业 2021 年原材料库存额 1 月份平均为 100 万元，2—4 月份平均为 120 万元，5—9 月份平均为 110 万元，10—12 月份平均为 130 万元，则该企业 2021 年原材料的平均库存额为

$$a = \frac{\sum af}{\sum f} = (100×1+120×3+110×5+130×3)/12 ≈ 116.67（万元）$$

5.2.3 增长量

增长量是指社会经济现象在一定时期内所增长的绝对数量，是用报告期水平减去基期水平所得的差。其计算公式为

$$增长量 = 报告期水平 - 基期水平 \qquad 式（5-13）$$

增长量是一个绝对数，有正有负，正数表示增长或增加，负数表示减少或降低。按照选择的基期是否相同，增长量可分为逐期增长量和累计增长量。

逐期增长量是报告期水平与报告期的前期水平之差，用来说明现象逐期增减的绝对数量。

累计增长量是报告期水平与某一固定基期水平（通常为最初水平）之差，用来反映现象在较长时期内的增减数量。其计算公式为

$$逐期增长量 = 报告期水平 - 相邻前期水平 \qquad 式（5-14）$$

用符号表示为

$$a_2-a_1,\ a_3-a_2,\ a_4-a_3,\ \cdots,\ a_n-a_{n-1}$$

$$累计增长量 = 报告期水平 - 固定期水平 \qquad 式（5-15）$$

用符号表示为

$$a_2-a_1,\ a_3-a_1,\ a_4-a_1,\ \cdots,\ a_n-a_1$$

二者之间的关系表现为

$$逐期增长量相加之和 = 对应年份的累计增长量 \qquad 式（5-16）$$

用符号表示为

$$(a_2-a_1)+(a_3-a_2)+(a_4-a_3)+\cdots+(a_n-a_{n-1})=a_n-a_1$$

例 5-11 现说明增长量的计算，以表 5-17 为例。

表 5-17 某电冰箱厂 2014—2020 年电冰箱产量　　　　　万台

年　份	2014	2015	2016	2017	2018	2019	2020
电冰箱产量	a_1	a_2	a_3	a_4	a_5	a_6	a_7
	500	560	630	650	680	700	750
逐期增长量	—	a_2-a_1	a_3-a_2	a_4-a_3	a_5-a_4	a_6-a_5	a_7-a_6
	—	60	70	20	30	20	50
累计增长量	—	a_2-a_1	a_3-a_1	a_4-a_1	a_5-a_1	a_6-a_1	a_7-a_1
	—	60	130	150	130	200	250

项目 5　时间数列分析

表 5-17 中，2014—2020 年逐期增长量之和为 250 万台，与 2014 年的累计增长量相等。
表 5-17 的资料说明了该电冰箱厂从 2014 年以来，产量每年增长的幅度及累计增长的规模。

5.2.4　平均增长量

平均增长量是指逐期增长量的平均数，用来反映现象在一定时期内平均每期增长的数量。其计算公式为

$$\text{平均增长量} = \text{逐期增长量之和} / \text{逐期增长量的个数} \qquad 式（5-17）$$

用符号表示为

$$[(a_2-a_1)+(a_3-a_2)+(a_4-a_3)+\cdots+(a_n-a_{n-1})]/(n-1)$$

由于逐期增长量之和等于对应年份的累计增长量，故上式又可写成

$$\text{平均增长量} = \text{累计增长量} / (\text{时间数列项数} -1) \qquad 式（5-18）$$

用符号表示为

$$(a_n-a_1)/(n-1)$$

以表 5-17 中的数据为例计算平均增长量。

$$\text{平均增长量} =(60+70+20+30+20+50)/6 \approx 41.7（万台）$$

或

$$\text{平均增长量} =250/6 \approx 41.7（万台）$$

任务 5.3　时间数列的速度指标分析

5.3.1　发展速度

除了用相减的方法对动态数列进行对比分析外，还可以使用相除的方法进行对比，由此得到发展速度与增长速度两类相对指标。

发展速度是同一社会经济现象在两个不同时期发展水平对比得出的动态相对数。发展速度可以反映社会经济现象发展变化的速度。其计算公式为

$$\text{发展速度} = \text{报告期水平} / \text{基期水平} \qquad 式（5-19）$$

从定义上可见，发展速度就是动态相对指标。

由于计算时采用不同的基期，发展速度可分为环比发展速度与定基发展速度。

1. 环比发展速度

环比发展速度就是将报告期发展水平与前一期的发展水平相除，用来反映现象在相应的时期内（或时间间隔内）变化的相对程度。其计算公式为

$$\text{环比发展速度} =a_2/a_1, a_3/a_2, a_4/a_3,\cdots,a_n/a_{n-1} \qquad 式（5-20）$$

2. 定基发展速度

定基发展速度就是将报告期发展水平与某一固定期发展水平（通常是最初发展水平）相除，用来反映现象在较长时间内变化的相对程度。其计算公式为

$$\text{定基发展速度} =a_2/a_1, a_3/a_1, a_4/a_1,\cdots,a_n/a_1 \qquad 式（5-21）$$

3. 两者的关系

从以上公式可知，环比发展速度与定基发展速度之间存在一定的数量关系，可以互相推算。其关系式为

$$\text{定基发展速度} = \text{同时期内的各环比发展速度的连乘积} \quad \text{式（5-22）}$$
$$\text{环比发展速度} = \text{同期定基发展速度} \div \text{上期定基发展速度}$$

用符号表示为

$$a_n/a_1 = (a_2/a_1) \times (a_3/a_2) \times (a_4/a_3) \times \cdots \times (a_n/a_{n-1}) \quad \text{式（5-23）}$$
$$a_n/a_{n-1} = (a_n/a_1)/(a_{n-1}/a_1) \quad \text{式（5-24）}$$

例 5-12 现以表 5-18 为例说明发展速度的计算。

表 5-18　某电冰箱厂 2014—2020 年电冰箱产量

年　份	2014	2015	2016	2017	2018	2019	2020
电冰箱产量/万台	a_1 500	a_2 560	a_3 630	a_4 650	a_5 680	a_6 700	a_7 750
定基发展速度/（%）	—	a_2/a_1 112	a_3/a_1 126	a_4/a_1 130	a_5/a_1 136	a_6/a_1 140	a_7/a_1 150
环比发展速度/（%）	—	a_2/a_1 112	a_3/a_2 112.5	a_4/a_3 103.2	a_5/a_4 104.6	a_6/a_5 102.9	a_7/a_6 107.1

定基发展速度 $=112\% \times 112.5\% \times 103.2\% \times 104.6\% \times 102.9\% \times 107.1\% \approx 150\%$

环比发展速度 $=150\% \div 140\% = 107.1\%$

5.3.2　平均发展速度

由于受各种因素的影响，动态数列中各个时期的速度指标数值参差不齐。为了从整体上掌握动态数列速度变化的数量特征，需要确定各个速度指标的一般水平，这个指标就是平均发展速度。

平均发展速度是指被研究对象在一段时间内各环比发展速度的平均数，说明某种现象在一个较长时期中逐年平均发展变化的速度，将逐个环比发展速度的差异抽象化了。

平均发展速度指标可以用来比较和说明各个历史阶段社会经济的一般发展水平；可以在制定社会经济发展规划时，用作预测的依据；还可以用来和国际经济对比，以便找出差距。

平均发展速度通常采用两种方法计算，即几何平均法和方程式法。

1. 几何平均法（又称水平法）

按这种方法计算平均发展速度的理论依据是：从最初水平出发，逐期按其环比速度发展，就可以达到末期的发展水平。由于各环比发展速度的连乘积等于第 n 期的定基发展速度（又称总速度），故其平均速度只能用几何平均法计算。

设 $\bar{x}$ 代表平均发展速度，x 代表各环比发展速度，n 代表各环比发展速度的项数，$\prod$ 代表连乘符号。其计算公式为

项目 5 时间数列分析

$$x = \sqrt[n-1]{x_1 x_2 x_3 \cdots x_n} = \sqrt[n-1]{\prod x} \qquad \text{式（5-25）}$$

由于各环比发展速度的连乘积等于最末期的定基发展速度，上式又可写为

$$x = \sqrt[n-1]{\frac{a_2 a_3 \cdots a_n}{a_1 a_2 \cdots a_{n-1}}} = \sqrt[n-1]{\frac{a_n}{a_1}} = \sqrt[n-1]{R} \qquad \text{式（5-26）}$$

式中，R——总速度（定基发展速度）。

以上两个公式虽然计算形式有所不同，但实质一样，可以根据所掌握的资料的不同选择应用。

例 5-13 某城市 2015—2020 年的游客人数资料如表 5-19 所示。试计算该城市几年来的游客年平均发展速度。

表 5-19 某城市 2015—2020 年的游客人数

年　份	2015	2016	2017	2018	2019	2020
游客人数 / 人	589	674	743	711	843	1 016
环比发展速度 /（%）	—	114.43	110.24	95.69	118.56	120.52
定基发展速度 /（%）	—	114.43	126.15	120.71	143.12	172.50

按式（5-25）计算得

$$x = \sqrt[5]{1.144\,3 \times 1.102\,4 \times 0.956\,9 \times 1.185\,6 \times 1.205\,2} \approx 1.115\,2 \text{（或 111.52%）}$$

按式（5-26）计算得

$$x = \sqrt[5]{1.725} \approx 1.115\,2 \text{（或 111.52%）}$$

在计算几何平均发展速度遇到开高次方的问题时，在实际运算中，常用的方法有 3 种。
① 用多功能计算器直接开高次方。
② 查平均增长速度查对表。
③ 采用对数的方法。
将式（5-25）的等式两端同时取对数，得

$$\lg x = (\lg r_1 + \lg r_2 + \cdots + \lg r_n)$$

根据计算结果，查反对数表，则可得平均发展速度 x。

以上 3 种运算方法的结果相同，究竟采用哪种方法，取决于手头所掌握的计算工具，然后从中选择最为简单的计算方法，以节省运算时间。

用几何平均法计算平均发展速度是最常用的方法。利用它不仅可以计算平均速度指标，而且可以推算最末期发展水平和时间。

例 5-14 某公司 2017 年的产值是 400 万元，若今后产值每年的平均发展速度为 120%，到 2021 年产值应是多少万元？

因为 $x = \sqrt[n-1]{\frac{a_n}{a_1}}$，所以 $x^{n-1} = \frac{a_n}{a_1}$，推出 $a_n = a_1 x^{n-1}$。

2021 年产值 = $400 \times 1.2^4 = 829.44$（万元）

2. 方程式法（又称累计法）

按这种方法计算平均发展速度的理论依据是：从最初水平出发，每期按平均发展速度发展，经过 n 期后，各期计算的理论水平之和应等于各期实际的发展水平之和。其计算公式为

$$x^n + x^{n-1} + \cdots + x^3 + x^2 + x - \frac{\sum a_i}{a_0} = 0 \qquad 式（5-27）$$

这个方程的正根就是根据方程式法所求的平均发展速度。但由于这个方程的求解方法十分复杂，为了简化手续，故在实际工作中常用查表法计算平均发展速度，即查平均增长速度查对表取得平均发展速度值。

3. 计算和应用平均速度指标应注意的问题

（1）要结合具体研究目的适当地选择基期

由于基期水平对平均速度指标影响重大，如果基期水平因受特殊因素的影响而过高或过低，用这样的资料来计算平均速度，就会降低这一指标的意义，甚至会失去代表性而不能说明现象变化发展的真实情况。

（2）应用分段平均速度或用突出的个别环比速度来补充总平均速度

因为根据几何平均法求得的平均速度指标，实际只反映最初和最末水平的变化，并不反映中间各年的实际变化。因此，当研究时期过长时，为了避免由于中间各期波动过大或变化方向不同而降低平均速度指标的代表性，应计算分段平均速度指标来补充说明总平均发展速度，这对于全面、深入地了解现象的整个过程的变化情况很有必要。

（3）要结合发展水平、经济效益来研究平均速度指标

在社会经济现象中，有可能出现高速度下的低水平、低效益，或者低速度背后隐藏着高水平、高效益的情况。因此，将水平指标、经济效益及各种速度指标结合起来，对现象进行综合分析，更有利于揭示现象发展变化的规律性。

5.3.3 增长速度

增长速度是指增长量与基期水平之比，用来反映社会经济现象在一定时期内增长的相对程度。其计算公式为

$$增长速度 = 增长量 / 基期水平 = (报告期水平 - 基期水平) / 基期水平$$
$$= 发展速度 - 1 \qquad 式（5-28）$$

由式（5-28）可以看出，增长速度指标和发展速度指标之间只差一个基数（100%）。二者都是说明社会经济现象发展演变程度的，只是表达方式上有区别。前者说明现象报告期发展水平比基期发展水平增长或降低若干倍或百分之几，后者则说明现象的发展水平报告期是基期的若干倍或百分之几。

当发展速度大于 1 时，增长速度为正值，表明现象的增长程度；当发展速度小于 1 时，增长速度为负值，表明现象的降低程度。

同发展速度一样，由于计算时选择不同的基期，增长速度也分为环比增长速度和定基增长速度。

1. 环比增长速度

环比增长速度是逐期增长量与前一期水平之比，表明现象逐期增长的程度。其计算公

式为

环比增长速度 =(报告期水平 − 前一期水平)/ 前一期水平 = 逐期增长量 / 前一期水平

＝环比发展速度 −1　　　　　　　　　　　　　　　　　式（5-29）

用符号表示为

$$\text{环比增长速度} = a_i/a_{i-1} - 1$$

2. 定基增长速度

定基增长速度是累计增长量与固定的基期发展水平之比，说明现象累计增长（降低）的相对程度。其计算公式为

定基增长速度 =(报告期水平 − 固定基期水平)/ 固定基期水平

= 累计增长量 / 固定基期水平

= 定基发展速度 −1　　　　　　　　　　　　　　　　式（5-30）

3. 定基增长速度和环比增长速度的关系

这两种增长速度存在着必然的经济联系，但它们之间不存在两种发展速度之间那样的连乘关系。所以，二者之间不能直接推算，而需借助两种发展速度的推算来解决其相互推算的问题。

例 5-15 根据表 5-17 的资料，将前面介绍的几种动态指标计算如表 5-20 所示。

表 5-20　某电冰箱厂 2014—2020 年电冰箱产量

年　份	2014	2015	2016	2017	2018	2019	2020
电冰箱产量 / 万台	a_1	a_2	a_3	a_4	a_5	a_6	a_7
	500	560	630	650	680	700	750
定基发展速度 / (%)	—	a_2/a_1	a_3/a_1	a_4/a_1	a_5/a_1	a_6/a_1	a_7/a_1
	—	112	126	130	136	140	150
环比发展速度 / (%)	—	a_2/a_1	a_3/a_2	a_4/a_3	a_5/a_4	a_6/a_5	a_7/a_6
	—	112	112.5	103.2	104.6	102.9	107.1
环比增长速度 / (%)	—	$\dfrac{a_2-a_1}{a_1}$	$\dfrac{a_3-a_2}{a_2}$	$\dfrac{a_4-a_3}{a_3}$	$\dfrac{a_5-a_4}{a_4}$	$\dfrac{a_6-a_5}{a_5}$	$\dfrac{a_7-a_6}{a_6}$
	—	12	12.5	3.2	4.6	2.9	7.1
定基增长速度 / (%)	—	$\dfrac{a_2-a_1}{a_1}$	$\dfrac{a_3-a_1}{a_1}$	$\dfrac{a_4-a_1}{a_1}$	$\dfrac{a_5-a_1}{a_1}$	$\dfrac{a_6-a_1}{a_1}$	$\dfrac{a_7-a_1}{a_1}$
	—	12	26	30	36	40	50

5.3.4　平均增长速度

平均增长速度是说明某种现象在一段时期内平均每年增长的程度。平均增长速度比平均发展速度更能明显地说明现象的发展变化程度，其实质是环比增长速度的平均值。

平均增长速度既不能用环比增长速度求得，也不能用增长量求得，而只能先求平均发展速度，然后用平均发展速度减 1（或 100%）求得。其计算公式为

平均增长速度 = 平均发展速度 −1（或 100%）　　　　　　　　式（5-31）

例 5-16 某地区工业总产值 2015 年为 1 558.6 万元，2020 年为 2 849.4 万元，问在 2015 年至 2020 年期间，工业总产值的平均增长速度是多少？

已知 a_0=1 558.6，a_n=2 849.4，n=5。

根据上述资料，可计算平均增长速度为

$$x = \sqrt[n]{\frac{a_n}{a_0}} - 1 = \sqrt[5]{\frac{2\,849.4}{1\,558.6}} - 1$$

$$= \sqrt[5]{1.828\,2} - 1 \approx 1.128 - 1 = 0.128，即 12.8\%$$

任务 5.4　动态趋势与预测分析

5.4.1　动态趋势分析的意义

编制动态数列，测算动态分析指标，其目的在于提示经济现象变动的趋势和规律，为我们在实际工作中制订计划、进行决策提供依据。动态趋势分析是指对数列中现象各期的发展水平的变化过程、趋势和规律进行研究分析。社会经济现象的变化与发展受许多因素的影响，其中既有长期趋势因素的影响，又有季节因素的影响，还有随机因素的影响。这些因素所起的推动与制约作用不同，彼此之间的关系也错综复杂。我们对动态数列进行趋势分析时，就要测定上述各种因素对现象发展的影响。例如，某产品销售量的变化，既受社会制度、政策法规、风俗习惯的影响，又受消费水平、气候变换的影响。这些因素中，有的可促使产品销量呈下降的趋势，有的却使销量呈上升的趋势。

对长期趋势进行数量上的测定，其根本目的在于客观地认识现象在发展变化过程中的统计规律，这主要表现在以下 3 个方面。

① 掌握客观事物发展变化的趋势，为经营管理与决策提供依据。例如，企业的产品经销需要掌握产品的"生命周期"发展变化情况。又如，人口政策的制定必须充分地分析与了解以往人口发展变化趋势等。

② 测定长期趋势是进行统计预测的必要条件。统计预测，特别是动态统计预测，是在掌握长期趋势的基础上进行的，它借助于长期趋势所反映的统计规律做出外推估计。

③ 测定长期趋势是研究季节变动的方法之一。现象在发展变化过程中的数量差异是由长期趋势、季节变动、不规则变动等因素相互影响而形成的。通过测定长期趋势，可以更好地研究季节变动。

5.4.2　影响现象发展的因素

现象的发展变化是许多错综复杂的因素共同作用的结果。这些因素中有些属于基本因素，对事物的发展起决定作用，使事物在一段较长时期内呈现出一定趋势，沿着一定方向（上升或下降）发展；有些属于偶然、非基本因素，对于事物的发展只起局部、非决定性的作用，使时间数列各期水平出现短期不规则的波动；还有一些属于季节变更因素，使时间数列各期水平出现季节性波动。虽然影响现象变动的因素错综复杂，但这些因素大体可归纳为以下几种类型。

1. 长期趋势

长期趋势是指现象在一个相当长的时期内持续发展变化的趋势，由各个时期普遍的、持续的、决定性的基本因素所左右，使各期发展水平沿着一个方向上升或下降的趋势变动。例如，我国人民的消费水平逐年提高，其根本原因是我国经济水平不断提高，人们的收入不断增加。认识和掌握了事物发展的长期趋势，可以进一步把握事物变化的基本特点。

2. 季节变动

季节变动是指现象因受自然条件或社会因素的影响，在一年或更短的时间内所产生的具有周期性、规律性的重复变动。例如，空调、服装有季节性的供应等。季节变动有时会给社会生产与人们生活带来某些不良影响。研究季节变动的目的在于克服由于季节变动引起的不良影响，以便于更好地组织生产，安排人们的经济生活。

3. 循环变动

循环变动是指现象以若干年为周期的涨落起伏相间的变动。由于引起波动的原因不同，因而波动的长短不一，波动的程度也不相同。例如，资本主义制度下的经济危机。

4. 不规则变动

不规则变动是指由于意外的、偶然的因素引起的无周期的变动。例如，海啸、地震或某些不明原因所引起的变动等。这种变动在目前科学技术条件下还不能预测或控制。但由于这种因素具有偶然性，根据概率论原理，如果这类因素原因很多且相互独立，则有相互抵消的可能；如果这些因素相互存在联系而且受一两个重大因素支配，则难以相互抵消，极可能形成经济波动，而且振幅往往会较大。例如，自然灾害、政策变动、战争或不明原因而引起的变动都可称为偶然性因素。

应该注意的是，并不是每一组动态数列的变动都同时存在以上 4 类因素的影响。例如，按年编制的动态数列就不存在循环变动。因此，在实际工作中，要对被研究的现象进行具体分析，实际存在哪些因素的影响，就测定哪些因素。动态数列分析的重要任务之一是对动态数列中的这几类影响因素给以统计测定和分析，从数列的变动中划分出各种变动的具体作用和动向，提示出各种变动（除不规则变动）的规律性特征，为正确认识事物并预测事物的发展提供科学的依据。

5.4.3 长期趋势分析方法

测定长期趋势就是采用一定的方法对动态数列进行修匀，使修匀后的数列消除季节变动、循环变动和不规则变动等因素的影响，了解现象的发展过程和发展前景，作为预测未来的依据。

测定长期趋势的方法主要有时距扩大法、移动平均法、指数平滑法、半数平均法和最小平方法。下面主要介绍时距扩大法、移动平均法和半数平均法。

1. 时距扩大法

时距扩大法就是把原来的动态数列的时距加以扩大，把扩大后各时距内包含的原有数列的各个发展水平加以合并或平均，作为扩大后的各时距的发展水平来编制新的动态数列。这样可以将由于受偶然因素影响所引起的增减波动相互抵消，从而比较清楚地表现出现象变动的总趋势。

用时距扩大法修匀动态数列，既可用总量指标表示，也可用平均指标表示，前者仅适用于时期数列，后者既适用时期数列，也适用时点数列。

例 5-17 某企业某年各月的产值资料如表 5-21 所示。

表 5-21　某企业某年各月产值　　　　　　　　　　　　　　万元

月 份	1	2	3	4	5	6	7	8	9	10	11	12
产 值	78	85	82	88	84	89	88	86	92	97	95	99

这个动态数列不能明显反映现象发展的趋势，因各月的产量不是逐月上升，而是有升有降。现在我们采用时距扩大法，即由月扩大到季度，将每季度中各月的产量相加，则得各季的总产量，还可列出每季平均的月产量，如表 5-22 所示。

表 5-22　某企业各季产值　　　　　　　　　　　　　　万元

季　度	1	2	3	4
总 产 值	245	261	266	291
平均月产值	81.2	87	88.7	97

这个新数列可以明显地反映出该企业生产发展的趋势，其产值是逐季上升的。

时距扩大法将时间跨度扩大到什么程度，要根据现象的性质而定，基本原则是以能够显示现象的发展趋势为度。时距过短，不能消除偶然因素的影响；时距过长，又会掩盖现象在不同时间上发展变化的差异。

时距扩大法的优点是简便易行，缺点是新数列的项数过少，不能据以进行深入的趋势分析和预测。

2. 移动平均法

当原来的动态数列不能明显反映现象的发展趋势时，则可采用移动平均法，对原动态数列进行修匀。

移动平均法就是先将时期扩大，计算序时平均数，并逐项移动，逐步计算序时平均数，由序时平均数构成一个新的动态数列。通过计算序时平均数，使指标之间的差异互相抵消，看其发展的一般水平。移动平均法实质上也是扩大原动态数列的时距，所不同的是，它采取逐项递推移动的方法计算序时平均数。这种方法既考虑了现象动态发展的连续性，把原时间数列中的偶然因素引起的季节变动和不规则变动加以消除，从而较明显地反映出现象发展的基本趋势，又可以基本上保留原时间数列所对应的项数，使其与实际水平更为接近。

应用移动平均法对动态数列进行修匀，关键在于确定移动平均的项数，即移动的时间长度。一般情况下，应根据研究对象的特点来确定。如果原数列中存在自然周期，就以周期数作为移动平均的项数；如果是各年的季度资料，应取 4 项平均；如果是月度资料，应取 12 项平均；如果是旬资料，应取 3 项平均。这样就可以有效地消除周期变动的影响，较准确地提示现象发展的长期趋势。如果原数列中无明显的周期变动，可用奇数项移动平均法，因为奇数项移动平均较偶数项移动平均简单。奇数项移动平均所得数值对应放在所移动的项数的中间一项的位置上；偶数项移动平均所得的数值对应放在所移动项数的中间两项位置的正中间，它需要移动平均。被移动平均的项数越多，对原数列修匀的作用越大，

项目 5 时间数列分析

但得到的新的动态数列的项数就越少。

例 5-18 现以某企业某月各日生产量资料为例,按移动平均法编制新的动态数列,如表 5-23 所示。要求将该企业生产量资料做三项移动平均和四项移动平均。

三项移动平均:

第 1 个平均数为 (120+122+125)/3 ≈ 122.3,将这个数值对应于第 2 项数值(对应于第 2 日);第 2 个平均数为 (122+125+130)/3 ≈ 125.7,将这个数值对应于第 3 项数值。以此类推,得出三项移动平均数列共 28 项,见表 5-23 第 3 列的数值。

四项移动平均:

第 1 个平均数为 (120+122+125+130)/4 ≈ 124.3;第 2 个平均数为 (122+125+130+132)/4 ≈ 127.3。以此类推,得出四项移动平均数列,见表 5-23 第 4 列的数值。由于偶数项移动平均的数值与原数列中相对应的指标值都相差半期,无法直接进行对比,因此还要进行一次移动平均,即再进行一次两项移动平均以移正趋势值。本例中见表 5-23 第 5 列的数值。其中,第 1 个数值为 (124.3+127.3)/2=125.8,第 2 个数值为 (127.3+128.8)/2 ≈ 128.1,以此类推。

表 5-23 某企业某月各日生产量资料   台

日 期	生 产 量	三项移动平均	四项移动平均	
			第一次移动	第二次移动
1	2	3	4	5
1 日	120	—	—	—
2 日	122	122.3	124.3	—
3 日	125	125.7	127.3	125.8
4 日	130	129	128.8	128.1
5 日	132	130	132	130.4
6 日	128	132.7	134.5	133.3
7 日	138	135.3	135.3	134.9
8 日	140	137.7	135.3	135.3
9 日	135	134.3	133.3	134.3
10 日	128	131	134.5	133.9
11 日	130	134.3	138.3	136.4
12 日	145	141.7	145.3	141.8
13 日	150	150.3	151.5	148.4
14 日	156	153.7	154.8	153.2
15 日	155	156.3	157.3	156.1
16 日	158	157.7	155.8	156.6
17 日	160	156	153.3	154.6
18 日	150	151.7	155	154.2
19 日	145	153.3	157.5	156.3
20 日	165	160	163	160.3
21 日	170	169	170.5	166.8

续表

日　期	生　产　量	三项移动平均	四项移动平均	
			第一次移动	第二次移动
1	2	3	4	5
22 日	172	172.3	171.8	171.2
23 日	175	172.3	172.3	172.1
24 日	170	172.3	173.8	173.1
25 日	172	173.3	175	174.4
26 日	178	176.7	177	176
27 日	180	178.7	180.3	178.7
28 日	178	181	182.8	181.5
29 日	185	183.67	—	—
30 日	188	—	—	—

从表 5-23 可以看出，移动平均的结果使短期的偶然因素的影响被削弱，整个时间数列变得更加平滑，波动趋于平稳。

运用移动平均后的结果是使原数列缩短。例如，二项或三项的移动平均使原数列两端各失去一项，四项或五项的移动平均使原数列首尾两端各失去两项数值。一般来说，如将移动项数定为 N，当 N 为偶数时，则原数列首尾两端将失去 $N/2$ 项；当 N 为奇数时，原数列首尾两端将失去 $(N+1)/2$ 项。因此，移动平均法不能用来对现象进行外推预测。

3. 半数平均法

半数平均法是把动态数列分成相等的两段，然后分别计算各半段数列的平均数。这个平均数就是直角坐标上的两个点，用这两点的坐标值代入直接方程求解。半数平均法的数学依据是，实际观察值 y 与计算的趋势值之间的离差之和等于 0，即 $\sum(y-y_c)=0$。这种方法是运用数学上两点可以确定一条直线的原理而建立的。

按照半数平均法的要求，建立直线趋势方程为

$$y_c = a + bx$$

将 $y_c = a + bx$ 代入 $\sum(y-y_c)=0$，得

$$\sum[y-(a+bx)]=0$$
$$\sum y - \sum(a+bx)=0$$
$$\sum y - na - b\sum x = 0$$

等式两端同时除以 n，得

$$\frac{\sum y}{n} - a - b\frac{\sum x}{n} = 0 \qquad 式（5-32）$$

即 $y - a - bx = 0$。

将相等两段数列的 y 与 x 分别代入式（5-32），可得二元一次方程式，即

$$\begin{cases} \dfrac{\sum y_1}{n} - a - b\dfrac{\sum x_1}{n} = 0 \\ \dfrac{\sum y_2}{n} - a - b\dfrac{\sum x_2}{n} = 0 \end{cases} \qquad 式（5-33）$$

项目 5 时间数列分析

例 5-19 某企业 2013 年至 2020 年的销售量资料如表 5-24 所示。

表 5-24 某企业 2013—2020 年的销售量

年 份	年 次	销售量/件
2013	1	22
2014	2	24
2015	3	23
2016	4	25
2017	5	26
2018	6	28
2019	7	30
2020	8	33

将上述动态数列分成相等的两段，2013 年至 2016 年为一段，2017 年至 2020 年为一段，分别求两段数列的 y 与 x。

$$x_1 = \frac{\sum x_1}{n} = \frac{1+2+3+4}{4} = 2.5$$

$$y_1 = \frac{\sum y_1}{n} = \frac{22+24+23+25}{4} = 23.5$$

$$x_2 = \frac{\sum x_2}{n} = \frac{5+6+7+8}{4} = 6.5$$

$$y_2 = \frac{\sum y_2}{n} = \frac{26+28+30+33}{4} = 29.25$$

将 y 与 x 代入式（5-33），得

$$\begin{cases} 23.5 - a - 2.5b = 0 \\ 29.25 - a - 6.5b = 0 \end{cases}$$

两式相减，得

$$4b = 5.75$$
$$b \approx 1.44$$

将 b 值代入方程式，得

$$a = 23.5 - 2.5 \times 1.44 = 23.5 - 3.6 = 19.9$$

将 a、b 值代入直线方程 $y_c = a + bx$，得

$$y_c = 19.9 + 1.44x$$

如果动态数列的项数是奇数，则可把动态数列的第一项删去，这样，就可把动态数列变成偶数项的数列。

4. 最小平方法

最小平方法又称最小二乘法，是分析和预测现象长期趋势常用的方法之一。它的基本思想是：通过对原始数据的数学处理，拟合一条比较理想的趋势直线或趋势曲线，使原数列各数据点与趋势线垂直距离的离差平方和为最小。对于呈直线趋势的变量数列（包括时间相关与因果相关）可以找出许多条直线，但只有以满足"观察值与某一直线 y_t 的离差平

方之和为最小",即 "$Q = \sum(y-y_t)^2 = $ 最小值" 这一要求的直线作为观察值的理论代表线为最理想,可表示为

$$\sum(y-y_t)^2 = \text{最小值} \qquad \text{式(5-34)}$$

而直线方程式可表示为

$$y_t = a + bt \qquad \text{式(5-35)}$$

将式(5-35)代入式(5-34),则得

$$\sum(y-y_t)^2 = \sum[y-(a+bt)]^2 = \text{最小值}$$

经过数学演算,可得出下列标准方程式。

$$\begin{cases} \sum y = na + b\sum t \\ \sum ty = a\sum t + b\sum t^2 \end{cases} \qquad \text{式(5-36)}$$

解联立方程式,可求得直线方程中的参数 a 和 b。

$$\begin{cases} b = \dfrac{n\sum ty - \sum t \sum y}{n\sum t^2 - (\sum t)^2} \\ a = \dfrac{\sum y}{n} - b\dfrac{\sum t}{n} \end{cases} \qquad \text{式(5-37)}$$

在已知时间数列 y_t 及时间序号 t 的情况下,就可求出 $\sum y$、$\sum t$、$\sum ty$、$\sum t^2$ 的值,代入方程组,从而得出 a、b 的值。

注意:使用这种方法对时间数列进行预测时必须注明原点和计量单位。

例 5-20 将表 5-25 的资料应用最小平方法计算如表 5-26 所示。

表 5-25 某公司产量资料   万吨

年份	2010	2011	2012	2013	2014	2015	2016	2017	2018	2019	2020
产量	2.1	2.3	2.5	2.6	2.4	2.3	2.6	2.6	3.0	3.2	3.1

表 5-26 最小平方法计算

t	y	ty	t^2	y_t	$y-y_t$	$(y-y_t)^2$
0	2.1	0	0	2.142	0.042	0.001 8
1	2.3	2.3	1	2.239	0.061	0.003 7
2	2.5	5.0	4	2.336	0.164	0.026 9
3	2.6	7.8	9	2.433	0.167	0.027 9
4	2.4	9.6	16	2.530	0.130	0.016 9
5	2.3	11.5	25	2.627	0.327	0.106 9
6	2.6	15.6	36	2.724	0.124	0.015 4
7	2.8	19.9	49	2.821	0.021	0.000 4
8	3.0	24.0	64	2.918	0.082	0.006 7
9	3.2	28.8	81	3.015	0.185	0.034 2
10	3.1	31.0	100	3.112	0.012	0.000 1
55	28.9	155.2	385	28.897	—	0.240 9

表 5-26 以 2010 为原点,t 的单位为年,y 的单位为万吨,将表 5-25 中的有关数据代

入式（5-37）中计算 a、b，得

$$b = \frac{11 \times 155.5 - 55 \times 28.9}{11 \times 385 - 55^2} = 0.1$$

$$a = \frac{28.9}{11} - 0.1 \times \frac{55}{11} \approx 2.127$$

$$\hat{y}_t = 2.127 + 0.1t$$

若以 2015 为原点，可使计算更简便些，如表 5-27 所示。

表 5–27　最小平方法计算

年　份	t	y	ty	t^2	y_t
2010	−5	2.1	10.5	25	2.142
2011	−4	2.3	9.2	16	2.239
2012	−3	2.5	7.5	9	2.336
2013	−2	2.6	5.2	4	2.433
2014	−1	2.4	2.4	1	2.533
2015	0	2.3	0	0	2.627
2016	1	2.6	2.6	1	2.724
2017	2	2.8	5.6	4	2.821
2018	3	3.0	9	9	2.918
2019	4	3.2	16	16	3.015
2020	5	3.1	25	25	3.112
合计	0	28.9	10.7	110	28.9

$$b = \frac{\sum ty}{\sum t^2} = \frac{10.7}{110} \approx 0.097$$

$$a = \frac{\sum y}{n} = \frac{28.9}{11} \approx 2.627$$

$$y_t = 2.627 + 0.097t$$

将表 5-27 代入此式计算可得修匀数列（见表中 y_t 列），这便是长期趋势。

5.4.4　季节变动的测定与分析

季节变动是指被研究对象由于季节改变而产生有规律性的变化。例如，农副产品加工、农业生产、商品销售、客运量等都有明显的季节变动。研究现象季节变动的目的在于掌握变动的周期、数量界限及其规律，以便认识未来，消除季节变动的不利影响，克服季节变动带来的消极影响，主动安排人力、物力、财力，合理组织生产、供应，保持市场供需平衡，使社会生产和社会生活正常、有序、顺利地进行。季节变动有 3 个特征：一是季节变动按照一定的周期进行，是一种有规律的现象；二是季节变动每年重复进行；三是每个周期变化强度大体相同。季节变动是各种周期性变动的重要一种，分析季节变动的原理和方法，是分析其他周期性变动的基础。

不同社会经济现象具有不同的季节变动周期：有的以 1 年为循环周期，以月或季为变动单位；有的以 1 个月为循环周期，以日为变动单位；有些社会经济现象的变动甚至表现

为以1天为循环周期，以小时为变动单位。

测定季节变动的方法有很多，常用的方法有同期平均法、移动平均趋势剔除法、图解法、环比法。本节主要介绍同期平均法和移动平均趋势剔除法。

1. 同期平均法

同期平均法把3年或3年以上各年同月（或同季）的资料按年排列，计算出各月（或季）的同期平均数，并与月（季）总平均数进行对比得出相对数，此数即为反映季节变动的测定指标——季节比率。其具体步骤如下。

1）分别求出3年或3年以上各年同月（或同季）资料的简单算术平均数。其计算公式为

$$y_i = \frac{\sum y_i}{N} \quad (N\text{表示提供资料的年数}) \qquad \text{式（5-38）}$$

2）求出3年（36个月）或3年以上各月的月总平均数（或季总平均数）。其计算公式为

$$y = \frac{\sum y_i}{n} \quad (n\text{表示一年的月、季数}) \qquad \text{式（5-39）}$$

3）计算同月（季）平均数占总平均数的比率求得季节比率，即 $I_s = \frac{y_i}{y}$（I_s 表示季节比率）。

例 5-21 现以某地水果批发市场梨子交易量资料为例，如表5-28所示，按月平均法计算季节比率，并绘制季节交易量变动图。

表5-28　某地水果批发市场梨子交易量　　　　　　　　　吨

月份	2018年 (1)	2019年 (2)	2020年 (3)	月平均数 (4)=((1)+(2)+(3))/3	季节比率/(%) (5)=(4)/月总平均数（调整前季节比率）	季节比率/(%) (6)=(5)×调整系数（调整后季节比率）
1	54	58	68	60	115.4	115.5
2	56	54	70	60	115.4	115.5
3	50	58	64	57.3	110.2	110.3
4	49	54	60	54.3	104.4	104.5
5	44	48	56	49.3	94.8	94.7
6	47	46	48	47	90.4	90.5
7	36	38	44	39.3	75.6	75.7
8	34	38	40	37.3	71.7	71.8
9	37	42	48	42.3	81.3	81.4
10	48	54	60	54	103.8	103.9
11	52	56	60	56	107.7	107.8
12	60	64	76	66.7	128.3	128.4
合计	567	610	694	52（月总平均数）	1 199	1 200

第（4）列月总平均数 $= \dfrac{567+610+694}{36} \approx 52$

应该指出，各月季节比率的平均数应为 100%，各月季节比率之和应为 1 200%。如果计算出来的季节比率之和大于或小于 1 200%，应做调整。调整方法如下。

1）计算调整系数。

$$\text{调整系数} = \dfrac{1\,200\%}{\text{未调整季节比率之和}} = \dfrac{1\,200\%}{1\,199\%} \approx 1.000\,834\,028\,36$$

2）计算调整后的季节比率。

调整后季节比率 = 调整前季节比率 × 调整系数

本例中，第（6）列的数字即为调整后的季节比率，调整后季节比率相加之和为 1 200%。

将计算资料绘制成季节交易量变动曲线图，如图 5-1 所示，更能清楚地说明问题。

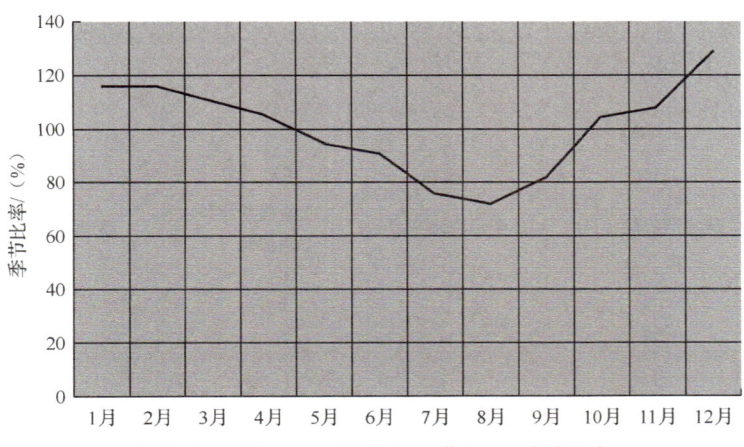

图 5-1　某水果批发市场梨子季节交易量变动曲线

计算资料和图表说明，该水果批发市场梨子交易量 8 月份为最低，而后向两端逐步上升，到 12 月和 1 月份为最高，明显地反映了季节的变动对梨子销售量的影响。掌握这一规律，批发商可以合理组织货源，有效使用资金，对于提高经济效益有十分重要的作用。

用同期平均法测定季节变动，方法简单，易于掌握。如果被测定的社会经济现象总波动中未发现有明显的长期趋势和循环波动，即可通过算术平均法消除同期不规则变动，从而显现出现象的季节变动趋势。但如果社会经济现象存在明显的长期趋势，各年同月的指标数值前后会有较大的差距。用简单算术平均数计算的季节变动比率就会掩盖长期趋势对现象发展的推动作用，使季节比率的准确性受到影响。若要克服长期趋势对测定季节变动的影响，可采用移动平均趋势剔除法。

2. 移动平均趋势剔除法

它是利用移动平均法来剔除长期趋势的影响后，再来测定其季节变动的方法。趋势剔除有多种不同的方法，如趋势比率法、环比法、移动平均法等。现以 12 个月移动平均为例，说明趋势剔除过程和季节比率的测定方法。

12 个月移动平均法是把动态数列资料按年、月顺序排列，以 12 个月为一期，逐项移动求平均数。由于12个月的时间与1年、4季的周期相等，通过12个月移动平均产生的新数列，消除了以月或季为变动单位，以1年为循环周期的季节变动影响和部分不规则影响，突出了现象的长期变动趋势和循环变动的影响。根据加法公式、乘法公式进行等式变换，可得

$$\frac{y}{T}=S.I \qquad 式（5-40）$$

即用动态数列除以长期趋势值（或再除以循环变动值），可消除长期趋势（或循环变动）对季节变动的影响，这就是趋势剔除。剩下季节变动与不规则变动，可采用月简单平均的方法消除不规则变动，剩余即是季节比率。

例 5-22 现以某地某商品销售额为例，说明采用12个月移动平均趋势剔除法计算季节比率。

采用移动平均趋势剔除法计算季节比率，按以下步骤进行。

1）根据各年的月份资料计算12项移动平均数，求得长期趋势值 T，如表5-29所示。例如，第一个移动平均数为

(54+52+50+48+44+42+36+32+37+46+50+58)/12=45.75[见表5-29中第（3）列]。

表5-29 采用12个月移动平均趋势剔除法计算　　　　　　　　　　万元

年、月	商品销售额（y）	12个月移动平均	二项移动平均（趋势值 T）	趋势剔除/（%）（$\frac{y}{T}=S.I$）
（1）	（2）	（3）	（4）	（5）=（2）/（4）
2018年1月	54	—	—	—
2月	52	—	—	—
3月	50	—	—	—
4月	48	—	—	—
5月	44	—	—	—
6月	42	45.75	—	—
7月	36	46.08	45.92	78.4
8月	32	46.25	46.17	69.31
9月	37	46.92	46.59	79.42
10月	46	47.42	47.17	97.52
11月	50	47.75	47.59	105.06
12月	58	47.92	47.84	121.24
2019年1月	58	48.08	48	120.83
2月	54	48.42	48.25	111.92
3月	58	48.83	48.63	119.27

续表

年、月	商品销售额（y）	12个月移动平均	二项移动平均（趋势值T）	趋势剔除/（%）（$\frac{y}{T}=S.I$）
4月	54	49.5	49.17	109.82
5月	48	50	49.75	96.48
6月	44	50.5	50.25	87.56
7月	38	51.33	50.92	74.63
8月	36	52.67	52	69.23
9月	42	54.17	53.42	78.62
10月	54	53.83	54	100
11月	56	54.5	54.17	103.38
12月	64	54.83	54.67	117.07
2020年1月	68	55.33	55.08	123.46
2月	70	55.67	55.5	126.13
3月	64	56	55.8	114.61
4月	62	56.33	56.17	110.38
5月	56	56.67	56.5	99.12
6月	48	57.67	57.17	83.96
7月	44	—	—	—
8月	40	—	—	—
9月	46	—	—	—
10月	58	—	—	—
11月	60	—	—	—
12月	76	—	—	—

2）由于是偶数项移动，需再次采用二项移动平均，平均后的表5-29中第（4）列资料为长期趋势值。例如，2018年7月份的趋势值=(45.75+46.08)/2≈45.92。

3）将各月的实际值除以趋势值，也就是以第（2）列的值除以第（4）列的值，得出修匀比率，使长期趋势对现象的影响得以消除。例如，2018年7月份的修匀比率=36/45.92≈78.4[见表5-29中第（4）列]。

4）将求得的修匀比率重新按月编排，再计算各年同月的平均值也就是平均季节比率。例如，1月份的平均值=(120.83%+123.46%)/2≈122.15%（见表5-30）。

5）各月季节比率合计数应为1200%，若高于或低于1200%，应用调整系数进行调整。方法与前相同，也就是用各月的平均季节比率分别乘以调整系数。例如，本例中的调整系数为1200%/1194.73%≈1.004 411。例如，1月份调整后的季节比率为122.15%×1.004 411≈122.689%，2月份调整后的季节比率为119.03%×1.004 411≈119.555%。以下各月以此类推，结果见表5-30最后一列。

表 5-30　商品销售额趋势剔除后按月平均计算　　　　　　　　　　　　　　%

月份＼年份	2018	2019	2020	同月平均	调整后的季节比率
1	—	120.83	123.46	122.15	122.689
2	—	111.92	126.13	119.03	119.556
3	—	111.27	114.61	112.94	113.439
4	—	109.82	110.38	110.1	110.587
5	—	96.48	99.12	97.8	98.232
6	—	87.56	83.96	85.76	86.139
7	78.40	74.63	—	76.52	76.85
8	69.31	69.23	—	69.27	69.577
9	79.42	78.62	—	79.02	79.369
10	97.52	100	—	98.76	99.196
11	105.06	103.38	—	104.22	104.68
12	121.24	117.07	—	119.16	119.686
合计	—	—	—	1194.73	1200

将季节比率绘制成季节销售额变动曲线，如图 5-2 所示。

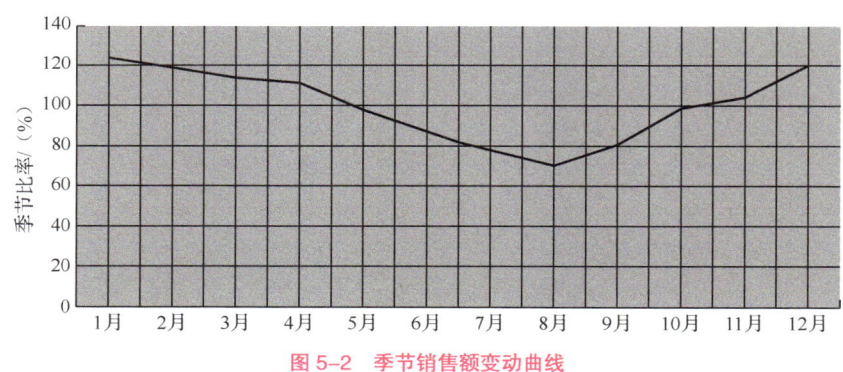

图 5-2　季节销售额变动曲线

根据表中资料和图中曲线可以看出，由于受季节变化的影响，该地的商品销售额有较大的季节变动。7、8、9 月份销售额较差，8 月份出现了最低点，过了 8 月份，其余各月销售额逐步上升，12 月、1 月上升到最高点。

任务 5.5　Excel 在时间数列分析中的应用

5.5.1　用 AVERAGE 函数计算平均发展水平

用例 5-1 来说明时期数列的平均发展水平的计算，如图 5-3 所示。

用 AVERAGE 函数计算平均发展水平

1）数据输入。在单元格 A1 中输入"月份"，在单元格 A2 至 A7 中分别输入 1～6（可用自动填充功能）。在单元格 B1 中输入"产量"，在单元格 B2 至 B7 中分别输入对应的产量数值。

2）在单元格 A8 中输入"平均产量"，在单元格 B8 中输入计算公式"=AVERAGE(B2:B7)"，按 Enter 键，随即在单元格 B8 中显示计算结果 55.5。

图 5-3　计算时期数列的平均发展水平

用例 5-5 来说明间隔不等的时点数列的平均发展水平的计算，如图 5-4 所示。

1）数据输入。在单元格 A1 中输入"职工人数"，在单元格 A2 至 A7 中分别输入各时点的数值。在单元格 B1 中输入"间隔长度（月）"，在单元格 B3 至 B7 中分别输入 3，3，2，3，1。选中单元格 B8，单击工具栏中的"自动求和"按钮∑，或输入公式"=SUM(B3:B7)"，得到分母的数值 12。

2）在单元格 C1 中输入"两时点间的平均"，在单元格 C3 中输入公式"=(A2+A3)/2"，在单元格 D3 中输入公式"=C3*B3"，按 Enter 键，然后将单元格 C3 和 D3 的公式向下复制到单元格 C7 至 D7。选中单元格 D8，单击工具栏中的"自动求和"按钮∑，或输入公式"=SUM(D3:D7)"，得到分子的数值 4950。

3）在任一空白单元格中输入公式"=D8/B8"，按 Enter 键后显示平均职工人数的计算结果 412.5。

图 5-4　计算间隔不等的时点数列的平均发展水平

5.5.2　利用 Excel 的函数和公式复制功能可计算各种速度指标

下面以例 5-13 的计算过程来说明。

1）数据输入。在单元格 A1 中输入"年份"，在单元格 A2～A7 中分别输入 2015～2020。在单元格 B1 中输入"游客人数（万人）"，在单元格 B2～B7 中分别输入对应的游客人数。

2）在单元格 C1 中输入"逐期增长量"字样，在单元格 C3 中输入公式"=B3-B2"，按 Enter 键后将单元格 C3 的公式向下复制到 C7，即可得到各年逐期增长量。

3）在单元格 D1 中输入"累计增长量"字样，在单元格 D3 中输入公式"=B3-$B$2"，按 Enter 键后将单元格 D3 的公式向下复制到 D7，即可得到各年累计增长量。

4）在单元格 E1 中输入"环比发展速度（%）"字样，在单元格 E3 中输入公式"=B3/B2*100"，按 Enter 键后将单元格 E3 的公式向下复制到 E7，即可得到各年环比发展速度。

利用 Excel 的函数和公式复制功能计算速度指标

5）在单元格 F1 中输入"定基发展速度（%）"字样，在单元格 F3 中输入公式"=B3/$B$2*100"，按 Enter 键后将单元格 F3 的公式向下复制到 F7，即可得到各年定基发展速度。

6）在单元格 G1 和 H1 中分别输入"环比增长速度（%）"和"定基增长速度（%）"字样，在单元格 G3 中输入公式"=E3-100"，按 Enter 键后将单元格 G3 的公式向下复制到 G7，即可得到各年环比增长速度。在单元格 H3 中输入公式"=F3-100"，按 Enter 键后将单元格 F3 的公式向下复制到 F7，即可得到各年定基增长速度。

7）下面来计算例 5-13 的平均发展速度。在单元格 B8 中输入"平均发展速度（%）"字样，在其后的单元格 C8 中输入公式"=(B7/B2)^(1/5)*100"或"=(E3*E4*E5*E6*E7)^(1/5)"或"=(F7/100)^(1/5)*100"，按 Enter 键后计算结果都一样，如图 5-5 所示。

	A	B	C	D	E	F	G	H
1	年份	游客人数（万人）	逐期增长量	累计增长量	环比发展速度（%）	定基发展速度（%）	环比增长速度（%）	定基增长速度（%）
2	2015	589	—	—	—	—	—	—
3	2016	674	85	85	114.43	114.43	14.43	14.43
4	2017	743	69	154	110.24	126.15	10.24	26.15
5	2018	711	-32	122	95.69	120.71	-4.31	20.71
6	2019	843	132	254	118.57	143.12	18.57	43.12
7	2020	1016	173	427	120.52	172.50	20.52	72.50
8		平均发展速度（%）	111.52					

图 5-5　用 Excel 函数计算平均发展速度

5.5.3　利用 Excel 实现方程式法求平均发展速度

采用例 5-13 的数据来说明。根据方程式法公式，所求平均发展速度 x 应满足下列条件。

$$x+(x)^2+(x)^3+(x)^4+(x)^5 = \frac{4\,576}{589} \approx 7.769\,1$$

利用 Excel 实现方程式法计算平均发展速度、移动平均序列

利用 Excel 求解 x 的具体步骤如下。

1）在单元格 A1 中输入"平均发展速度"字样，在单元格 B1 中存放所求平均发展速度的数值，先输入一个初步的估计值（如 1.5）。在单元格 A2 中输入"方程式左端"字样，在单元格 B2 中输入公式"=B1+B1^2+B1^3+B1^4+B1^5"。按 Enter 键后显示按初步估计值计算的方程式左端的数值。

2）选择菜单栏中的"数据"→"规划求解"命令，弹出"规划求解参数"对话框，在"设置目标"文本框中输入"$B$2"，选中"目标值"单选按钮，在其后的文本框中输入方程式右端的值（本例为 7.769 1），在"通过更改可变单元格"文本框中输入"$B$1"，如图 5-6 所示。然后单击"求解"按钮，即可得到结果，并保存于单元格 B2 中，如图 5-7 所示。

注意：如果在"数据"菜单栏中没有"规划求解"命令，则先要通过"加载项"命令来加载该工具。

其实也可以不使用规划求解工具来得出近似值。如果单元格 B2 中的数值大于方程式右端的数值（本例中的 7.769 1），则调高单元格 B1 的估计值，反之则调低单元格 B1 的估计值，直至使 B2 中的数值等于或充分接近方程式右端的数值，此时单元格 B1 中的数值即是所求的平均发展速度。这种方法比较直观，但往往要多次调整后才能得到平均发展速度的近似值。

项目 5　时间数列分析

图 5-6　"规划求解参数"对话框

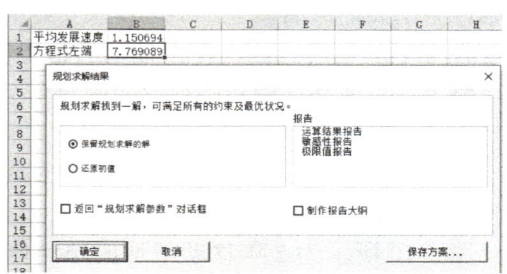

图 5-7　求出的平均发展速度

5.5.4　利用 Excel 计算移动平均序列，绘制移动平均线

以例 5-18 来说明利用 Excel 计算移动平均序列的方法。选择菜单栏中的"数据"→"数据分析"命令，随之在弹出的对话框中选择"移动平均"选项，单击"确定"按钮，在随即弹出的对话框中指定数据所在区域（如果未包括标志名称，就不选中其下的"标志位于第一行"复选框）、间隔（移动平均的项数）和输出区域的起点单元格，选中"图表输出"复选框，如图 5-8 所示。

如果不选中"图表输出"复选框，在单击"确定"按钮后只输出移动平均序列（如图 5-9 中的预测值部分）；如果选中"图表输出"复选框，则不仅可得到移动平均序列，还可以同时得到原数列（实际值）与移动平均序列（预测值）的折线图，如图 5-9 所示。

利用 Excel 计算移动平均序列，绘制移动平均线

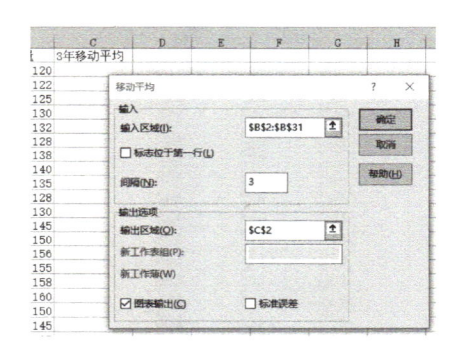

图 5-8　"移动平均"对话框

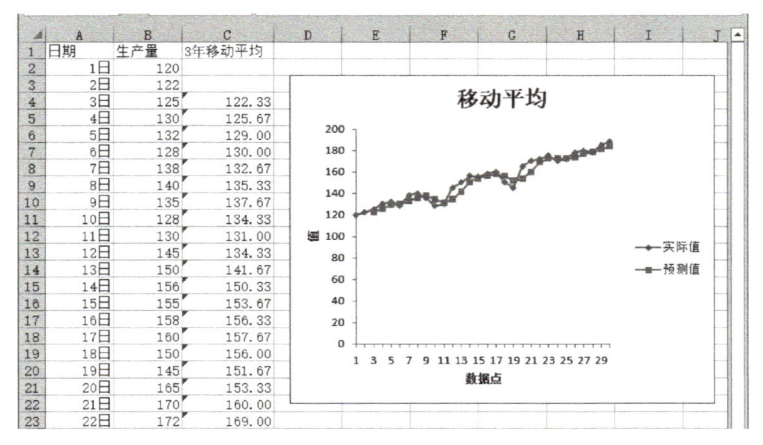

图 5-9　移动平均序列输出结果

从图5-9可见，Excel计算的移动平均数均放在相应计算期的末尾一期，3年移动平均序列缺少的项都在前两项。对于存在上升或下降趋势的序列，这样处置会使所求的移动平均数产生明显的滞后偏差，不能反映实际的趋势水平。因此，通常要将移动平均数放在各相应计算期的中间一期，作为该期的趋势值（预测值）。这就需要对Excel的输出结果进行调整。其方法是选中新序列前面的一个空白单元格，单击鼠标右键后在弹出的快捷菜单中选择"删除"命令，并在随之弹出的对话框中选择"下方单元格上移"单选按钮即可。由于Excel输出的图表和移动平均序列的数值是相链接的，调整移动平均序列的位置后图中预测值也会自动调整。

图5-10所示为5年移动平均的预测值。其具体操作方法是：先在单元格D2～D31中生成5年移动平均序列，再删除上方的4个空白单元格，使5年移动平均序列如图5-10中的D列所示；然后，在3年移动平均的图表区单击鼠标右键，在弹出的快捷菜单中选择"源数据"命令，在弹出对话框的"系列"选项卡中单击"添加"按钮，在"系列名称"文本框中输入"预测值（5年移动平均）"，在其下的"系列值"文本框中输入"\$D\$2:\$D\$31"，还可以选择"系列"列表框中的"预测值"，再将其名称改为"预测值（5年移动平均）"，单击"确定"按钮即可。

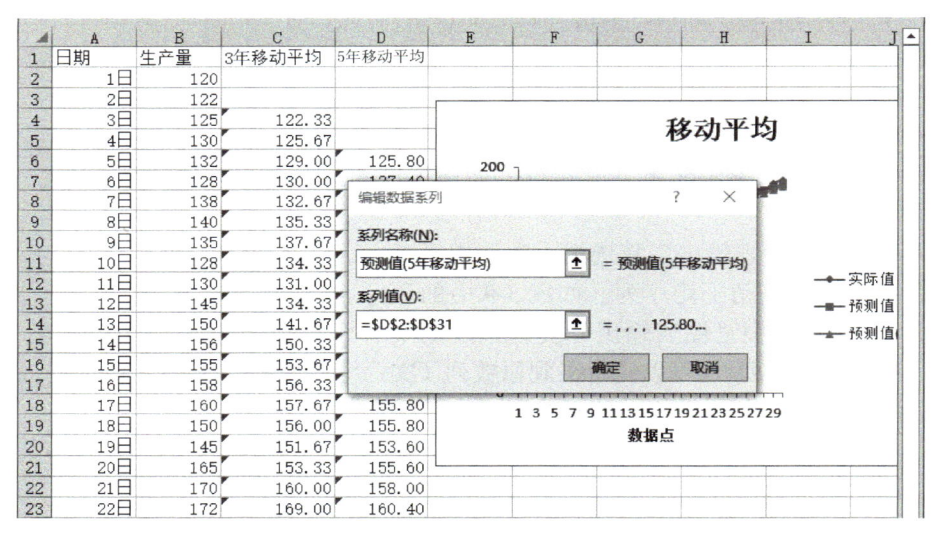

图5-10 在图表中添加系列

项目小结

本项目主要讲解时间数列的一般问题，以及时间数列的水平指标、速度指标、长期趋势、季节变动分析等理论和方法。内容总结如下。

1. 动态数列相关的基本内容。

项目 5　时间数列分析

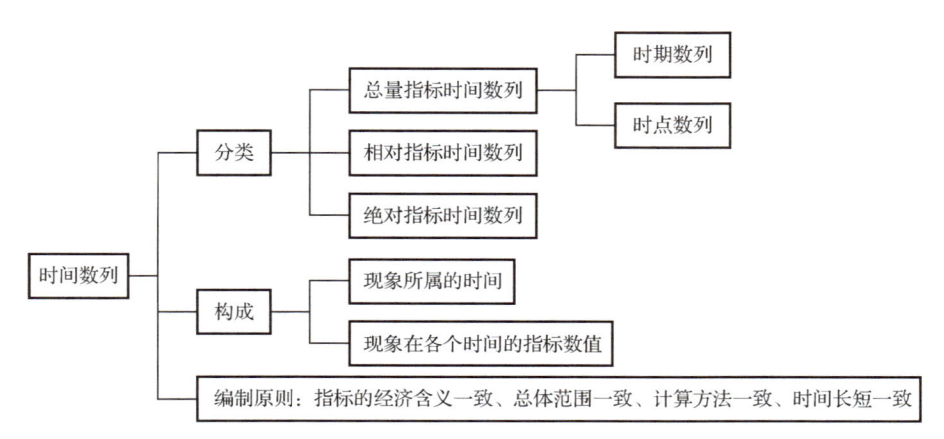

```
时间数列 ─┬─ 分类 ─┬─ 总量指标时间数列 ─┬─ 时期数列
         │        │                    └─ 时点数列
         │        ├─ 相对指标时间数列
         │        └─ 绝对指标时间数列
         ├─ 构成 ─┬─ 现象所属的时间
         │        └─ 现象在各个时间的指标数值
         └─ 编制原则：指标的经济含义一致、总体范围一致、计算方法一致、时间长短一致
```

时期数列与时点数列的区别在于：数列是否具有可加性与连续统计的特性；各指标值大小与时间间隔长短是否有直接关系。

2. 动态数列的比较指标（数列首项为 a_1，末项为 a_n）。

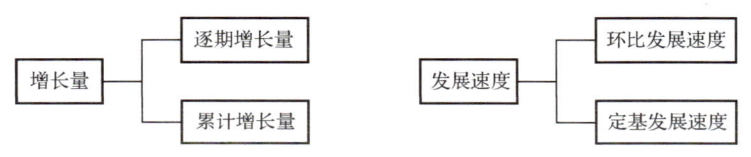

```
增长量 ─┬─ 逐期增长量        发展速度 ─┬─ 环比发展速度
        └─ 累计增长量                  └─ 定基发展速度
```

各指标的关系如下。

$$逐期增长量之和 = 相应时期的累计增长量$$
$$环比发展速度相乘之积 = 相应时期的定基发展速度$$
$$增长速度 = 发展速度 - 1$$

3. 动态数列的平均指标。

$$平均增长量 = \frac{逐期增长量之和}{逐期增长量的个数} = \frac{累计增长量}{时间数列项数 - 1}$$

平均发展水平（序时平均数）的计算方法如下。

对于时期数列，其公式为

$$\bar{a} = \frac{\sum a}{n}$$

对于时点数列，则分连续时点数列和间断时点数列两种情况分别计算。

对于相对数或平均数动态数列，其公式为

$$\bar{a} = \frac{\bar{b}}{\bar{c}}$$

用几何平均法求平均发展速度的计算公式如下。

$$\bar{x} = \sqrt[n-1]{x_1 x_2 x_3 \cdots x_n} = \sqrt[n-1]{\prod x}$$

或

$$\bar{x} = \sqrt[n-1]{\frac{a_2 a_3 \cdots a_n}{a_1 a_2 \cdots a_{n-1}}} = \sqrt[n-1]{\frac{a_n}{a_1}} = \sqrt[n-1]{R}$$

$$平均增长速度 = 平均发展速度 - 1$$

平均发展速度始终为正值，而平均增长速度则可能为正值，也可能为负值。

4. 影响现象发展的因素有长期趋势、季节变动、循环变动、不规则变动。

长期趋势分析的方法有时距扩大法、移动平均法、半数平均法、最小平方法等。

5. 季节变动的测定与分析包括计算季节比率、绘制季节变动图、计算季节比率调整系数。

各月季节比率的平均数为100%，各月季节比率之和为1 200%。

本项目的重点：时间数列的概念、时间数列研究的各指标、长期趋势和季节变动的趋势分析。

本项目的难点：平均发展水平指标的计算、平均发展速度指标的计算、长期趋势分析的方法、季节变动的分析。

项目实战

| 客观题 | 实战题 | 计算题 | 复习思考题 |

项目 6 统计指数分析

▶ **知识目标**
- 理解统计指数的概念和作用。
- 掌握综合指数和平均数指数的编制方法。
- 把握同度量因素的选择及固定时期。
- 理解指数体系的概念和作用。
- 掌握指数体系的因素分析法。
- 了解一些常用指数的相关概念。

▶ **技能目标**

能够根据所给资料编制综合指数，并对其进行分析；能够根据所给资料编制平均数指数，并对其进行分析；能够根据所给资料构建统计指数体系，并进行因素分析。

▶ **情景引入**

本情景的指数是如何编制出来的？从其中我们又能分析出什么信息呢？本项目就来讲解如何进行统计指数分析。

居民消费价格指数

任务 6.1 统计指数

6.1.1 统计指数的概念、作用和分类

1. 统计指数的概念

统计指数从 18 世纪中叶物价指数产生开始，迄今已有 300 多年的历史了。随着历史的推移，统计指数已被广泛应用于社会经济生活的各个方面，一些重要的指数已成为社会经济发展的晴雨表。当今，我国统计界一般认为，统计指数是研究社会经济现象数量方面时间变动状况和空间对比关系的分析方法。同时还认为，统计指数有广义和狭义之别。

从广义来说，一切反映所研究社会经济现象时间变动和空间对比状况的相对数，如动态相对数、比较相对数和计划完成程度相对数，都可称为指数。从狭义来说，统计指数则是一种特殊的相对数，是用来反映不能直接相加的多种事物所组成的复杂社会经济现象总体数量综合差异程度的相对数，如零售物价指数、消费价格指数、股价指数等。假定某商

店 3 种商品销售量与销售价格情况如表 6-1 所示。

表 6-1 某商店 3 种商品销售量与销售价格

产 品	计量单位	销 售 量		销售价格/元	
		基 期	报 告 期	基 期	报 告 期
甲	盒	30 000	36 000	20.0	24.0
乙	千克	72 000	80 000	16.0	20.0
丙	升	40 000	50 000	18.0	21.0

根据表 6-1，我们可以比较容易地计算出 3 种商品各自的销售量指数和销售价格指数，如甲商品的销售量指数为 120%（=36 000/30 000），乙商品的销售价格指数为 125%（=20/16），等等。这里所研究的由单一项目所构成的总体称为简单现象总体，反映简单现象总体变动状况的指数称为个体指数。如果综合观察该商店全部商品销售或全部商品销售价格的变动程度，则因各种商品计量单位不同、使用价值各异而不能将它们直接加总、对比求其指数。这种在数量上不能直接相加和对比的总体，称为复杂现象总体，反映复杂现象总体综合变动状况的指数称为总指数。

例如，由某地区统计局提供的数据表明，2021 年 8 月份居民消费价格指数为 102.8%，其中食品价格指数为 109.1%，衣着价格指数为 101.8%，教育文化和娱乐价格指数为 102.3%，居住价格指数为 101.5%，这些指数都是总指数。

作为一种独立的统计分析方法，统计指数主要指狭义上的指数，即总指数。狭义指数的概念及编制方法是统计指数理论的核心内容。本项目将着重讨论总指数的有关问题。

6.1.2 统计指数的作用

统计指数在社会经济领域内应用广泛，这是由于统计指数具有独特的功能，能够发挥重要的作用，具体表现在以下几个方面。

1. 反映不能直接相加的社会经济现象综合变动的方向和程度

对于复杂的社会经济现象总体，一般的相对指标是不能反映其综合变动方向和程度的，因为它们不能直接相加，更无法进行综合对比，我们只能运用总指数的方法来加以解决。例如，当研究某商场商品销售价格的变动情况时，该商场销售商品品种繁多，报告期与基期相比，有的商品价格下降，有的商品价格上涨，涨跌程度也不一致。由于各种商品的计量单位不一致，故要综合反映商场所有商品价格变动的方向和程度，就不能直接把各种商品报告期和基期的价格简单相加进行对比，只有编制总指数，才能综合说明各种商品价格总的变动方向和程度。总指数的计算结果一般用百分数表示，这个百分数大于或小于 100%，表示变动方向为升或降，这个百分数与 100% 的差数，表示升降变动的程度。例如，某年某商场商品销售价格指数为 105%，说明各种商品的价格虽然有升有降，但总体来说，或者平均来说，商品销售价格变动的方向是上涨的，上涨的程度为 5%。

2. 分析现象总变动中各个有关因素影响方向和影响程度

社会经济现象总体的数量变动是由若干因素共同变动引起的，这种受多种因素影响的现象的数量往往表现为若干因素的连乘积。例如，商品销售额 = 商品销售量 × 商品销售价格，产品总成本＝生产产品的数量×单位成本，等等。运用统计指数分析，可以从绝对数和相对数两个方面，分析各构成因素对总体现象变动影响的方向和程度。

有些现象总体的变动表现为平均指标的变动，平均指标的变动往往取决于总体内各构成单位或组的平均水平和总体结构的变动，即各组在总体中所占比重的变动。例如，某单位职工总的平均工资提高了 2.98%，这一变动取决于两个因素：其一，员工的工资水平整体提升，导致总的平均工资提高了 6.38%；其二，工资较低的新员工比重大幅提升，导致总的平均工资降低了 3.20%。由此可见，运用指数法可以分析两个因素变动分别对全部职工平均工资的影响方向和程度。

3. 研究社会经济现象在较长时间内的发展变化趋势

运用编制的动态指数所形成的连续指数数列，可以对所研究的社会经济现象总体在长时间内的发展变化趋势进行分析。同时，还可以对反映不同现象而又联系密切的指数数列加以分析。例如，将农村工业品零售价格指数和农产品收购价格指数两个指数数列进行对比，可以获得工农业产品的综合比价指数数列，分析工农业产品交换过程中的价格变化趋势。

4. 对现象进行综合评价和测定

随着指数在实际应用中的不断发展，许多现象都可以运用指数进行综合评价和测定，从而对其水平做出综合的数量判断。例如，利用综合经济动态指数评价和测定一个地区和单位经济效益的高低，利用平均数指数测定技术进步的程度及其在经济增长中的作用，利用指数原理建立对国民经济发展变动的评价和预警系统，等等。

6.1.3 统计指数的分类

统计指数按照不同的研究目的和要求，可以做如下各种分类。

1. 按研究对象的范围不同，统计指数分为个体指数和总指数

个体指数是反映单一数量变动程度的相对数，或者说是反映简单总体数量变动程度的相对数。它属于广义指数，如个别现象的报告期水平与基期水平之比的某种商品销售量指数、某种商品价格指数等。常用的个体指数有以下 3 种。

① 商品销售量个体指数 $K_Q = \dfrac{Q_1}{Q_0}$。

② 价格个体指数 $K_P = \dfrac{P_1}{P_0}$。

③ 成本个体指数 $K_Z = \dfrac{Z_1}{Z_0}$。

式中，K——个体指数；Q——某种商品销售量；P——某种商品价格；Z——某种商品销售的单位成本；下标号 1——报告期，0——基期。

总指数是反映由不能直接相加的许多个别事物构成的复杂社会经济现象总体变动的相对数。例如，反映全部工业产品产量总变动程度的工业生产指数、反映全部零售商品价格变动程度的零售物价指数，以及产品产量总指数、成本总指数等。

在统计和实践中，有时在编制总指数的同时，还常常与统计分组法结合运用，即对总体进行分类或分组，并按类（组）编制指数，借以反映现象总体内部各部分事物的数量变动程度。这样在总指数与个体指数之间又产生了一个类（组）指数。例如，在编制零售物价总指数与每种商品零售价格个体指数之间，还将全部商品分成食品类、衣着类、日用品类等八大类，并分别计算各类商品的类指数。类（组）指数是介于个体指数和总指数之间的指数。由于类指数所反映的对象仍然是由多种不同事物构成的复杂总体，因此，它实质上仍属于总指数的范畴，其编制方法也与总指数相同。

2. 按指数化指标的性质不同，统计指数分为数量指标指数和质量指标指数

指数化指标是作为指数研究对象的指标。由于指数化指标分为数量指标和质量指标，相应地，统计指数也就分为数量指标指数和质量指标指数。

数量指标指数是用来表明现象总体规模、总体数量变动的相对数。例如，产品产量指数、商品销售量指数、税额指数，反映的是生产、销售和税收总额的规模、水平综合变动情况的相对数。质量指标指数是用来反映现象总体质量水平变动的相对数。例如，商品价格指数、职工平均工资指数、税率指数是直接说明产品物价水平、平均工资、税率变动高低情况的相对数，反映的是经济工作的质量和效果，因此，它们都是质量指标指数。

按照我国传统的统计指数理论，数量指标指数与质量指标指数的编制方法是不同的。因此，区分数量指标指数和质量指标指数对于学习指数编制方法是非常重要的。

3. 按在指数数列中所采用的基期不同，统计指数分为定基指数和环比指数

将不同时期的某种指数按时间先后顺序加以排列而形成的数列称为指数数列。它是一种相对数动态数列。定基指数是指在指数数列中各个指数都以某一固定时期为对比基期编制的指数。由于定基指数的基期不依分析时期的变动而变化，因此可用其来反映现象在一个较长时期的变动情况。环比指数是指在指数数列中各个指数都以前一期为对比基期编制的指数。由于环比指数的基期随报告期的变化而变化，因此可用其来反映被研究现象逐期变动的情况。

4. 按所比较现象的特征不同，统计指数分为时间指数、区域指数和计划完成指数

时间指数是反映同类现象在不同时间发展变动情况对比的相对数。统计指数的编制和应用，主要是计算和分析现象在时间上的变动。区域指数是反映同类现象在不同地区或不同单位之间对比的相对数，可以说明同一地区或单位之间的比例关系。计划完成指数是反映所研究现象在同一单位或同一地区实际完成数与计划数之间对比的相对数。

5. 按在指数体系中所处的位置与作用不同，统计指数分为现象总体指数和影响因素指数

现象总体指数是包括两个或两个以上因素同时变动的相对数，属于广义指数。例如，销售额指数，既有销售量的变动，同时也有价格的变动。影响因素指数是只有一个因素变动，并从属于某一现象总体指数的相对数，属于狭义指数。例如，销售量指数，只有销售量一个因素的变动，并从属于销售额指数；价格指数，只有价格一个因素的变动，并从属于销售额指数。现象总体指数中各指数的影响关系不能随意形成，而是由现象的客观联系所决定的，如"销售额＝销售量×价格"，由此形成了"销售额指数＝销售量指数×价格指数"的关系。这是后述的因素分析的重要理论基础。

6. 总指数按其计算方法的不同，还可分为综合指数和平均数指数

综合指数是通过确定同度量因素，把不能同度量的现象过渡为可以同度量的现象，采用科学方法计算出两个时期的总指标并进行对比而形成的指数。平均数指数是从个体指数

出发，通过对个体指数加权平均计算而形成的指数，它分为算术平均数指数和调和指数。下面我们就先学习这两种指数的编制。

任务 6.2 综合指数

当一个总量指标可以分解为两个或两个以上的因素指标时，为研究其中一个因素指标的变动程度，而将其中一个或一个以上因素指标固定下来，再将两个时期的总量指标进行对比，这样得到的总指数就是综合指数。它是编制总指数的基本形式。在这里，我们研究的因素指标就是指数化指标，而被固定的指标是同度量因素。

6.2.1 综合指数的编制原理

综合指数从编制方法来看，具有以下特点。

① 综合指数的编制过程是先综合后对比，即先解决总体中各个个体由于使用价值、经济用途、计量单位、规格、型号等不同不能直接简单相加对比的问题。为此，需要加入一个媒介因素，使不能直接相加、不能直接对比的现象变成能够相加、能够直接对比的现象，这个因素称为同度量因素。例如，在编制产量总指数时，加入另一个因素价格，用各种产品的产量乘以各自的价格，就把不同度量的产量转化成了同度量的总产值，而各种产品的总产值就可以相加在一起了。在此，产量称为指数化指标，而价格就是同度量因素。同样地，在编制价格指数时，可以加入产量指标，用各种产品的价格乘以各自的产量，就将不同度量的价格转化成了同度量的总产值。而此时，价格称为指数化指标，产量就是同度量因素。

② 当一个总量指标由两个或两个以上的因素指标构成时，分析其中一个因素指标的变动对总量指标变动的影响，要把其他因素指标都作为同度量因素固定下来。例如，商品销售额这一总量指标，可分解为销售量和销售价格两个因素指标，即

$$商品销售额 = 销售量 \times 销售价格$$

在上式中，我们可以将销售量指标固定下来，仅观察销售价格变动对商品销售额的影响，这样编制的总指数就是销售价格综合指数；或者将销售价格因素指标固定下来，仅研究销售量变动对销售额的影响，这样编制的总指数就是销售量综合指数。

③ 分子、分母所研究对象的范围，原则上必须一致。

④ 综合指数的计算对资料要求较高，需要全面资料。

综合指数的以上几个特点，决定了综合指数的编制原理。

① 确定同度量因素。根据所研究现象的特点和现象之间的联系，确定同度量因素，将不可同度量的现象过渡到可以同度量。在不同的使用价值还原成价值的过程中，同度量因素不仅起着媒介作用，而且还起着权数的作用。同度量因素亦称为同度量系数或权数。

② 将同度量因素固定在同一时期。要使同度量因素不影响所研究现象的变动，必须把同度量因素固定下来。至于把同度量因素固定在基期还是固定在报告期，要根据指数所说明问题的性质及统计研究的目的来确定。

将所计算的两个问题指标进行对比，即可得到综合指数的计算公式。

指数的编制原理和方法是本项目的基础。掌握好这一基础，其他问题就可迎刃而解了。

下面就具体说明根据以上原理和方法来编制数量指标综合指数和质量指标综合指数的方法。

6.2.2 数量指标综合指数

某商场 3 种商品的销售情况如表 6-2 所示。现以编制商品销售量指数为例，说明数量指标综合指数的编制原理和方法。

数量指标综合指数的编制

表 6-2　某商场 3 种商品销售情况

商品名称	计量单位	销售量		单位价格/元		销售额/元		
		基期 Q_0	报告期 Q_1	基期 P_0	报告期 P_1	基期 P_0Q_0	报告期 P_1Q_1	假定 P_0Q_1
甲	盒	480	600	25	25	12 000	15 000	15 000
乙	个	500	600	40	36	20 000	21 600	24 000
丙	袋	200	180	50	70	10 000	12 600	9 000
合计	—	—	—	—	—	42 000	49 200	48 000

根据表 6-2 提供的数据，可以分别编制 3 种商品的个体销售量指数。

① 甲商品的个体销售量指数 $K_Q = \dfrac{Q_1}{Q_0} = \dfrac{600}{480} = 125\%$

② 乙商品的个体销售量指数 $K_Q = \dfrac{Q_1}{Q_0} = \dfrac{600}{500} = 120\%$

③ 丙商品的个体销售量指数 $K_Q = \dfrac{Q_1}{Q_0} = \dfrac{180}{200} = 90\%$

编制个体销售量指数，只能分别说明每一种商品销售量的变动情况，要说明 3 种商品销售量的综合变动情况，就要编制商品销售量综合指数。

商品销售量综合指数的编制有以下 3 个步骤。

1）引入价格同度量因素，使不能直接相加的销售量转化为能够相加的销售额。

$$价格 \times 销售量 = 销售额$$

可见，销售额分解为两个因素指标的乘积：一个因素指标是数量指标（销售量）；另一个因素指标是质量指标（价格）。在这里，商品的价格起到了"同度量"的作用，它使不能直接相加的销售量转化为能够相加的销售额。此时，价格称为同度量因素，销售量称为指数化指标。

2）为了说明 3 种商品销售量的综合变动，就要用两个时期的总销售量对比，而价格不产生变动影响。

商品销售量指数的一般计算公式为

$$K_Q = \dfrac{\sum PQ_1}{\sum PQ_0}$$

式中，K_Q——商品销售量综合指数；P——同一时期的价格；Q——商品销售量。

分子和分母相对比，只有销售量一个因素发生变化，因此，相比的结果说明商品销售量综合变动的方向和程度。

3）确定同度量因素应固定的时期。

使用不同时期的价格作为同度量因素，会有不同的结果，也有不同的经济内容。一般来说，观察商品销售量的变化以不包括价格变化为好。因此，在实际工作中，编制商品销售量指数一般采用基期的价格作为同度量因素，即采用的公式为

$$K_Q = \frac{\sum P_0 Q_1}{\sum P_0 Q_0} \qquad 式（6-1）$$

将表 6-2 中的有关数据代入式（6-1）即可计算出商品销售量总指数。

$$K_Q = \frac{\sum P_0 Q_1}{\sum P_0 Q_0} = \frac{48\ 000}{42\ 000} \approx 114.3\%$$

$$114.3\% - 100.0\% = 4.3\%$$

$$\sum P_0 Q_1 - \sum P_0 Q_0 = 48\ 000 - 42\ 000 = 6\ 000（元）$$

计算结果说明：3 种商品的销售量报告期比基期有增有减，增减的程度不同，但综合来说上升了 4.2%；同时说明由于商品销售量的上升，总销售额也上升了 4.2%；分子和分母的差额，说明销售量的变动对总销售额的绝对影响，即由于销售量上升使总销售额增加了 6 000 元。

以上计算方法是 1864 年由德国经济学家埃蒂恩·拉斯贝尔（Etienne Laspeyres）首先提出的，因而式（6-1）也称为拉斯贝尔指数公式，简称拉斯贝尔公式。它的编制原则是，在编制数量指标指数时，将作为同度量因素的质量指标固定在基期。本书对数量指标指数的编制都采用这一原则。

6.2.3 质量指标综合指数

仍以表 6-2 所示的资料为依据，以编制商品价格指数为例，说明质量指标综合指数的编制原理和方法。

根据表 6-2 提供的数据，可以分别计算出 3 种商品的个体价格指数。

① 甲商品的个体价格指数 $K_P = \frac{P_1}{P_0} = \frac{25}{25} = 100.00\%$

② 乙商品的个体价格指数 $K_P = \frac{P_1}{P_0} = \frac{36}{40} = 90.00\%$

③ 丙商品的个体价格指数 $K_P = \frac{P_1}{P_0} = \frac{70}{50} = 140.00\%$

质量指标综合指数的编制

编制个体价格指数，只能说明每一种商品的价格变动情况。要说明 3 种商品价格的综合变动情况，就要编制价格综合指数。

价格综合指数的编制有以下 3 个步骤。

1）引入销售量同度量因素，使不能直接相加的价格转化为能够相加的销售额。多种商品的价格都是用货币表示的，表面上看好像可以直接相加。但是，它受各种实物计量单位的影响，依附于不同的使用价值，简单相加也是不正确的。我们将各种不能直接相加的

价格分别乘以相应的销售量得到能够相加的销售额。

$$价格 \times 销售量 = 销售额$$

在这里，商品的销售量起到了"同度量"的作用，使不能直接相加的价格转化为能够相加的销售额，故销售量称为同度量因素，价格为指数化指标。

2）为了说明商品价格的综合变动，要用两个时期的销售额对比，而销售量必须使用同一时期的，使其不产生影响，即假定在销售量没有变动的情况下，考察商品价格的综合变动。

商品价格综合指数的一般计算公式为

$$K_P = \frac{\sum P_1 Q}{\sum P_0 Q}$$

式中，K_P 代表商品价格综合指数，P 代表价格，Q 代表同一时期的销售量。

这个公式是质量指标综合指数的一般公式，只有价格一个因素发生变化，因此，分子、分母相对比的结果可以综合说明多种商品价格的总变动方向和程度。

3）确定同度量因素应固定的时期。通常我们研究的目的是观察价格变动的实际经济效果，使用报告期的销量作为同度量因素计算的指数比较合理，因为它反映的是商场销售当前的商品时价格的变动情况，实际意义比较强。因此，计算价格总指数的公式为

$$K_P = \frac{\sum P_1 Q_1}{\sum P_0 Q_1} \qquad 式（6-2）$$

将表 6-2 中的有关数据代入式（6-2），即可计算出价格总指数。

$$K_P = \frac{\sum P_1 Q_1}{\sum P_0 Q_1} = \frac{49\ 200}{48\ 000} = 102.5\%$$

$$102.5\% - 100.0\% = 2.5\%$$

$$\sum P_1 Q_1 - \sum P_0 Q_1 = 49\ 200 - 48\ 000 = 1\ 200（元）$$

计算结果说明：3 种商品的价格报告期比基期有涨有落，涨落的程度不同，但综合来说上涨了 2.50%；同时说明由于价格的提高，使报告期的商品销售额比基期增长了 2.50%；分子和分母相减的差额，说明由于价格的提高使商品销售额增加了 1 200 元。

以上计算方法是 1874 年由德国经济学家哈曼·派许提出的，因而式（6-2）也称为派许指数公式。它的编制原则是，在编制质量指标指数时，将作为同度量因素的数量指标固定在报告期。本书对质量指标指数的编制就采用这一原则。

任务 6.3 　平均数指数分析

6.3.1　平均数指数的概念

综合指数能够最完整地反映所研究现象的经济内容，因而是计算总指数的基本形式。但是编制综合指数需要全面资料，即对应的两个时期的数量指标和资料。例如，计算产品销售量指数时，就要具备两个时期的各种产品销售量和各种产品价格的对应资料。在统计

工作中，要搜集全商品不同时期的价格和销售量资料，显然存在一定困难。因此，除在较小范围内，且在商品品种较少情况下，可以直接采用综合指数编制总指数外，多数情况下采用平均数指数的形式来编制总指数。平均数指数是以被研究现象总体中的个体指数为基础，对若干个体指数进行加权平均来编制总指数的一种重要形式。它是综合指数的变形，但又具有相对独立的意义。

编制平均数指数的基本形式主要有两种：一种是加权算术平均数指数；另一种是加权调和平均数指数。通常认为，综合指数变形权数的平均数指数实际仍属于综合指数，固定权数的平均数指数具有独特的意义和特殊的应用价值。

6.3.2　加权算术平均数指数

加权算术平均数指数是对个体指数按加权算术平均方式进行平均，即以个体指数为变量值，以综合指数公式的母项资料为权数，计算个体指数的加权算术平均数。它是编制数量指标总指数的常用形式。在掌握了数量指标的个体指数 $K_Q = \dfrac{Q_1}{Q_0}$ 和基期总价值指标（P_0Q_0）时，常常计算加权算术平均数指数以得到数量指标总指数。

例如，加权算术平均销售量指数公式为

$$\bar{K}_Q = \frac{\sum K_Q P_0 Q_0}{\sum P_0 Q_0}$$

根据表 6-2 所示的资料编制表 6-3，并代入以上公式计算。

表 6-3　某商场 3 种商品销售情况

商品名称	计量单位	基期实际销售额/元 P_0Q_0	销售量个体指数/（％） $K_Q=Q_1/Q_0$	报告期假定销售额/元 $K_Q P_0 Q_0$
甲	盒	12 000	125	15 000
乙	个	20 000	120	24 000
丙	袋	10 000	90	9 000
合计	—	42 000	—	48 000

$$\bar{K}_Q = \frac{\sum K_Q P_0 Q_0}{\sum P_0 Q_0} = \frac{48\,000}{42\,000} \approx 114.3\%$$

$$\sum K_Q P_0 Q_0 - \sum P_0 Q_0 = 48\,000 - 42\,000 = 6\,000（元）$$

计算结果和综合指数的计算结果一样。这是因为

$$\bar{K}_Q = \frac{\sum K_Q P_0 Q_0}{\sum P_0 Q_0} = \frac{\sum \dfrac{Q_1}{Q_0} P_0 Q_0}{\sum P_0 Q_0} = \frac{\sum P_0 Q_1}{\sum P_0 Q_0}$$

即加权算术平均数指数在一定条件下是综合指数的变形。二者虽然形式不同，但结果和经济内容是一致的。

在实际应用中，个体指数可以使用非全面资料，可以以若干种代表产品的个体指数（组

指数或类指数）为变量，以固定的结构比重为权数求加权平均数指数。这时加权算术平均数指数则有其自身特别的意义，也称为固定权数平均数指数。它的编制公式为

$$K = \frac{\sum KW}{\sum W}$$

式中，K——个体指数或类指数；W——固定起来的相对权数，它可以用小数表示（此时，$\sum W=1$），也可以用百分点表示（此时，$\sum W=100$）。

固定权数平均数指数是计算总指数的一种独立的形式，它简便灵活，使用方便，适合利用市场调查的资料进行计算。例如，零售物价指数、居民生活费用指数、工业生产指数等都采用这种方法编制。用该公式编制的指数只能反映现象变动的方向和程度，分子和分母之差已不具有绝对数的内容。

6.3.3 加权调和平均数指数

加权调和平均数指数是对个体指数按加权调和平均方式进行平均，即以个体指数为变量值，以综合指数公式的子项资料为权数，计算个体指数的加权调和平均数。它是编制质量指标总指数的常用形式。在掌握了质量指标的个体指数（$K_P = P_1/P_0$）和报告期总价值指标（P_1Q_1）时，就可以通过加权调和平均数指数计算质量指标总指数。

例如，加权调和平均价格指数公式为

$$\bar{K}_P = \frac{\sum P_1Q_1}{\sum \frac{1}{K_P} P_1Q_1}$$

根据表 6-2 的资料编制表 6-4，并代入以上公式计算。

表 6-4　某商场 3 种商品销售情况

商品名称	计量单位	报告期实际销售额/元 P_1Q_1	价格个体指数/（%） $K_P=P_1/P_0$	基期假定销售额/元 P_1Q_1/K_P
甲	盒	15 000	100.00	15 000
乙	个	21 600	90.00	24 000
丙	袋	12 600	140.00	9 000
合计	—	49 200	—	48 000

$$\bar{K}_P = \frac{\sum P_1Q_1}{\sum \frac{1}{K_P} P_1Q_1} = \frac{49\,200}{48\,000} = 102.5\%$$

$$\sum P_1Q_1 - \sum \frac{1}{K_P} P_1Q_1 = 49\,200 - 48\,000 = 1\,200（元）$$

计算结果和综合指数的计算结果一样。这是因为

$$\bar{K}_P = \frac{\sum P_1 Q_1}{\sum \dfrac{1}{K_P} P_1 Q_1} = \frac{\sum P_1 Q_1}{\sum \dfrac{P_0}{P_1} P_1 Q_1} = \frac{\sum P_1 Q_1}{\sum P_0 Q_1}$$

即加权调和平均数指数在一定条件下是综合指数的变形。二者虽然形式不同，但结果和经济内容是一致的。

6.3.4 平均数指数与综合指数的关系

1. 平均数指数与综合指数之间的联系

由于平均数指数公式中所用的权数是根据综合指数的原理和要求，从相应的综合指数公式中有关综合指标（子项或母项）转化而来的，因此在特定的权数条件下，平均数指数的基本公式与综合指数公式之间存在变形关系，故可作为综合指数的变形来使用。

2. 平均数指数与综合指数之间的区别

综合指数是计算总指数的基本形式，但要求的条件比较高，它的计算必须有全面的原始资料。如前所述，计算商品销售量总指数和商品价格总指数，就要全面掌握基期和报告期各种商品的销售量和价格资料，只要有一方面的资料不全，就无法用综合指数的形式计算。

平均数指数除了可以适用全面资料编制外，对于非全面资料的编制，具有独立的应用价值和其独特的应用领域，是一种独立的编制总指数的形式，较之综合指数具有明显的优越性。它既可避免使用假定资料，又可避免权数资料的不断更新。而且，它不仅在计算上比较灵活，所需资料也不必是全面资料，可以根据抽样资料、典型资料等非全面资料计算总指数。因此，平均数指数在指数编制实践中得到广泛应用。我国现行编制的几种物价总指数多采用平均数指数公式，如居民消费价格指数、商品零售价格指数、农业生产资料价格指数、农产品生产价格指数、固定资产投资价格指数等。

任务 6.4 指数体系及因素分析

6.4.1 指数体系的概念与作用

社会经济现象之间总是相互联系的，某一现象往往可以分解为两个或多个现象（或影响因素）的乘积。对于这类现象，仅靠单个指数进行分析是无能为力的，必须借助于指数体系做更深入的研究和探讨，才能说明多种影响因素的作用。因此，指数体系是深入分析问题的一个重要基础。

1. 指数体系的概念

指数之间的联系来自社会经济现象本身的联系，许多经济现象之间存在着客观的经济联系，表现为指标间的数量对应关系，并且可以用数学等式来反映。例如：

产品总成本 = 产品产量 × 单位产品成本

商品销售额 = 商品销售量 × 商品价格

原材料消耗总额 = 产品产量 × 单耗 × 原材料价格

上述等式左边的指标称为总变动指标，它们是被影响的指标；等式右边的指标称为因素指标，它们是对总变动指标产生影响的指标。上述指标之间在静态上存在着上述等式中的数量关系，在动态上也存在着相应的联系。例如，商品销售额的变动必然是商品销售量和商品价格这两个因素指标共同变动引起的，原材料消耗总额的变动必然是产品产量、单耗、原材料价格这3个因素指标共同变动所造成的结果。即

$$产品总成本指数 = 产品产量指数 \times 单位产品成本指数$$
$$商品销售额指数 = 商品销售量指数 \times 商品价格指数$$
$$原材料消耗总额指数 = 产品产量指数 \times 单耗指数 \times 原材料价格指数$$

我们把等式左边的指数称为总变动指数，把等式右边的指数称为因素指数。可见，总变动指数等于各因素指数的连乘积。

在统计上，我们把在经济上有联系，在数量上保持对等关系的若干个指数所形成的整体，称为指数体系。以上经济关系都分别构成各自独立的指数体系。

不仅在相对数上总变动指数等于各个因素指数的连乘积，而且在绝对数上，现象总变动的差额也等于各个因素指数变动影响的差额之和。例如：

$$商品销售额实际增减额 = 销售量变动影响的销售额增减值 +$$
$$价格变动影响的销售额增减值$$

这种绝对差额之间的数量对应关系，我们可以称之为增减值关系。

2. 指数体系的作用

指数体系的主要作用有以下3个。

① 利用指数体系可以进行因素分析，测定某一现象的总变动中各个影响因素作用的方向、影响的程度及影响的绝对额，以探索现象变动的具体原因。利用指数体系，既可对简单经济现象总体的总变动进行因素分析，也可对复杂经济现象总体的总变动进行因素分析；既可分析总量指标变动的具体原因，也可分析平均指标、相对指标变动的具体原因。

② 利用指数体系可以为确定各影响因素指数公式提供依据。计算某个影响因素指数及其对现象总体变动的影响，必须假定其他因素不变。那么，其他因素固定在什么时期，不是随意确定的，必须以指数体系为依据，才能体现指数体系的完整性和科学性。

③ 利用指数体系可以进行有关指数之间的换算。例如，某地区某年的社会商品零售总额比上年增长了42%，商品零售量比上年增长了25%，求商品零售价格指数。

根据公式"商品零售额指数 = 商品零售量指数 × 商品零售价格指数"，可得

$$商品零售价格指数 = \frac{商品零售额指数}{商品零售量指数} = \frac{142\%}{125\%} = 113.6\%$$

即该地区商品零售物价比上年上涨了13.6%。

6.4.2 因素分析概述

根据指数体系，对社会经济现象总变动中各影响因素的影响进行分析，掌握其影响方向、影响程度，以及影响所产生的绝对经济效果，这种分析方法称为指数因素分析法。

1. 因素分析的内容

从相对数上分析各影响因素的变动对总变动指标产生影响的方向和程度。
从绝对数上分析各影响因素的变动使总变动指标增加或减少的绝对数额。

项目 6　统计指数分析

2. 因素分析的程序

分析总变动指标的变动指数及其变动增减的绝对值。也就是说，因素分析首先要分析总变动指标是否发生了变动。

分析各影响因素对总变动指标产生影响的指数以及增减值。这是对总变动指标的变动进行详细分析所必须做的一步准备工作。如果是多因素影响，各因素之间最好先按数量指标影响，后按质量指标影响来排序，以便于指数体系的形成。

确定指数体系及各增减值的关系式。这是确定总变动与各影响因素之间数量关系的关键一步，是为下一步的综合分析提供数据资料的。

用统计分析形式综合分析各因素变动对总变动指标产生的影响。分析内容既包括相对的影响方向和程度，也包括绝对的影响增减值。这是对总变动指标的变动进行定性分析的一步。

3. 因素分析的步骤

① 分析被研究对象及其影响因素。这里的被研究对象是各种具体的统计指标，如商品销售额、流通费用额、原材料费用总额、工资总额等。当明确了被研究对象是某个统计指标时，接着就要分析这个统计指标含有哪些影响因素，这是因素分析的基础。

② 建立指数分析体系。按前面所讲的 3 条基本要求建立指数体系的两个关系式，即相对数关系式和绝对数关系式。相对数关系式表现为现象总体指数等于各影响因素指数的乘积，绝对数关系式表现为现象总体指数的绝对效果等于各影响因素指数绝对效果之和。

③ 搜集资料，计算指数体系两个关系式中的各项数值。按公式内容和要求，搜集有关资料，并进行整理、计算。

④ 根据计算的结果，做出分析结论和简要的文字说明。

6.4.3　总量指标变动的因素分析

1. 总量指标指数体系的形成

总量指标因素分析的目的是测定各个因素的变动对总量指标变动的影响方向、影响程度，以及影响增减值。因此，要根据现象变动的经济关系，列出总量指标的影响因素，然后形成指数体系。

形成总量指标指数体系的依据是综合指数的编制原则，即数量指标综合指数采用基期的质量指标作同度量因素，质量指标综合指数采用报告期的数量指标作同度量因素。至于不需要同度量因素的总变动指标指数，直接采用报告期和基期的实际指标数值对比即可。例如，销售额指数体系的形成如下。

因为　　　　　　　　　销售额 = 销售量 × 价格

所以　　　　　　$\dfrac{\sum P_1 Q_1}{\sum P_0 Q_0} = \dfrac{\sum P_0 Q_1}{\sum P_0 Q_0} \times \dfrac{\sum P_1 Q_1}{\sum P_0 Q_1}$

销售量和价格变动对销售额产生影响的增减值关系式为

$$\sum P_1 Q_1 - \sum P_0 Q_0 = (\sum P_0 Q_1 - \sum P_0 Q_0) + (\sum P_1 Q_1 - \sum P_0 Q_1)$$

2. 总量指标变动的因素分析方法

总量指标的因素按其影响因素的多少不同，分为两因素分析和多因素分析。

（1）总量指标变动的两因素分析

将现象总量分解为两个构成因素，对其总量变动进行因素分析，称为两因素分析。现以表 6-5 所示的资料为例，说明总量指标的两因素分析方法。

表 6-5　某市 3 家企业生产某种产品的产量和成本

企业名称	产量/吨		单位成本/元		总成本/万元		
	2019 年 Q_0	2020 年 Q_1	2019 年 Z_0	2020 年 Z_1	2019 年 Z_0Q_0	2020 年 Z_1Q_1	假定 Z_0Q_1
A	240 000	300 000	10	9	240	270	300
B	100 000	120 000	12	10	120	120	144
C	40 000	50 000	20	18	80	90	100
合计	—	—	—	—	440	480	544

分析时依据的指数体系是

$$总成本指数 = 产量指数 \times 单位成本指数$$

即

$$\frac{\sum Z_1 Q_1}{\sum Z_0 Q_0} = \frac{\sum Z_0 Q_1}{\sum Z_0 Q_0} \times \frac{\sum Z_1 Q_1}{\sum Z_0 Q_1}$$

依据的绝对差额关系式是

总成本变动的增减额 = 产量变动引起的增减额 + 单位成本变动引起的增减额

即
$$\sum Z_1 Q_1 - \sum Z_0 Q_0 = (\sum Z_0 Q_1 - \sum Z_0 Q_0) + (\sum Z_1 Q_1 - \sum Z_0 Q_1)$$

根据上述资料，便可以对总成本的变动进行因素分析了。

总成本指数为
$$\frac{\sum Z_1 Q_1}{\sum Z_0 Q_0} = \frac{480}{440} \approx 109.09\%$$

$\sum Z_1 Q_1 - \sum Z_0 Q_0 = 480 - 440 = 40$（万元）

产量总指数为
$$\frac{\sum Z_0 Q_1}{\sum Z_0 Q_0} = \frac{544}{440} \approx 123.64\%$$

$\sum Z_0 Q_1 - \sum Z_0 Q_0 = 544 - 440 = 104$（万元）

单位成本总指数为
$$\frac{\sum Z_1 Q_1}{\sum Z_0 Q_1} = \frac{480}{544} \approx 88.23\%$$

$\sum Z_1 Q_1 - \sum Z_0 Q_1 = 480 - 544 = -64$（万元）

由以上计算显示如下。

总成本指数的相对数分解体系为

$$109.09\% \approx 123.64\% \times 88.23\%$$

总成本增减值的绝对数分解体系为

$$40 \text{ 万元} = 104 \text{ 万元} + (-64) \text{ 万元}$$

分析报告：由于产品产量增加使总成本增长了 23.64%，导致总成本增加的绝对额为 104 万元；由于各种产品单位成本减少，使总成本降低了 11.77%，导致总成本减少的绝对额为 64 万元。以上两个因素共同作用的结果使总成本增加了 9.09%，增加的绝对额为 40 万元。

项目 6　统计指数分析

（2）总量指标变动的多因素分析

将现象总量分解为 3 个或 3 个以上的构成因素，对其总量变动进行因素分析称为多因素分析。现以表 6-6 所示的资料为例，说明总量指标的多因素分析方法。

表 6-6　某企业生产两种产品的产量、原材料消耗量和原材料价格

产品	产量 / 万件		原材料	百件产品耗用原材料数量 / 千克		每千克原材料价格 / 元		原材料支出额 / 万元			
	基期 q_0	报告期 q_1		基期 m_0	报告期 m_1	基期 p_0	报告期 p_1	$q_0m_0p_0$	$q_1m_0p_0$	$q_1m_1p_0$	$q_1m_1p_1$
甲	80	90	A	36	33	30	31	864	907.2	831.6	859.3
乙	100	120	B	30	28	30	31	1 080	1 296	1 209.6	1 249.9
			C	12	10	25	27	360	432	360	388.8
合计	—	—		—	—	—	—	2 304	2 635.2	2 401.2	2 498

工业生产原材料支出额 = 产品产量 × 单位产品原材料消耗量 × 单位原材料价格

由此建立的指数体系为

原材料支出额指数 = 产品产量指数 × 单位产品原材料消耗量指数 × 单位原材料价格指数

用公式表示为

$$\frac{\sum q_1 m_1 p_1}{\sum q_0 m_0 p_0} = \frac{\sum q_1 m_0 p_0}{\sum q_0 m_0 p_0} \times \frac{\sum q_1 m_1 p_0}{\sum q_1 m_0 p_0} \times \frac{\sum q_1 m_1 p_1}{\sum q_1 m_1 p_0}$$

式中，q——产品产量；m——单位原材料价格；p——原材料价格；0——基期，1——报告期。

根据表中资料计算如下。

原材料支出额指数为 $\quad \dfrac{\sum q_1 m_1 p_1}{\sum q_0 m_0 p_0} = \dfrac{2\ 498}{2\ 304} \approx 108.42\%$

增加的绝对额为 $\quad \sum q_1 m_1 p_1 - \sum q_0 m_0 p_0 = 2\ 498 - 2\ 304 = 194$（万元）

其中，

产品产量指数为 $\quad \dfrac{\sum q_1 m_0 p_0}{\sum q_0 m_0 p_0} = \dfrac{2\ 635.2}{2\ 304} \approx 114.38\%$

增加的绝对额为 $\quad \sum q_1 m_0 p_0 - \sum q_0 m_0 p_0 = 2\ 635.2 - 2\ 304 = 331.2$（万元）

单位产品原材料消耗量指数为 $\quad \dfrac{\sum q_1 m_1 p_0}{\sum q_1 m_0 p_0} = \dfrac{2\ 401.2}{2\ 635.2} \approx 91.12\%$

增加的绝对额为 $\quad \sum q_1 m_1 p_0 - \sum q_1 m_0 p_0 = 2\ 401.2 - 2\ 635.2 = -234$（万元）

单位原材料价格指数为 $\quad \dfrac{\sum q_1 m_1 p_1}{\sum q_1 m_1 p_0} = \dfrac{2\ 498}{2\ 401.2} \approx 104.03\%$

增加的绝对额为 $\quad \sum q_1 m_1 p_1 - \sum q_1 m_1 p_0 = 2\ 498 - 2\ 401.2 = 96.8$（万元）

以上计算显示结果如下。

原材料支出额指数的相对数分解体系为

$$108.42\% \approx 114.38\% \times 91.12\% \times 104.03\%$$

原材料支出额增加值的绝对数分解体系为

$$194 \text{ 万元} = 331.2 \text{ 万元} + (-234) \text{ 万元} + 96.8 \text{ 万元}$$

分析报告：该企业生产两种产品的原材料支出额，报告期比基期增长 8.42%，增加的绝对额为 194 万元。其中，由于产量增长 14.38%，使支出额增加 331.2 万元；由于单位产品原材料消耗量降低 8.88%，使支出额减少 234 万元；由于单位原材料价格上涨 4.03%，使支出额增加 96.8 万元。

6.4.4　平均指标变动的因素分析

在现实社会生活中，常常需要就两个时期同一现象平均水平的变动进行对比分析。例如，分析平均工资的变动或分析劳动生产率的变动等。这些分析也需要在体系中进行。

1. 平均指标指数体系的形成

这里所讲的平均指标是指总体在分组的条件下，用加权算术平均法计算出来的平均指标。这种平均指标可分解为两个因素：一是各组的比重（权数）；二是各组的代表标志值。平均指标的变动，既受总体结构变动的影响，也受各组标志值的影响。要分别分析各因素的变动对平均指标变动的影响，就要建立平均指标指数体系。

平均指标指数体系的形成如下。

平均指标指数是将两个时期的总体平均数对比而得到的相对数，又称可变构成指数，简称可变指数。它反映总体平均数的总的变动程度，是总变动指数。其公式为

$$K_{可变} = \frac{\bar{x}_1}{\bar{x}_0} = \frac{\sum x_1 f_1}{\sum f_1} \bigg/ \frac{\sum x_0 f_0}{\sum f_0}$$

式中，$K_{可变}$——平均指标指数；$\bar{x}_1$——报告期的平均指标；$\bar{x}_0$——基期的平均指标；x_1——报告期各组代表标志值；x_0——基期各组代表标志值；f_1——报告期各组单位数；f_0——基期各组单位数。

总体结构固定不变，单纯反映各组代表标志值变动影响的指数，称为固定构成指数。一般来说，固定构成指数将结构作为同度量因素固定在报告期。其指数公式为

$$K_{固定} = \frac{\sum x_1 f_1}{\sum f_1} \bigg/ \frac{\sum x_0 f_1}{\sum f_1}$$

各组代表标志值固定不变，单纯反映结构变动影响的指数，称为结构影响指数。一般来说，结构影响指数将标志值作为同度量因素固定在基期。其指数公式为

$$K_{结构} = \frac{\sum x_0 f_1}{\sum f_1} \bigg/ \frac{\sum x_0 f_0}{\sum f_0}$$

我们可以建立如下指数体系。

可变构成指数 = 固定构成指数 × 结构影响指数

$$K_{可变} = K_{固定} \times K_{结构}$$

即

$$\frac{\sum x_1 f_1}{\sum f_1} \bigg/ \frac{\sum x_0 f_0}{\sum f_0} = \left(\frac{\sum x_1 f_1}{\sum f_1} \bigg/ \frac{\sum x_0 f_1}{\sum f_1} \right) \times \left(\frac{\sum x_0 f_1}{\sum f_1} \bigg/ \frac{\sum x_0 f_0}{\sum f_0} \right)$$

项目 6 统计指数分析

绝对影响增减值的关系式为

平均指标增减额 = 固定构成指数分子与分母差额 + 结构影响指数分子与分母差额

即

$$\frac{\sum x_1 f_1}{\sum f_1} - \frac{\sum x_0 f_0}{\sum f_0} = \left(\frac{\sum x_1 f_1}{\sum f_1} - \frac{\sum x_0 f_1}{\sum f_1}\right) + \left(\frac{\sum x_0 f_1}{\sum f_1} - \frac{\sum x_0 f_0}{\sum f_0}\right)$$

2. 平均指标变动的因素分析举例

现根据表 6-7 所示的资料，说明平均指标变动的两因素分析方法。

表 6-7 某商品在两个市场平均价格变动因素分析

市场	单价 /（元 / 千克）		销售量 / 千克		总销售额 / 元		
	基期 x_0	报告期 x_1	基期 f_0	报告期 f_1	基期 $x_0 f_0$	报告期 $x_1 f_1$	假定 $x_0 f_1$
甲	2.90	3.00	600	1 000	1 740	3 000	2 900
乙	3.10	3.50	400	500	1 240	1 750	1 550
合计	—	—	1 000	1 500	2 980	4 750	4 450

为了计算更简便，首先要计算以下 3 个平均价格。

报告期平均价格 $\bar{x}_1 = \dfrac{\sum x_1 f_1}{\sum f_1} = \dfrac{4\,750}{1\,500} \approx 3.17$（元）

基期平均价格 $\bar{x}_0 = \dfrac{\sum x_0 f_0}{\sum f_0} = \dfrac{2\,980}{1\,000} = 2.98$（元）

假定的平均价格 $\bar{x}_n = \dfrac{\sum x_0 f_1}{\sum f_1} = \dfrac{4\,450}{1\,500} \approx 2.97$（元）

然后进行平均价格变动的因素分析。

平均价格可变构成指数 $K_{可变} = \dfrac{\bar{x}_1}{\bar{x}_0} = \dfrac{3.17}{2.98} \approx 106.37\%$

$\bar{x}_1 - \bar{x}_0 = 3.17 - 2.98 = 0.19$（元）

平均价格固定构成指数 $K_{固定} = \dfrac{\bar{x}_1}{\bar{x}_n} = \dfrac{3.17}{2.97} \approx 106.73\%$

$\bar{x}_1 - \bar{x}_n = 3.17 - 2.97 = 0.20$（元）

平均价格结构影响指数 $K_{结构} = \dfrac{\bar{x}_n}{\bar{x}_0} = \dfrac{2.97}{2.98} \approx 99.66\%$

$= 2.97 - 2.98 = -0.01$（元）

上述 3 个指数的指数体系为

$$K_{可变} = K_{固定} \times K_{结构}$$
$$106.37\% = 106.73\% \times 99.66\%$$

3 个增减值的关系式为

$$\bar{x}_1 - \bar{x}_0 = (\bar{x}_1 - \bar{x}_n) + (\bar{x}_n - \bar{x}_0)$$

0.19 元 = 0.20 元 +(-0.01) 元

分析报告：由于商品价格的增长，平均价格提高了 6.37%，平均价格增长的数额为 0.20 元；由于销售量的增加，平均价格降低了 0.34%，平均价格减少的数额为 0.01 元；以上两个因素共同变动，使该商品在两个市场的平均价格提高了 6.37%，即平均价格增长了 0.19 元。

任务 6.5 常用指数简介

6.5.1 居民消费价格指数

居民消费价格指数（Consumer Price Index，CPI）是衡量价格总水平变动幅度的价格指数，已被世界多数国家采用。居民消费价格指数是进行经济分析和决策、价格总水平监测和调控、国民经济核算的重要指标。

居民消费价格指数是反映一定时期内城乡居民所购买的生活消费品价格和服务项目价格变动趋势和程度的相对数，是对城市居民消费价格指数和农村居民消费价格指数进行综合汇总计算的结果。通过该指数可以观察和分析消费品的零售价格和服务项目价格变动对城乡居民实际生活费支出的影响程度，为国家指定消费、分配、投资等宏观政策提供重要依据，也是反映经济景气状况和通货膨胀的主要指标。

我国编制居民消费价格指数的商品和服务项目，包括食品、烟酒及用品、衣着、家庭设备用品及服务、医疗保健及个人用品、交通和通信、娱乐教育文化用品及服务、居住 8 个大类，共 263 个基本分类，约 700 种商品和服务项目。其主要是根据我国城乡居民消费模式、消费习惯，参照抽样调查原理选中的近 12 万户城乡居民家庭（其中，城市近 5 万户，农村近 7 万户）的消费支出数据，并结合其他相关资料确定的。随着人民生活水平的提高，消费结构在不断变化。为此，我国的 CPI 权数每年都做一些小调整，每 5 年做一次大调整。

6.5.2 零售价格指数

零售价格指数（Retail Price Index，RPI）是反映一定时期内城乡商品零售价格变动趋势和程度的相对数。商品零售物价的变动直接影响城乡居民的生活支出和国家的财政收入，影响居民购买力和市场供需的平衡，影响消费与积累的比例关系。因此，该指数可以从一个侧面对上述经济活动进行观察和分析。

零售价格指数以工业、商业、餐饮业和其他行业的零售商品的价格作为调查统计范围，包括食品、饮料烟酒、服装鞋帽、纺织品、家用电器及音像器材、文化办公用品、日用品、体育娱乐用品、交通通信用品、家具、化妆品、金银饰品、中西药品及医疗保健用品、书报杂志及电子出版物、燃料、建筑材料及五金电料等 16 个大类 197 个基本分类的商品零售价格。零售价格指数采用加权算术平均公式计算。

6.5.3 工业生产指数

工业生产指数是反映一个国家或地区各种工业产品产量的综合变动程度的指数，是衡量经济的重要指标之一。世界各国都非常重视工业生产指数的编制，但采用的编制方法却不完全相同。

在我国，工业生产指数是通过计算各种工业产品的不变价格产值来编制的。其基本编制过程是：首先，对各种工业产品分别制定相应的不变价格标准（记为 p）；然后，逐项计算各种产品的不变价格产值，加总起来就得到全部工业产品的不变价格总值；将不同时期的不变价格总值加以对比，就得到相应时期的工业生产指数。

设 t 时期的不变价格总值为 $\sum q_t p_t (t=1,2,\cdots)$，则该时期的工业生产指数就是固定加权综合指数的形式，具体为

$$I_q = \frac{\sum q_t p_o}{\sum q_{t-1} p_o}$$

采用不变价格法编制工业生产指数的特点是，只要具备了完整的不变价格产值资料，就能够很容易地计算出有关的生产指数，而且可以在不同层次上（如各地区、各部门、各企业等）进行编制，满足各方面的分析需要。

然而，不变价格的制定和不变价格产值的计算本身却是一项非常烦琐的工作，这项工作又必须连续不断地、全面地展开，其难度可想而知。尤其是在市场经济条件下，要在整个工业生产领域内运用不变价格计算完整的产值资料，面临着很多实际的问题。因此，我国工业生产指数编制方法的改革势在必行。

与我国的情况不同，在国外，较为普遍地采用平均数指数形式来编制工业生产指数。其计算公式为

$$I_q = \frac{\sum k_q q_i p_0}{\sum q_0 p_0}$$

式中，k_q——各种工业品的个体产量指数；$q_0 p_0$——相应产品的基期增加值。

编制这种工业生产指数的目的是说明工业增加值中数量因素的综合变动程度，其分析意义与一般的工业总产量指数是有所不同的。

在实践中，为了简化指数的编制工作，常常以各种工业品的增加值比重作为权数，并且将这种比重权数相对固定、连续地编制各个时期的工业生产指数。其计算公式为

$$I_q = \frac{\sum k_q W}{\sum W}$$

这里运用了固定加权算术平均数指数。

6.5.4 股票价格指数

1. 股票价格指数的编制方法

股票价格的变动是股票市场（或称证券市场）重要的经济现象之一，既可以为投资者带来利润，也可能使投资者遭受损失。股票价格变动可以用统计指数方法来度量。股票价格指数是反映股票市场价格变动的重要指标。股票指数的编制方法一般有算术平均和加权综合两种形式。前者以美国的道·琼斯股价指数为代表，后者以标准普尔混合指数为代表。

（1）道·琼斯股价指数

它是由美国新闻出版商道·琼斯公司计算和发布的，是历史最为悠久的股票价格指数。

1879年，该公司的创始人道·琼斯就在他自己出版的《华尔街日报》上发表了由12种具有代表性的铁路公司的股票编制而成的股票价格平均数。最初采用的方法是计算出上市股票的简单算术平均值。之后，几经变动，选择的股票种类不断增加，现在已增加到65种，其中包括30种工业股票，20种交通运输业股票，15种公用事业股票。编制方法也从简单算术平均改为平均数修正法（其本质仍然是简单算术平均）。由于各股份公司常有增加股数和股票拆细的情况发生，使得作为分母的股票总数会增加，单位股份降低，难以体现股票价格变动的真实情况。因此，后来改用平均数修正法，即对除数（分母）做适当处理，以免平均数受到影响。道·琼斯股票价格平均数以1928年10月1日为基期，即以该日的股票价格平均数为基数，以后各期股票价格同基期相比，计算出来的百分数就成为各期的股票价格指数。

例如，假定某股票市场基期有3种股票出售，每股股票的收市价格分别为A=20元，B=45元，C=25元，则该市场基期股票价格平均数为

$$p_0 = \frac{\sum p_0}{n} = \frac{20+45+25}{3} = 30（元）$$

再假定该市场计算期的股票价格有升有降，股票品种也有增加，各种股票的每股收市价格分别为A=30元，B=60元，C=24元，D=30元，E=25元。于是，该市场计算期股票价格平均数为

$$p_1 = \frac{\sum p_1}{n} = \frac{30+60+24+30+25}{5} = 33.8（元）$$

所以，该市场的股票价格指数 $K_p = \frac{p_1}{p_0} = \frac{33.8}{30} \approx 112.7\%$。

计算结果表明，该市场的股票价格平均数上涨了12.7%。

（2）标准普尔混合指数

标准普尔公司是美国最大的证券研究机构，于1923年开始编制发表股票价格指数。1957年起发表标准普尔混合指数。它是以股票交易额为权数加权计算的，包括500种上市的工业、铁路和公用事业普通股的价格指数，是以1941—1943年为基期的加权综合指数，包括400种工业股票，20种运输业股票，40种公用事业股票，以及40种金融业股票。其计算公式为

$$K_p = \frac{\sum p_1 q_0}{\sum p_0 q_0}$$

从多年的实践看，该指数与道·琼斯股价指数的运动规律是一致的，而且道·琼斯股价指数一直是标准普尔指数的10倍。这说明两种指数都比较准确地反映了美国股票市场股票价格的变动情况。

任务6.6　　*Excel* 在统计指数分析中的应用

在Excel中进行指数分析，主要使用输入公式的方法结合填充柄功能进行操作。现举两例加以说明。

Excel在指数分析中的应用

例 6–1 根据表 6-8 所示的资料，计算 3 种产品的价格总指数。

表 6–8 3 种产品的资料

产品名称	计量单位	报告期实际产值 / 万元 P_1Q_1	价格个体指数 /（%）$K_P=P_1/P_0$	假定产值 / 万元 P_1Q_1/K_P
毛毯	条	72.00	120.0	
毛呢	米	80.80	100.0	
毛衫	件	50.00	90.91	
合计	—			

1）将资料输入 Excel 表，单击 E3 单元格，输入“=C3*100/D3”，如图 6-1 所示。

AVERAGE × ✓ fx =C3*100/D3

	A	B	C	D	E
1	表6-1		产品价格指数计算表		
2	产品名称	计量单位	报告期产值（万元）	价格指数（%）	假定产值（万元）
3	毛毯	条	72.00	120.00	=C3*100/D3
4	毛呢	米	80.80	100.00	
5	毛衫	件	50.00	90.91	
6	合计	—			

图 6–1 输入资料及公式

2）按 Enter 键确认，并利用填充柄功能拖出 E4、E5 两个单元格的数据。再单击 C6 单元格，单击工具栏中的∑按钮得到 C 列数据总和，同理得出 E 列数据总和，如图 6-2 所示。

	A	B	C	D	E
1	表6-16		产品价格指数计算表		
2	产品名称	计量单位	报告期产值（万元）	价格指数（%）	假定产值（万元）
3	毛毯	条	72.00	120.00	60.00
4	毛呢	米	80.80	100.00	80.80
5	毛衫	件	50.00	90.91	55.00
6	合计	—	202.80		195.80

图 6–2 填充公式并求和

3）单击 D6 单元格，输入“=C6*100/E6”，按 Enter 键确认，即得到 3 种产品的价格总指数 103.58%，如图 6-3 所示。

	A	B	C	D	E
1	表6-17		产品价格指数计算表		
2	产品名称	计量单位	报告期产值（万元）	价格指数（%）	假定产值（万元）
3	毛毯	条	72.00	120.00	60.00
4	毛呢	米	80.80	100.00	80.80
5	毛衫	件	50.00	90.91	55.00
6	合计	—	202.80	103.58	195.80

图 6–3 得到价格总指数

例 6–2 根据表 6-9 所示的资料，对总平均工资的变动进行因素分析。

表 6-9　工人工资资料

工人组别	月平均工资/元		工人人数/人	
	基期 x_0	报告期 x_1	基期 f_0	报告期 f_1
老工人	800	860.00	700	660
新工人	500	550.00	300	740
合计	—	—	1 000	1 400

设置如图 6-4 所示的 Excel 表格。

图 6–4　利用 Excel 对总平均工资的变动进行因素分析

其操作步骤如下。

1）在 F4 单元格中输入"=D3/1000"，按 Enter 键确认，并利用填充柄功能拖出 F5 单元格的数据，然后单击工具栏中的∑按钮得到比重合计 1。G 列的操作同此。

2）在 H4 单元格中输入"=B4*F4"，按 Enter 键确认，并利用填充柄功能拖出 H5 单元格的数据，然后单击工具栏中的∑按钮得到基期的总平均工资 710 元；I、H 列的操作同此，即得到报告期总平均工资 696.14 元和假定总平均工资 641.43 元。

3）在 B8 单元格中输入"=I6*100/H6"，按 Enter 键确认，在 C8 单元格中输入"=I6−H6"，按 Enter 键确认，即得到总平均工资指数 98.05%，平均每人减少了 13.86 元。同样，在 B9 单元格中输入"=I6*100/J6"，C9 单元格中输入"=I6−J6"，B10 单元格中输入"=J6*100/H6"，C10 单元格中输入"=J6−H6"。

4）完成以上操作，就可以得到指数体系为 98.05%≈108.53%×90.34%，同时得到绝对差额体系为 −13.86 元 =54.71 元 +(−68.57) 元。

项目小结

本项目主要介绍了统计指数的概念、种类、计算方法以及运用统计指数进行因素分析。

1. 统计指数的分类。按研究对象的范围不同，统计指数分为个体指数和总指数。按指数化指标的性质不同，统计指数分为数量指标指数和质量指标指数。总指数按其计算方法的不同，分为综合指数和平均数指数。

2. 综合指数在编制时要先综合后对比，分子、分母所研究对象的范围原则上必须一致。

3. 平均数指数是综合指数的变形。它有两种基本形式：一是加权算术平均数指数；二是加权调和平均数指数。

4. 在进行因素分析时要从相对数和绝对数两方面进行分析。

5. 常用的指数有居民消费价格指数、零售物价指数、股票价格指数等。

本项目的重点：综合指数的编制方法、平均数指数的计算及分析、指数体系及因素分析。

本项目的难点：数量指标综合指数和质量指标综合指数的计算、调和平均数的计算、因素分析法。

项目实战

客观题　　　　计算题　　　　复习思考题

项目 7 抽样推断

↘ 知识目标
- 了解抽样推断的含义、特点及作用。
- 理解抽样推断中常用的基本概念。
- 掌握抽样平均误差和抽样极限误差的计算方法。
- 掌握区间估计的计算方法。
- 理解必要样本容量确定的基本知识。

↘ 技能目标
学会用 Excel 进行区间估计；能够将抽样推断方法应用于统计实践工作中。

↘ 情景引入
本情景需要我们通过抽样推断的方法进行解决。本项目就是通过统计抽样，从样本数据推断总体特征，并计算出抽样误差，以达到了解总体的目的。

任务 7.1 抽样推断概述

7.1.1 抽样推断的概念和特点

抽样推断是指按照随机性原则，从研究对象中抽取一部分进行观察，并根据所得到的观察数据，对研究对象的数量特征做出具有一定可靠程度的估计和推断，以达到认识总体特征的一种统计方法。

抽样推断的特点主要表现在以下几个方面。

1. 按照随机原则选择样本

抽样推断的基本要求是严格按照随机原则抽取样本单位。所谓随机原则，就是同等可能性原则，是指在抽取样本单位时，总体中的每一个单位都有同等被抽中的机会，样本单位的选取完全排除了人的主观意识。

2. 以部分特征推断总体特征

抽样推断是一种非全面调查，但是调查的目的不在于了解部分单位的情况，而是根据这部分单位的情况来推断总体的数量特征。它以概率论为理论基础，抽取足够的样本单位，

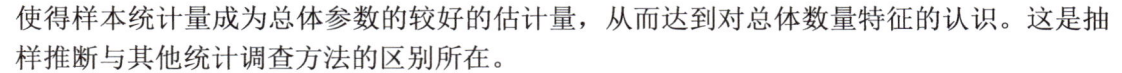

使得样本统计量成为总体参数的较好的估计量，从而达到对总体数量特征的认识。这是抽样推断与其他统计调查方法的区别所在。

3. 抽样误差可以事先计算并加以控制

在抽样推断中，不可避免会出现抽样误差，但这种误差可以事先通过一定的资料加以计算，并在抽样过程中采取一定的措施进行控制，从而保证抽样推断的结果达到一定的可靠程度，这是任何其他估算方法做不到的。但是，抽样误差是不可能完全消除的。

7.1.2 抽样推断的作用

抽样推断的特点决定了其在实际工作中具有广泛的适用性。目前，它在自然科学、社会科学、经济管理等方面已经得到了普遍使用。伴随着抽样理论与实际技术的不断发展，抽样推断在统计工作中的地位越来越高，其主要作用有以下几个。

1. 在不可能进行全面调查的情况下可以使用抽样推断

这种现象分为两种情况：一是进行破坏性试验或检测时，不可能进行全面调查，而只能采用抽样推断的方法，如检验灯泡的使用寿命、食品的卫生检查等；二是当总体范围过大或总体是无限总体时，无法进行全面调查，只能借助抽样推断来认识总体的数量特征，如检查海洋里鱼的分布等。

2. 用于理论上存在全面调查的可能，但实际办不到或不必要

例如，要了解全国城乡居民的家庭收入状况。从理论上来说这是有限总体，可以进行全面调查，但实际上办不到，也没有必要，对此类问题采用抽样推断的方法，既能节省人力、物力、时间，又可以达到与全面调查一样的效果。

3. 用于对全面调查的结果进行评价和修正

全面调查涉及范围广，调查单位多，工作量大，参加的人数多，因而登记性和计算性的误差就多。因此，在全面调查后，还可以再抽取一部分单位重新调查一次，计算其差错比率，并进行修正，从而进一步提高全面调查的准确性。此外，由于抽样推断的范围小，还可以配合一些项目进行专题调查。

7.1.3 抽样推断的几个基本概念

1. 全及总体和抽样总体

在抽样调查中，有两种不同的总体，即全及总体和抽样总体。

（1）全及总体

全及总体简称总体，是指所要认识对象的全体。全及总体是由具有某种共同性质的许多单位组成的。因此，全及总体也就是具有同一性质的许多单位的集合体。例如，我们要研究某城市职工的生活水平，则该城市全部职工即构成全及总体；我们要研究某乡粮食单产水平，则该乡的全部粮食播种面积就是全及总体。

全及总体按其各单位标志性质不同，可以分为变量总体和属性总体两类。构成变量总体的各个单位可以用一定的数量标志加以计量。例如，研究居民的收入水平，每户居民的收入就是它的数量标志，反映各户的数量特征。但并非所有标志都是可以计量的，有的标志只能用一定的文字加以描述。例如，要研究织布厂 1 000 台织布机的完好情况，只能用"完

好"和"不完好"等文字作为品质标志来描述各台设备的属性特征。这种用文字描写属性特征的总体称为属性总体。区分变量总体和属性总体是很重要的,由于总体不同,认识这一总体的方法也就不同。

全及总体的单位数通常用大写英文字母 N 来表示。作为全及总体,单位数 N 即使有限,但总是很大,大到几千、几万、几十万、几百万,如人口总体、棉花纤维总体、粮食产量总体等。对无限总体的认识只能采用抽样的方法,而对于有限总体的认识,理论上虽可以应用全面调查来搜集资料,但实际上往往由于不可能或不经济而借助抽样的方法以求得对有限总体的认识。

(2)抽样总体

抽样总体简称样本,是从全及总体中随机抽取出来,代表全及总体部分单位的集合体。抽样总体的单位数通常用小写英文字母 n 来表示。对于全及总体单位数 N 来说,n 是个很小的数,它可以是 N 的几十分之一、几百分之一、几千分之一、几万分之一。一般来说,样本单位数达到或超过 30 称为大样本,而在 30 以下称为小样本。社会经济现象的抽样调查多取大样本,而自然实验观察则多取小样本。以很小的样本来推断很大的总体,这是抽样调查的一个特点。

如果说全及总体是唯一确定的,那么,抽样总体就完全不是这样。在一个全及总体中可能抽取很多个抽样总体,全部样本的可能数目和每一样本的容量有关,也和随机抽样的方法有关。由于样本容量和取样方法不同,样本的可能数目也有很大的差别。抽样本身是一种手段,目的在于对总体做出判断,因此,样本容量要多大,要怎样取样,样本的数目可能有多少,它们的分布又怎样,这些都关系到对总体判断的准确程度,都要认真研究。

2. 全及指标和抽样指标

(1)全及指标

根据全及总体各个单位的标志值或标志特征计算的,反映总体某种属性的综合指标,称为全及指标。由于全及总体是唯一确定的,根据全及总体计算的全及指标也是唯一确定的。

对于不同性质的总体,需要计算不同的全及指标。对于变量总体,由于各单位的标志可以用数量来表示,因此可以计算总体平均数。

$$\bar{X} = \frac{\sum X}{N}$$

对于属性总体,由于各单位的标志不可以用数量来表示,只能用一定的文字加以描述,因此,就应该计算结构相对指标,称为总体成数,用大写英文字母 P 表示,它说明总体中具有某种标志的单位数在总体中所占的比重。变量总体也可以计算成数,即总体单位数在所规定的某变量值以上或以下的比重,视同具有或不具有某种属性的单位数比重。

设总体的 N 个单位中,有 N_1 个单位具有某种属性,N_0 个单位不具有某种属性,$N_1+N_0=N$,P 为总体中具有某种属性的单位所占的比重,Q 为不具有某种属性的单位所占的比重,则总体成数为

$$P = \frac{N_1}{N}, \quad Q = \frac{N_0}{N} = \frac{N-N_1}{N} = 1-P$$

此外,全及指标还有总体方差 σ^2 和总体标准差 σ,它们都是测量总体标志值分散程度

的指标。

$$\sigma^2 = \frac{\sum(X-\bar{X})^2}{N}$$

$$\sigma = \sqrt{\frac{\sum(X-\bar{X})^2}{N}}$$

（2）抽样指标

由抽样总体各个标志值或标志特征计算的综合指标称为抽样指标。和全及指标相对应的还有抽样平均数 $\bar{x}$、抽样成数 p、样本方差 S^2 和样本标准差 S 等。$\bar{x}$ 和 p 用小写英文字母表示，以示区别。

$$\bar{x} = \frac{\sum x}{n}$$

设样本的 n 个单位中有 n_1 个单位具有某种属性，n_0 个单位不具有某种属性，$n_1+n_0=n$，p 为样本中具有某种属性的单位所占的比重，q 为不具有某种属性的单位所占的比重，则抽样成数为

$$p = \frac{n_1}{n}, \quad q = \frac{n_0}{n} = \frac{n-n_1}{n} = 1-p$$

样本方差和样本标准差分别为

$$S^2 = \frac{\sum(x-\bar{x})^2}{n-1}$$

$$S = \sqrt{\frac{\sum(x-\bar{x})^2}{n-1}}$$

由于一个全及总体可以抽取许多个样本，样本不同，抽样指标的数值也就不同，因此抽样指标的数值不是唯一确定的。实际上抽样指标是样本变量的函数，它本身也是随机变量。

3. 重复抽样与不重复抽样

（1）重复抽样

重复抽样又称有放回的抽样，是指从全及总体 N 个单位中随机抽取一个容量为 n 的样本，每次对抽中的单位经登记其有关标志表现后又放回总体中重新参加下一次的抽选。每次从总体中抽取一个单位，可看作一次试验，连续进行 n 次试验就构成了一个样本。因此，重复抽样的样本是经 n 次相互独立的连续试验形成的。每次试验均是在相同的条件下完全按照随机原则进行的。

（2）不重复抽样

不重复抽样又称无放回的抽样，是指从全及总体 N 个单位中随机抽取一个容量为 n 的样本，每次对抽中的单位登记其有关标志表现后不再放回总体中参加下一次的抽选。经过连续 n 次不重复抽选单位构成样本，实质上相当于一次性同时从总体中抽选 n 个单位构成样本。上一次的抽选结果会直接影响下一次抽选。因此，不重复抽样的样本是经 n 次不相互独立的连续试验形成的。

4. 抽样框与样本数

（1）抽样框

抽样框又称抽样结构，是指对可以选择作为样本的总体单位列出名册或排序编号，以确定总体的抽样范围和结构。设计出了抽样框后，便可采用抽签的方式或按照随机数表来抽选必要的单位。若没有抽样框，则不能计算样本单位的概率，从而也就无法进行概率选样。

（2）样本数

样本数又称样本的可能数目，是指从总体 N 个单位中随机抽选 n 个单位构成样本。通常有多种抽选方法，每一种抽选方法实际上是从总体的 N 个单位中抽选 n 个单位的一种组合，一种组合便构成一个可能的样本。n 个总体单位的组合总数，称为样本的可能数，即样本数。

7.1.4　抽样调查的组织形式

抽样调查具体又分为概率抽样和非概率抽样。概率抽样也称随机抽样，是指按照随机原则从总体中抽取样本。非概率抽样也称非随机抽样，是指从研究目的出发，根据调查者的经验或判断，从总体中有意识地抽取若干单位构成样本。非概率调查的特点是选择样本时的非随机原则，这就使得调查的结果掺杂了调查者的主观倾向性，易受调查者的经验、主观判断和专业知识的限制，产生倾向性误差。下面介绍概率抽样常用的 4 种基本的组织形式。

1. 简单随机抽样

简单随机抽样又称纯随机抽样。它是对总体中的所有单位不进行任何分组、排队，完全随机地从总体中抽选样本单位进行调查，它可使总体中的各个单位具有同等被抽中的机会。这种抽样方法简单易行，是抽样调查中最基本的方式。其具体方法又有以下几种。

（1）直接抽选法

直接抽选法是从调查对象中直接抽选样本。例如，从仓库中存放的所有同类产品中随机指定若干箱产品进行质量检验，从粮食仓库中不同的地点取出若干粮食样本进行含杂量、含水量的检验等。

（2）抽签法

抽签法是先给每个单位编上序号，将号码写在纸片上，掺和均匀后从中抽选，抽到哪个单位就调查哪个单位，直到抽够预定的数量为止。这种方法简单易行，若总体单位数目不多时可以使用。

2. 分层抽样

分层抽样也称类型抽样，是将总体单位按其属性特征分成若干类型或层，然后在类型或层中随机抽取样本单位。分层抽样的特点是，由于通过划类分层，增大了各类型中单位间的共同性，容易抽出具有代表性的调查样本。该方法适用于总体情况复杂，各单位之间差异较大，单位较多的情况。

分层抽样的具体程序是：把总体各单位分成两个或两个以上的相互独立的完全的组（如男性和女性），从两个或两个以上的组中进行简单随机抽样，样本相互独立。总体各单位按主要标志加以分组，分组的标志与关心的总体特征相关。例如，正在进行有关啤酒品牌知名度方面的调查，初步判断，在啤酒方面男性的知识和女性的不同，那么性别应是划分

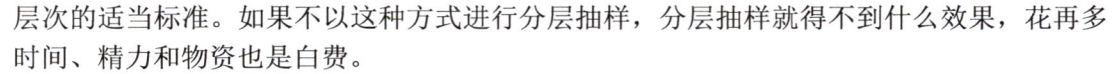

层次的适当标准。如果不以这种方式进行分层抽样，分层抽样就得不到什么效果，花再多时间、精力和物资也是白费。

3. 等距抽样

等距抽样也称机械抽样或系统抽样，是将总体各单位按一定标志或次序排列成为图形或一览表式（也就是通常所说的排队），然后按相等的距离或间隔抽取样本单位。

等距抽样的特点是，抽出的单位在总体中是均匀分布的，且抽取的样本可少于纯随机抽样。等距抽样既可以用同调查项目相关的标志排队，也可以用同调查项目无关的标志排队。等距抽样是实际工作中应用较多的方法。

例如，对 2 000 个职工家庭生活情况进行抽样调查，先将职工按姓氏笔画排序，然后用抽签的方式随机决定抽取起始序号和间隔，如从第 5 号家庭开始抽取，间隔为 10，那么第 5 号、15 号、25 号……（以此类推），就会被抽出。

4. 整群抽样

整群抽样也称成组抽样，是先将总体各单位划分为许多群，然后以群为单位，从中随机抽取部分群，对选中群的所有单位进行全面调查。例如，对产品质量进行检验时，可每隔 50 分钟抽取 10 分钟所生产的全部产品进行检验，或者每隔 7 小时抽取 1 小时所生产的全部产品作为样本，那么这 10 分钟或 1 小时所生产的产品将全部被抽取，即有多少算多少。

整群抽样容易组织，多用于产品的质量检查。其缺点是由于样本在全及总体中太集中，分布不均匀，与其他几种抽样方式比较，误差较大，代表性较差。但是如果群内差异大而群间差异小，即群内方差大，群间方差小，则可使样本代表性提高，使抽样误差减少。考虑到编制名单和抽选样本的工作比其他各种组织形式省事，调查也集中方便，这时整群抽样又是有益的。

任务 7.2 抽样误差

7.2.1 抽样误差的概念

用抽样指标来估计全及指标是否可行，关键问题在于抽样误差的大小表明抽样效果的好坏，如果抽样误差超过了允许的限度，抽样调查也就失去了意义。抽样误差的大小能够说明抽样指标估计总体指标是否可行、抽样效果是否理想等调查性问题。常见的抽样误差有抽样平均数与总体平均数之差 ($\bar{x} - \bar{X}$)、抽样成数与总体成数之差 ($p-P$)。

例如，某年级 100 名学生的平均体重 $\bar{X}$ =55 千克，现随机抽取 10 名学生，其平均体重 $\bar{x}$ =52 千克。若用 52 千克估计 55 千克，则误差为 52-55=-3（千克）。如果重新抽 10 名学生，若测得 $\bar{x}$ =57 千克，则其误差为 2 千克。这种只抽取部分样本而产生的误差，都被称为抽样误差。

由上例不难看出，抽样误差既是一种随机性误差，也是一种代表性误差。说其是代表性误差，是因为利用总体的部分资料推算总体时，不论样本选取有多么公正，设计多么完善，总还是部分单位而不是所有单位，产生误差是无法避免的。说其是随机性误差，是指按随机性原则抽样时，由于抽样的不同，会得到不同的抽样指标值，由此产生的误差值各不相同。抽样误差中的代表性误差是抽样调查本身所固有的、无法避免的误差，但随机性误差则可利用大数定律精确地计算并能够通过抽样设计程序加以控制。

抽样误差不包括下面两类误差：一类是调查误差，即在调查过程中由于观察、测量、登记、计算上的差错而引起的误差；另一类是系统性误差，即由于违反抽样调查的随机原则，有意抽选较好单位或较坏单位进行调查，造成样本的代表性不足所引起的误差。这两类误差都属于思想、做法、技术等问题，所以是可以防止和避免的。

7.2.2 影响抽样误差的因素

1. 抽样单位数的多少

由于总体内各单位之间总存在差异，在其他条件不变的情况下，大量观察总比小量观察易于发现总体规律或特征，因此样本容量越大越能代表总体特征，抽样误差就越小；反之，样本容量越小，抽样误差就可能越大。

2. 总体各单位标志值的差异程度

总体内各单位标志值的差异程度越小，或总体的标准差越小，在其他条件给定的情况下，则抽样误差就越小；反之，抽样误差就越大。

3. 抽样方法

抽样方法不同，抽样误差也不同。一般来说，重复抽样的误差比不重复抽样的误差要大。

4. 抽样的组织形式

选择不同的抽样组织形式，也会有不同的抽样误差。

7.2.3 抽样平均误差

从一个总体中可以抽取很多个样本。因此，样本指标（样本平均数、样本成数等）就有不同的数值，它们与总体指标（总体平均数、总体成数等）的离差（抽样误差）也就不同。抽样平均误差就是反映抽样误差一般水平的指标，通常用样本平均数（或样本成数）的标准差来表示。

1. 样本平均数的平均误差

以 μ_x 表示样本平均数的平均误差，σ 表示总体的标准差。根据定义

$$\mu_x^2 = E(x - \bar{X})^2$$

① 当抽样方式为重复抽样时，样本标志值 x_1，x_2，$\cdots$，x_n 是相互独立的，样本变量 x 与总体变量 X 同分布。所以得

$$\mu_x = \sqrt{\frac{\sigma^2}{n}} = \frac{\sigma}{\sqrt{n}}$$

它说明在重复抽样的条件下，抽样平均误差与总体标准差成正比，与样本容量的平方根成反比。

例 7-1 有 5 个工人的日产量（单位：件）分别为 6，8，10，12，14。用重复抽样的方法，从中随机抽取 2 个工人的日产量，用以代表这 5 个工人的总体水平，则抽样平均误差为多少？

根据题意可得总体平均数 $\bar{X} = \dfrac{6+8+10+12+14}{5} = 10$（件）

总体标准差 $\sigma = \sqrt{\dfrac{(X-\bar{X})^2}{N}} = \sqrt{8}$（件）

所以抽样平均误差 $\mu_x = \dfrac{\sigma}{\sqrt{2}} = \dfrac{\sqrt{8}}{\sqrt{2}} = 2$（件）

② 当抽样方式为不重复抽样时，样本标志值 x_1，x_2，…，x_n 不是相互独立的，根据数理统计知识可知

$$\mu_x = \sqrt{\dfrac{\sigma^2}{n}\left(\dfrac{N-n}{N-1}\right)}$$

当总体单位数 N 很大时，这个公式可近似表示为

$$\mu_x = \sqrt{\dfrac{\sigma^2}{n}\left(1-\dfrac{n}{N}\right)}$$

与重复抽样相比，不重复抽样平均误差是在重复抽样平均误差的基础上，再乘 $\sqrt{(N-n)/(N-1)}$，而 $\sqrt{(N-n)/(N-1)}$ 总是小于 1，所以不重复抽样的平均误差也总是小于重复抽样的平均误差。如例 7-1，若改用不重复抽样方法，则抽样平均误差为

$$\mu_x = \sqrt{\dfrac{\sigma^2}{n}\left(\dfrac{N-n}{N-1}\right)} = \sqrt{\dfrac{8}{2}\left(\dfrac{5-2}{5-1}\right)} \approx 1.732$$（件）

在计算抽样平均误差时，通常得不到总体标准差的数值，一般可以用样本标准差来代替总体标准差。

2. 抽样成数的平均误差

总体成数 P 可以表现为总体是非标志的平均数，即 $E(X)=P$，它的标准差 $\sigma = \sqrt{p(1-p)}$。

根据样本平均误差和总体标准差的关系，可以得到样本成数的平均误差的计算公式。

① 在重复抽样下，其公式为

$$\mu_p = \dfrac{\sigma}{\sqrt{n}} = \sqrt{\dfrac{p(1-p)}{n}}$$

② 在不重复抽样下，其公式为

$$\mu_p = \sqrt{\dfrac{\sigma^2}{n}\left(\dfrac{N-n}{N-1}\right)} = \sqrt{\dfrac{p(1-p)}{n}\left(\dfrac{N-n}{N-1}\right)}$$

当总体单位数 N 很大时，可近似地写成

$$\mu_p = \sqrt{\dfrac{p(1-p)}{n}\left(1-\dfrac{n}{N}\right)}$$

当总体成数未知时，可以用样本成数来代替。

统计基础与应用（第2版）

例 7-2 估计某地区 10 000 名适龄儿童的入学率，随机从这一地区抽取 400 名儿童，检查有 320 名儿童入学，求抽样入学率的平均误差。

根据题意可得
$$p = \frac{320}{400} = 80\%$$

在重复抽样条件下，入学率的抽样平均误差为

$$\mu_p = \sqrt{\frac{p(1-p)}{n}} = \sqrt{\frac{0.16}{400}} = 2\%$$

在不重复抽样条件下，入学率的抽样平均误差为

$$\mu_p = \sqrt{\frac{p(1-p)}{n}\left(1 - \frac{n}{N}\right)} = \sqrt{\frac{0.16}{400} \times \left(1 - \frac{400}{10\ 000}\right)} \approx 1.96\%$$

7.2.4 抽样极限误差

抽样平均误差是说明抽样方案总的误差情况。但是在进行抽样推断时，实际上只抽取一个样本。因此实际的抽样误差可能大于抽样平均误差，也可能小于抽样平均误差。但对于某一项调查来说，根据客观要求一般应有一个允许的误差范围，也就是说，若抽样误差在这个范围之内就认为是可行的。

用抽样指标来估计总体指标，要达到完全准确，毫无误差，是不可能的，所以在估计总体指标的同时，必须考虑估计误差的大小。当然我们希望误差要小一些，因为误差愈大，样本资料的价值就愈小，误差超过了一定程度，样本资料就毫无价值了。但也并不是误差越小越好，因为减少抽样误差势必增加许多费用。所以在进行抽样估计时，应该根据所研究对象的差异程度和分析任务的需要确定可允许的误差范围，在这个范围内的估计数字都算是有效的。我们把这种可允许的误差范围称为抽样极限误差，也称为置信区间。它等于样本指标可允许变动的上限或下限与总体指标之差的绝对值。

设 $\Delta_{\bar{x}}$ 与 Δ_p 分别表示抽样平均数与抽样成数的抽样极限误差，抽样极限误差 Δ 和抽样平均误差 μ 有以下关系，其中 t 为概率度。

$$\Delta = t\mu$$

$$\Delta_{\bar{x}} = t\mu_x = t\sqrt{\frac{s^2}{n}}$$

$$\Delta_p = t\mu_p = t\sqrt{\frac{P(1-P)}{n}}$$

就是在一定的概率保证下，用样本均值 $\bar{x}$ 和样本成数 p 估计总体均值 $\bar{X}$ 和总成数 P 时允许的最大绝对误差，即有下列公式。

$$|\bar{x} - \bar{X}| \leqslant \Delta_{\bar{x}}$$

$$|p - P| \leqslant \Delta_p$$

或

$$\bar{x} - \Delta_{\bar{x}} \leq \bar{X} \leq \bar{x} + \Delta_{\bar{x}}$$

$$p - \Delta_p \leq P \leq p + \Delta_p$$

可见，抽样误差的范围是以 $\bar{X}$ 或 P 为中心，Δ 为半径的一个区间。

例 7-3 为了解所属村 90 000 公顷耕地种植粮食的收获情况，用不重复抽样方法抽取 100 公顷实测，求得其单位面积产量为 600 千克。若确定抽样极限误差为 20 千克，估计该耕地单位面积产量。

根据题意可知，$N=90\,000$，$n=100$，$\bar{x}=600$ 千克，$\Delta_{\bar{x}}=20$ 千克。

直接代入不等式 $\bar{x} - \Delta_{\bar{x}} \leq \bar{X} \leq \bar{x} + \Delta_{\bar{x}}$ 得

$$600-20 \leq \bar{X} \leq 600+20$$

$$580 \leq \bar{X} \leq 620$$

也就是说该乡村 90 000 公顷耕地单位面积产量估计在 580 到 620 千克之间。

例 7-4 某市今年栽种了一批小树。园林部门从不同的地段随机抽取了 1 000 棵小树进行观察，发现 30 棵没有成活。根据以往的经验，抽样的极限误差为 2%，请估计这批小树的成活率。

根据题意可知，$n=1\,000$，$n_1=1\,000-30$，$p=\dfrac{n_1}{n}=\dfrac{1\,000-30}{1\,000}=97\%$，$\Delta_p=2\%$。

直接代入不等式 $p - \Delta_p \leq P \leq p + \Delta_p$ 得

$$97\%-2\% \leq P \leq 97\%+2\%$$

$$95\% \leq P \leq 99\%$$

该批小树的成活率估计在 95% 到 99% 之间。

任务 7.3　抽样推断的方法

7.3.1 总体参数的点估计

1. 点估计的概念

点估计就是以样本指标直接作为总体参数的估计方法，也称定值估计。它是以抽样得到的样本统计量作为总体参数的估计量，并以样本统计量的实际值直接作为总体未知参数估计值的一种推断方法。例如，对某高校的入学新生随机抽取 400 名进行调查，得到学生的月平均生活费支出为 1 500 元，月生活费支出在 2 000 元以上的占 25%，进而就以此样本指标作为总体参数。点估计方法虽然简单，但在实际工作中一般不单独使用，因为在抽样估计中样本统计量完全等于总体参数的可能性极小。

2. 优良估计量的标准

对总体参数进行估计的时候，我们总是希望估计是合理的或优良的。作为优良估计量，其标准有以下 3 个。

（1）无偏性

无偏性，即用抽样统计量估计总体参数，要求所有可能样本指标的平均数等于被估计的总体指标。也就是说，虽然每次的抽样指标和未知的总体指标可能不相同，但在多次反复的抽样中各个抽样指标的平均数应该等于总体指标，即抽样指标的估计平均来说是没有偏差的。用公式表示，即 $E(\bar{x}) = X$，$E(p) = P$。

（2）一致性

一致性，即用抽样统计量估计总体参数时，要求当抽样单位数充分大到接近总体单位总数时，抽样指标也充分地接近总体指标。换句话说，随着样本单位数 n 的无限增大，抽样统计量和未知的总体参数之间的绝对离差为任意小的可能性也趋于必然性。

（3）有效性

有效性，即用抽样统计量估计总体参数时，要求作为优良估计量的方差应与其他估计量的方差相比是最小的。例如，用抽样平均数和总体另一变量来估计总体平均数，虽然两者都是无偏的估计量，而且在每次的估计中两种估计量和总体平均数都可能有离差，但样本平均数更靠近在总体平均数的周围，一般来说它的离差比较小，所以对比而言，抽样平均数是更为优良的估计量。

点估计的优点是原理直观，计算简便。其不足之处是，这种估计方法没有考虑到抽样估计的误差，更没有指明误差在一定范围内的概率保证程度。要解决这些问题，就要采用区间估计的方法。

7.3.2　总体参数的区间估计

区间估计就是以一定的概率保证估计包含总体参数的一个值域，即根据样本指标和抽样平均误差推断总体指标的可能范围。它包括两部分内容：一是这一可能范围的大小；二是总体指标落在这个可能范围内的概率。区间估计既能说清估计结果的准确程度，又同时表明这个估计结果的可靠程度，所以它是比较科学的，是本节阐述的重点。

用样本指标来估计总体指标，要达到 100% 的准确而没有任何误差几乎是不可能的。所以，在估计总体指标时就必须同时考虑估计误差的大小。从人们的主观愿望上看，总是希望花较少的钱取得较好的效果，也就是说希望调查费用越少、调查误差越小越好。但是，在其他条件不变的情况下，缩小抽样误差就意味着增加调查费用，它们是相互矛盾的。因此，在进行抽样调查时，应该根据研究目的和任务以及研究对象的标志变异程度，科学确定允许的误差范围。

区间估计必须同时具备 3 个要素，即估计值、抽样极限误差和概率保证程度。抽样误差范围决定抽样估计的准确性，概率保证程度决定抽样估计的可靠性，二者密切联系，但同时又相互矛盾。因此，对估计的精确度和可靠性的要求应慎重考虑。

在实际抽样调查中，区间估计根据给定的条件不同，有两种方法：一种是给定抽样极限误差，要求对总体指标做出区间估计；二是给定概率保证程度，要求对总体指标做出区间估计。

1. 总体参数均值的区间估计

① 正态总体，σ^2 已知或大样本（$n \geqslant 30$ 或 50）用 z 估计，可查正态分布表。由于总

体服从 $X \sim N(\mu,\sigma^2)$ 分布,因此,统计量 $z = \dfrac{\overline{X}-\mu}{\sigma_{\overline{x}}} = \dfrac{\overline{X}-\mu}{\dfrac{\sigma}{\sqrt{n}}} \sim N(0,1)$。正态分布如图 7-1 所示。

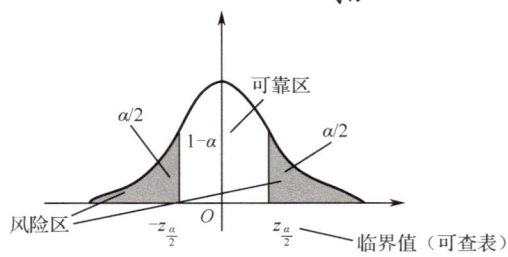

图 7-1 正态分布

设风险概率为 α,则 $p\left(-z_{\frac{\alpha}{2}} \leq \dfrac{\overline{x}-\mu}{\dfrac{\sigma}{\sqrt{n}}} \leq z_{\frac{\alpha}{2}}\right) = 1-\alpha$。其中,$\overline{x}$ 是样本平均数。

又因为 $-z_{\frac{\alpha}{2}} \leq \dfrac{\overline{x}-\mu}{\dfrac{\sigma}{\sqrt{n}}} \leq z_{\frac{\alpha}{2}}$,解之得估计区间为 $\overline{x} - z_{\frac{\alpha}{2}} \cdot \dfrac{\sigma}{\sqrt{n}} \leq \mu \leq \overline{x} + z_{\frac{\alpha}{2}} \cdot \dfrac{\sigma}{\sqrt{n}}$。

其中,$\overline{x}$ 是样本平均数,σ 是总体标准差,在大样本条件下 σ 可用 S 代替。

例 7-5 某制造厂的产品重量服从正态分布,现随机抽取一个样本,计算结果是 $\overline{x}=65$ 千克,标准差 $S=15$ 千克。现以 95% 的置信度,以样本容量 $n=100$,估计总体平均重量的置信区间。

样本容量 $n=100$,属于大样本,临界值 $z_{\frac{\alpha}{2}}=1.96$。

计算 $\dfrac{S}{\sqrt{n}} = \dfrac{15}{10} = 1.5$,即允许误差为 $\pm 1.96 \times 1.5 = \pm 2.94$。

则有置信区间 $65-2.94 \leq \mu \leq 65+2.94$,即 95% 的估计区间为 [62.06, 67.94]。

② 正态总体,σ 未知且小样本($n<30$)用 t 估计。

由抽样分布理论可知,统计量 $T = \dfrac{\overline{X}-\mu}{\dfrac{S}{\sqrt{n}}} \sim t(n-1)$,其中 $S^2 = \dfrac{1}{n-1}\sum(x_i - \overline{x})^2$。

设风险概率为 α,则 $p\left(-t_{\frac{\alpha}{2}} \leq \dfrac{\overline{X}-\mu}{\dfrac{S}{\sqrt{n}}} \leq t_{\frac{\alpha}{2}}\right) = 1-\alpha$。

2. 总体成数的区间估计

设事件 A 发生的概率为 P,由数理统计理论可知,$\sigma_p^2 = p(1-p)$,所以

$$\mu_P = \sqrt{\frac{\sigma_p^2}{n}} = \sqrt{\frac{p(1-p)}{n}}。$$

由平均数资料推知成数资料的估计区间为 $p - z_{\frac{\alpha}{2}} \cdot \mu_P \leq P \leq p + z_{\frac{\alpha}{2}} \cdot \mu_P$。其中，$P$ 为总体成数。

例 7-6 为了解国内旅游人数情况，在一些地区随机调查 5 000 人，结果发现 800 人有当年国内旅游计划，要求以 95% 的概率保证程度，估计国内旅游人数比率的可能范围。

根据已知资料计算得到样本国内旅游人数比率 $p = \frac{800}{5\,000} = 16\%$，样本方差 $S_p^2 = p(1-p) = 0.16 \times 0.84 = 0.134\,4$，抽样平均误差 $\mu_P = \sqrt{\frac{p(1-p)}{n}} \approx 0.518\%$。

又因为 $z_{\frac{\alpha}{2}} = 1.96$，所以：

上限 $= p + z_{\frac{\alpha}{2}} \cdot \mu_P = 16\% + 1.96 \times 0.518\% \approx 17.015\%$；

下限 $= p - z_{\frac{\alpha}{2}} \cdot \mu_P = 16\% - 1.96 \times 0.518\% \approx 14.985\%$。

结论：在 95% 的概率保证程度下，估计国内旅游人数的比率为 14.985% ～ 17.015%。

7.3.3 样本容量的确定

1. 确定样本容量的必要性

必要样本容量是指在一定的抽样误差以及可靠程度的要求下所必须抽足的最小样本的单位数。样本容量过大，会增加调查的工作量，造成人力、财力、物力和时间的浪费；样本容量过小，则样本对总体缺乏足够的代表性，从而难以保证推算结果的精确度和可靠性，达不到预期的抽样效果。因此，确定必要的样本容量具有重要的意义，它是抽样推断必须解决的基本问题之一。

2. 影响必要样本容量的因素

（1）标准差或方差的影响

总体各单位标志值的变动程度，即标准差或方差的影响。在其他条件不变的前提下，总体各单位标志值的变动程度越大，样本容量应越大；反之，总体各单位标志值的变动程度越小，则样本容量应越小。两者成正比关系。

（2）抽样极限误差

抽样极限误差越小，即抽样估计的精确度要求越高，样本容量应越大；抽样极限误差越大，即抽样估计的精确度要求越低，样本容量应越小。两者成反比关系。

（3）概率保证程度

抽样估计所要求的概率保证程度越高，样本容量应越大；概率保证程度越低，样本容量应越小。两者成正比关系。

（4）抽样方法

由于不重复抽样的误差小于重复抽样的误差，因此，不重复抽样的样本容量可以比重复抽样小一些。

（5）抽样的组织方式

不同的抽样组织方式会有不同的抽样误差，因此，样本容量也应有所不同。一般来说，若用分层抽样和等距抽样，抽样的样本容量可定得小些；若用简单随机抽样和整群抽样方式，抽样的样本容量就要定得大些。

3. 样本容量的计算

由数理统计理论可知，考虑到诸多因素的影响，要分别考虑重复抽样和不重复抽样两种情形。

（1）重复抽样

① 平均数资料的样本容量的计算。

因为抽样极限误差 $\Delta_x = z_{\frac{\alpha}{2}} \cdot \sigma_x = z_{\frac{\alpha}{2}} \cdot \frac{\sigma}{\sqrt{n}}$，所以 $n = \frac{z_{\frac{\alpha}{2}}^2 \cdot \sigma^2}{\Delta_x^2}$。其中，$z_{\frac{\alpha}{2}}$ 为临界值，σ 为总体标准差。

① 成数资料的样本容量的计算。

因为 $\sigma^2 = p(1-p)$，所以 $n = \frac{z_{\frac{\alpha}{2}}^2 \cdot p(1-p)}{\Delta_p^2}$。其中，$p$ 为事件发生的概率。

（2）不重复抽样

① 平均数资料的样本容量的计算。

因为 $\Delta_x = z_{\frac{\alpha}{2}} \cdot \sqrt{\frac{\sigma^2}{n}\left(1 - \frac{n}{N}\right)}$，解之得 $n = \frac{N z_{\frac{\alpha}{2}}^2 \sigma^2}{N \Delta_x^2 + z_{\frac{\alpha}{2}}^2 \sigma^2}$。其中，$N$ 为总体容量。

② 成数资料的样本容量的计算。

因为 $\sigma^2 = p(1-p)$，所以 $n = \frac{N z_{\frac{\alpha}{2}}^2 \cdot p(1-p)}{N \Delta_p^2 + z_{\frac{\alpha}{2}}^2 p(1-p)}$。

4. 计算样本容量应注意的问题

① 按以上公式计算的样本容量是最低容量。

② 公式中的 σ^2 或 $p(1-p)$ 通常都是未知数，实际中的处理方法如下。

● 沿用历史同类问题的资料。

● 用试样的办法求出 σ 与 p。

● 成数资料还可用求极值的办法找到 $p(p=0.5)$。

例 7-7 对某厂某型号的电子元件 10 000 只进行耐用性能检查。根据以往抽样已知，耐用时数的标准差为 600 小时。在概率保证程度为 68.27%，元件平均耐用时数的误差范围不超过 150 小时的条件下，要抽取多少元件做检查？

由题意可知，$z_{\frac{\alpha}{2}} = 1$，$S = 600$（小时），$\Delta_x = 150$（小时），$N = 10\ 000$（只）。

重复抽样条件下的样本容量为

$$n = \frac{z_{\frac{\alpha}{2}}^2 \cdot \sigma^2}{\Delta_x^2} = \frac{1^2 \times 600^2}{150^2} = 16 \text{（只）}$$

不重复抽样的条件下的样本容量为

$$n = \frac{N z_{\frac{\alpha}{2}}^2 \sigma^2}{N\Delta_x^2 + z^2 \sigma^2} = 15.97 \approx 16 \text{（只）}$$

例 7-8 对某厂某型号的电子元件 10 000 只进行耐用性能检查。根据以往抽样已知，耐用时数的标准差为 600 小时，元件合格率为 95%，合格率的标准差为 21.8%。要求在 99.73% 的概率保证程度下，允许误差不超过 4%，试确定所需抽取的元件数目。

根据题意可知，$z_{\frac{\alpha}{2}} = 3$，$S = 600$（小时），$p(1-p) = 0.047\,5$，$\Delta_p = 0.04$，$N = 10\,000$（只）。

重复抽样条件下的样本容量为

$$n = \frac{z_{\frac{\alpha}{2}}^2 \cdot p(1-p)}{\Delta_p^2} = 267.19 \approx 268 \text{（只）}$$

不重复抽样条件下的样本容量为

$$n = \frac{N z_{\frac{\alpha}{2}}^2 \cdot p(1-p)}{N\Delta_p^2 + z_{\frac{\alpha}{2}}^2 p(1-p)} = 260.23 \approx 261 \text{（只）}$$

从计算的结果可以看出，重复抽样应该抽 268 只检验，而不重复抽样应该抽 261 只，由此可见，在相同条件下，重复抽样需要的样本容量更大。

任务 7.4　*Excel* 在抽样推断中的应用

7.4.1　Excel 在总体平均数区间估计中的应用

区间估计

想要估计总体平均数，必须先根据样本数据计算出样本平均数、样本标准差，然后计算抽样平均误差和抽样极限误差，最后计算出估计区间的下限和上限。

1. 根据未分组的样本数据进行估计

根据未分组的样本数据计算总体平均数区间估计所需的指标，可以使用 Excel 中的有关函数计算，也可以使用描述统计分析工具。利用描述统计分析工具能够直接得到估计总体平均数的区间所需的样本平均数、样本标准差、抽样平均误差和抽样极限误差。

例 7-9 某公司随机抽取了 30 名员工进行一项测试，他们各自完成某一项任务的时间如下（单位：分钟）。

| 35 | 45 | 44 | 39 | 32 | 33 | 31 | 38 | 51 | 46 | 41 | 45 | 36 | 39 | 49 |
| 35 | 43 | 41 | 37 | 50 | 34 | 39 | 47 | 45 | 35 | 37 | 46 | 48 | 32 | 39 |

试根据上述样本,利用 Excel 对任务完成时间的总体平均数进行区间估计。

1)将上述数据输入 Excel 工作表中,如图 7-2 所示(图中只显示部分数据)。

2)选择"数据"→"数据分析"命令,在打开的"数据分析"对话框中选择"描述统计"选项,如图 7-3 所示。

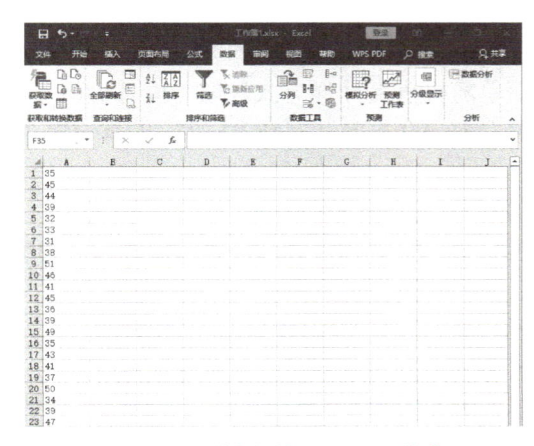

图 7-2 将原始数据输入 Excel 工作表

图 7-3 "数据分析"对话框

3)单击"确定"按钮,在打开的"描述统计"对话框中,设置"输入区域"为 A1:A30、"输出区域"为 B2,同时选中"汇总统计"和"平均数置信度"复选框,并在其后的文本框中指定置信度(默认值为 95%),如图 7-4 所示。单击"确定"按钮,结果如图 7-5 所示。

图 7-4 "描述统计"对话框

图 7-5 最终输出结果

4)在图 7-5 中,输出表中的"平均"是样本平均数,"标准误差"是抽样平均误差,"标准差"是修正的样本标准差,"观测数"是样本容量,最后一行数值是给定的置信度所对应的抽样极限误差。在 95% 的置信度下,利用相关公式很容易得出总体平均数的估计区间为 [38.645 96, 42.154 04]。

需要注意的是,应用描述统计工具计算抽样极限误差时,是严格按照总体方差未知时的估计方法进行的,即以分母为 $(n-1)$ 修正样本方差作为总体方差的无偏估计量。并且,z 值不是根据标准正态分布确定,而是根据 t 分布来确定,因此与用 Excel 函数公式计算的结果会有出入。但当样本为大样本时,则 $(n-1)$ 与 n 的差别很小,而且 t 分布也非常接近标准正态分布,所以上述差别可以忽略不计。

2. 根据已分组样本数据或已计算出的样本指标进行估计

如果掌握的是已分组样本数据，要想估计总体平均数，只能运用 Excel 的函数及公式来实现。

若给定已分组的样本数据，就要利用加权的方法先计算出样本平均数和样本标准差，其在 Excel 中的具体操作在前面章节已做介绍，在此不再赘述。

若已经给定或计算出了样本平均数和样本标准差，可通过输入公式来计算抽样平均误差和抽样极限误差。

例 7-10 某企业生产的新型产品，以简单随机重复抽样方式抽取 100 件做耐用时间测试，结果发现，平均寿命为 6 000 小时，标准差为 300 小时。试在 95.45% 的置信度下，估计这种新型产品的平均寿命区间。

1）打开一张空白的 Excel 工作表，输入已知数据及待计算指标名称。

2）计算抽样平均误差。选定单元格 B4，输入公式"=300/100^0.5"或"=300/SQRT(100)"，按 Enter 键即可得到计算结果 30。

3）确定置信度对应的 z 值。选定单元格 B6，输入公式"=NORMSINV(0.97725)"，按 Enter 键即可得到计算结果 2。其中，该函数的参数 0.977 25 的计算方法如下。

$$F(z)+[1-F(z)]/2=0.954\ 5+(1-0.954\ 5)/2=0.977\ 25$$

4）计算抽样极限误差。选定单元格 B7，输入公式"=2*30"或"=B6*30"，按 Enter 键即可得到计算结果 60。

5）计算估计区间的下限和上限。选定单元格 B8 和 B9，分别输入公式"=6 000-60"和"=6 000+60"，计算结果分别为 5 940 和 6 060。

相关计算公式和结果如图 7-6 所示。

	A	B	C
1	样本平均数	6000	
2	样本标准差	300	
3	样本容量	100	
4	抽样平均误差	300/100^0.5	30
5	置信度	0.9545	
6	置信度对应的Z值	NORMSINV(0.97725)	2
7	抽样极限误差	"=2*30"	60
8	估计区间的下限	"=6000-60"	5940
9	估计区间的上限	"=6000+60"	6060
10			

图 7-6 相关计算公式及结果

7.4.2 Excel 在总体成数区间估计中的应用

如果样本数据是未分组的调查数据，则可先利用函数 COUNT 或 COUNTIF 来统计出具有某一属性的观测数（其在 Excel 中的操作方法在前面章节已做介绍，在此不再赘述），再将具有某一属性的观测数与样本容量 n 对比求出样本成数 p。得到样本成数的值以后，接着计算成数的抽样平均误差和抽样极限误差，最后计算出估计总体成数区间的下限和上限。其计算方法与总体平均数区间估计类似，读者可以选择一道例题在 Excel 中自行演练。

项目小结

本项目主要介绍了抽样推断的概念和特点、作用及常用的几个概念；抽样的平均误差和抽样的极限误差的计算方法；参数估计的相关知识，重点介绍了区间估计的具体方法；必要样本量的确定；Excel 在统计推断中的应用。

1. 抽样推断的概念。抽样推断是指按照随机性原则，从研究对象中抽取一部分进行观察，并根据所得到的观察数据，对研究对象的数量特征做出具有一定可靠程度的估计和推断，以达到认识总体特征的一种统计方法。

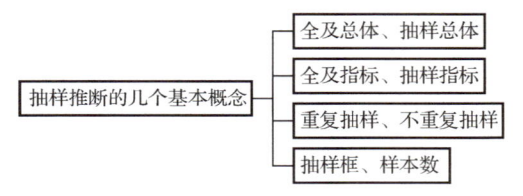

抽样推断的几个基本概念：
- 全及总体、抽样总体
- 全及指标、抽样指标
- 重复抽样、不重复抽样
- 抽样框、样本数

2. 抽样误差是指抽样指标与所要估计的总体指标之间的差值。抽样误差的大小能够说明抽样指标估计指标是否可行、抽样效果是否理想等调查性问题。

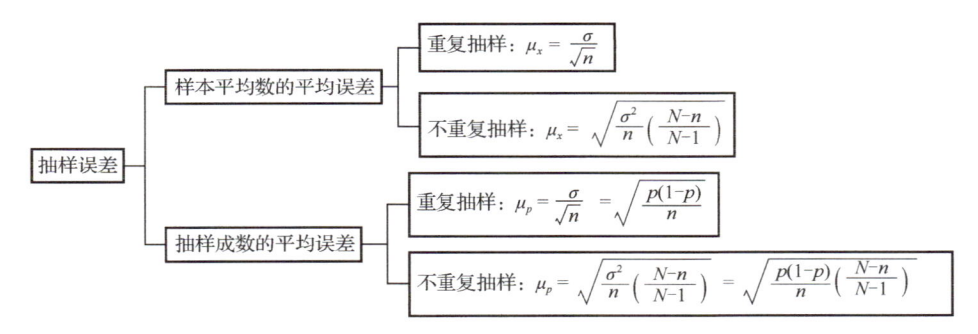

抽样误差：

样本平均数的平均误差：
- 重复抽样：$\mu_x = \dfrac{\sigma}{\sqrt{n}}$
- 不重复抽样：$\mu_x = \sqrt{\dfrac{\sigma^2}{n}\left(\dfrac{N-n}{N-1}\right)}$

抽样成数的平均误差：
- 重复抽样：$\mu_p = \dfrac{\sigma}{\sqrt{n}} = \sqrt{\dfrac{p(1-p)}{n}}$
- 不重复抽样：$\mu_p = \sqrt{\dfrac{\sigma^2}{n}\left(\dfrac{N-n}{N-1}\right)} = \sqrt{\dfrac{p(1-p)}{n}\left(\dfrac{N-n}{N-1}\right)}$

3. 抽样推断的方法有点估计和区间估计。

点估计就是以样本值作为总体参数的估计方法。点估计也称定值估计，它是以抽样得到的样本统计量作为总体参数的估计量，并以样本统计量的实际值直接作为总体未知参数估计值的一种推断方法。

区间估计就是以一定的概率保证估计包含总体参数的一个值域，即根据样本指标和抽样平均误差推断总体指标的可能范围。它包括两部分内容：一是这一可能范围的大小；二是总体指标落在这个可能范围内的概率。

总体参数均值的区间估计：$\bar{x} - z_{\frac{\alpha}{2}} \cdot \dfrac{\sigma}{\sqrt{n}} \leqslant \mu \leqslant \bar{x} + z_{\frac{\alpha}{2}} \cdot \dfrac{\sigma}{\sqrt{n}}$

总体成数的区间估计：$p - z_{\frac{\alpha}{2}} \cdot \mu_P \leqslant P \leqslant p + z_{\frac{\alpha}{2}} \cdot \mu_P$

4. 由于样本容量的大小直接影响到抽样估计的效果，也影响到抽样的费用，必须确定恰当的样本容量。

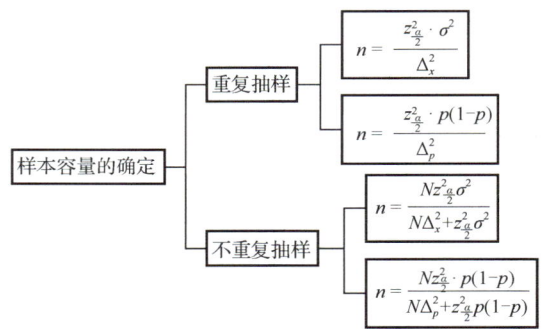

```
                                    ┌── 重复抽样 ──┬── n = z²_{α/2} · σ² / Δ²_x
                                    │              │
                                    │              └── n = z²_{α/2} · p(1-p) / Δ²_p
样本容量的确定 ──┤
                                    │              ┌── n = Nz²_{α/2}σ² / (NΔ²_x + z²_{α/2}σ²)
                                    └── 不重复抽样 ┤
                                                   └── n = Nz²_{α/2} · p(1-p) / (NΔ²_p + z²_{α/2}p(1-p))
```

本项目的重点：抽样推断中涉及的几个概念、抽样误差的概念，以及概率度、精度、可靠程度的概念。

本项目的难点：点估计、区间估计的计算方法，样本容量的计算方法。

项目实战

客观题　　　　实战题　　　　计算题　　　　复习思考题

项目 8
相关与回归分析

知识目标
- 掌握相关关系、回归分析、一元线性回归方程的概念。
- 掌握各种社会经济现象之间的依存关系和制约关系,并且将这种关系给予数量化。
- 掌握相关关系的判定方法,建立一元线性回归方程,进行回归预测。

技能目标
能够根据有关资料配合多元直线回归方程;能够编制相关表、绘制相关图;能够运用公式计算相关系数;能够根据有关直线回归资料配合回归直线方程,并能应用建立的回归模型对社会经济现象进行分析、推算和预测。

情景引入
相关关系只用来表明两个变量相关程度的高低,但不能说明当一个变量发生一定量变时,因变量将发生多大的变化。当两个变量存在显著的相关关系时,如何用一个数学方程式提示它们之间变化的联系呢?例如,已知工人按件计工资,则某工人生产50件产品,工资应是多少?又如,原材料消耗减少1千克,产品单位成本会减少多少?劳动生产率提高1元,生产费用会降低多少?回答诸如此类的问题,都要利用数量联系式,根据掌握的统计资料进行回归分析。

相关关系

任务 8.1 相关分析

8.1.1 相关分析的概念

1. 相关关系的含义

辩证法指出,客观事物之间是相互联系和相互制约的,即世界上的某一事物与另一事物之间存在着一种相互依存的关系。例如,圆的面积与半径的关系,身高与体重的关系,智力与学习成绩的关系等。

现象之间的这种依存关系,根据其相互依存制约的程度不同,可以分为函数关系和相关关系两种。

所谓相关关系,反映的是事物之间存在的并不十分严格的依存关系。在这种关系中,对于某一事物变量的每一个变动值,都有另一个事物变量的不确定但与它有联系的变动值与之相对应。例如,每亩施肥量增加 1 千克,农作物产量可能会增加 2.1 千克、2.2 千克、2.25 千克等。这种对应关系难以用数学模型加以表达。

必须指出,虽然相关关系具有不确定性,它只是表明两个变量之间的一种依存关系,但是这种关系是具体存在的。经过人们大量观察,利用数学方法,可以提示它们之间潜在的统计规律性。

2. 函数关系的含义

它反映现象之间存在着严格的制约关系。在这种制约关系中,对某一现象的每一个变动值,都有另一个现象变量的确定的变动值与之相对应,并且这种对应关系可以用数学模型加以表达。例如,$y=3x$。

3. 相关关系与函数关系的联系和区别

两者的联系是两种关系的变量之间都具有关联性,即当一个变量的数值变化时,另一个变量的取值也随之改变。

两者的区别在于因变量的取值确定性不同。对于函数关系来说,一个自变量的值只确定唯一的因变量的数值,简称一对一;对于相关关系而言,一个自变量的值可以对应多个因变量的值,简称一对多。在函数关系中,一旦给定了自变量的值,因变量的取值便唯一地确定下来;而在相关关系中,给定了自变量的值,因变量的取值不具有确定性,而是以某一个数值为中心进行跳跃。究其原因,是这种现象受各种各样众多微小因素的影响,其中有些原因人们暂时还没有认识到,有些原因虽已被人们认识但还无法控制,加之计量上可能出现误差,都会造成现象的变量之间关系的不确定性。

4. 相关分析的概念

经济现象是在相互联系和相互制约中存在与发展的。任何社会经济现象的存在和运动,都置身于众多的社会经济现象群体中,彼此之间都是有机地相互联系、相互依赖和相互制约的,离开周围的现象和条件而孤立存在的现象是没有的。社会经济现象的相互联系、相互依存、相互制约,构成了错综复杂、五彩缤纷的客观世界,形成了大千世界的运动。

在社会生活中,消费量和物价就存在着制约关系,物价的升降会导致居民消费量的减少与增加;工业产品的质量问题和生产劳动者的技术水平、劳动熟练程度有直接关系,与技术设备和生产工具的质量及装备程度有紧密联系。

我们把对具有相关关系的现象之间的相互联系进行的分析研究,称为相关分析。

8.1.2　相关分析的作用

① 确定现象变量之间有无关系。这是相关分析的起点。只有两个变量之间存在相关关系,才有必要采用相关分析的方法,对它们之间的关系加以研究。

② 确定相关关系的表现形式。两个变量之间的相关关系在坐标图上有一定的表现形式,有的表现为逐渐向上的直线形式,有的表现为向下的直线形式,有的表现为向上或向下弯曲的曲线形式。确定了它们的相关表现形式之后,才可以用适当的相关分析方法,对它们的相关关系加以研究。

③ 确定相关关系的方向和相关的密切程度。只有相关关系密切程度较高时,才有必要对它们进行研究,并且更深一步进行回归分析。

8.1.3 相关分析的种类和特点

1. 相关关系的种类

（1）以相关的程度划分，相关关系可分为完全相关、不完全相关和不相关

完全相关是指两个变量之间，当自变量改变为一个确定的值，因变量的取值完全确定，这时的相关关系就是确定的函数关系。例如，在速度一定时，距离与时间的关系。

不相关是指两个变量各自独立，互不影响。例如，阿拉伯的石油产量与某服装厂的利润。

不完全相关是指两个变量之间的量变关系介于完全相关与不相关之间。一般的相关关系都属于不完全相关，它是相关分析的主要研究对象。例如，学习勤奋与学习成绩的关系。

（2）以变量之间相关关系的方向划分，相关关系可分为正相关和负相关

正相关是指在两个变量的量变关系中，当一个变量的值增加则另一个变量的值也随之相应地增加，一个变量的值减少则另一个变量的值也随之相应地减少的相关关系，即两个变量相关的数量变化为同增或同减。例如，产品产量增加，总成本增加。又如，劳动生产率降低，产品产量减少。

负相关是指两个变量的量变关系中，当一个变量的值增加则另一个变量的值随之减少，一个变量的值减少则另一变量的值随之增加的相关关系，即两个变量相关的数量变化为一增一减。例如，劳动生产率提高，单位产品成本减少。又如，产品成本降低，企业利润增多。

（3）按变量间相互关系的表现形式划分，相关关系可分为直线相关和曲线相关

直线相关又称线性相关，曲线相关又称非线性相关。当相关的自变量 x 值发生变动，因变量 y 值随之发生大致均等的变动，近似地表现为直线形式，这种相关关系称为直线相关。判断直线相关可利用散点图（根据自变量 x 与因变量 y 的原始成对数据绘制在直角坐标系中的点称为散点，由各个散点组成的图称为散点图）。

在两个变量的量变过程中，当自变量的取值发生变动，因变量的取值也发生不均匀的变动，其散点图的分布呈现各种曲线形式，这种相关关系称为曲线相关。本书不研究曲线相关，着重研究只有一个自变量的直线相关。

2. 相关分析的特点

① 两个变量的地位是对等的，不分原因与结果。
② 只能计算出一个相关系数，说明两个变量的密切程度和相关方向。
③ 用来计算相关系数的两个变量都是随机的。

8.1.4 相关分析的目的和内容

第一，对现象间的相互关系进行定性分析，从内在因素判断它们之间是否存在相关关系；第二，确定相关关系的表现形式，是线性相关还是非线性相关；第三，计算相关的密切程度和方向，其主要方法是计算相关系数；第四，进行回归分析。

任务 8.2　相关关系的测定方法

8.2.1　相关关系的定性测定方法

任何事物都有质的规定性。这种质的规定性决定一个事物与其他事物的联系，显示了事物自身和其他事物的本质联系。对现象和事物的这种质的规定性的认识和分析，就是定性分析。按照人们认识现象的一般顺序，先有对事物和现象的定性判断，才能依此做出量的分析和界定。若对客观现象和事物的定性分析判明了它们之间没有什么关系，就用不着进行相关分析了。

对现象和事物之间有无相关关系的判断，首先应根据定性分析来决定，然后据此开展下一步的分析，这是相关分析的重要一步。

8.2.2　相关表

经定性分析的一般判断后，把握了事物之间的相关关系，再根据研究的具体目的，采集一系列相关数据，分别进行分组整理并罗列在一个表格内，依据观察单位和标志编出相关表，便可初步了解相关关系的形式和程度。

将现象之间的相关关系用表格来反映，这种表称为相关表。相关表根据编制资料时资料是否分组，可以分为简单相关表和分组相关表。

1. 简单相关表

在资料未分组时，将总体中各单位的原始资料按从小到大的顺序排列，然后列出对应的因变量数值的相关表。例如，为了研究分析产品产量和劳动量的关系，将某企业的有关资料，以劳动量（工时）为自变量（x），产量（件）为因变量（y），编制成简单相关表，如表 8-1 所示。

表 8-1　某企业产品产量与其劳动量的关系

劳动量 / 工时	5	12	15	22	38
产量 / 件	4	13	14	25	43

从表 8-1 可以看到，随着投入劳动量的增加，产量也相应增加。在这里，劳动量是自变量，它的变化影响着产量的变化，所以，产量是因变量，二者存在着相关关系，并且为正相关。

简单相关表的作用是：可作为进一步计算和分析的根据；根据相关表可绘制相关图，便于明显地看出相关关系的趋势。

2. 分组相关表

当所分析的现象比较复杂时，就需要编制分组相关表。分组相关表是对资料进行分组来编制的相关表。依据分组标志确定的多少有单变量分组相关表和双变量分组相关表两种。

（1）单变量分组相关表

如果将自变量分组并计算次数，而因变量不分组，只计算其平均值，称之为单变量分组相关表，如表 8-2 所示。

项目 8　相关与回归分析

表 8-2　某公司产量和成本情况

按产量分组 / 万个	3～4	4～5	5～6	6～7	7～8
实际成本 /（元 / 个）	90	87	76	72	68

从表 8-2 可以看出，该公司随着产量规模的扩大，产品的单位成本呈下降趋势，表现出规模效益，两者呈负相关关系。

（2）双变量分组相关表

如果自变量与因变量都进行分组，计算出次数，列成相关表的形式，称之为双变量分组相关表，如表 8-3 所示。

表 8-3　某行业劳动生产率与工资情况

按年劳动生产率分组 /（%）	企业按年平均工资分组 / 万元						合计
	6～8	8～10	10～12	12～14	14～16	16～18	
60～70	1		1				2
70～80	2	1	3	3	4		13
80～90	2	1	2	4	3	2	14
90～100		2	6	2	3	1	14
110～120						1	1
合计	5	4	12	9	10	4	44

表 8-3 中的资料说明劳动生产率与工资水平的相关关系。双变量分组相关表类似坐标图。如果把 y 值看作 y 轴，x 值看作 x 轴，左下"合计"看作原点，分组变量值从原点起由小到大，这样可以显示相关的形态、方向和程度。从表 8-3 可以看出，劳动生产率与工资水平呈负相关的关系。

双变量分组相关表是进一步计算和分析的依据，同时也有独立作用。例如，将人的身高和胸围分组，可以研究上衣的型号。

双变量分组相关表较复杂，计算加权相应繁重，因而其使用范围受到一定限制。

8.2.3　相关图

相关图又称散点图。绘制时利用直角坐标系，一般以 x 轴代表自变量，y 轴代表因变量，将相关表的原始资料在坐标系中画出自变量和因变量相关的坐标点，此点称为相关点，由相关点组成的图形就称为相关图。从相关点在图上的分布及趋势，可以掌握变量之间的相关关系的状况。

根据变量之间相关关系的表现形式和变化方向及相关程度，在相关图上的表现如下。

1. 高度正相关

当变量 x 的值增大时，变量 y 的值亦随之明显增大；相关点的分布集中表现为直线形状，如图 8-1 所示。

2. 高度负相关

当变量 x 的值增大时，变量 y 的值却显著减少；相关点的分布集中表现为直线形状，如图 8-2 所示。

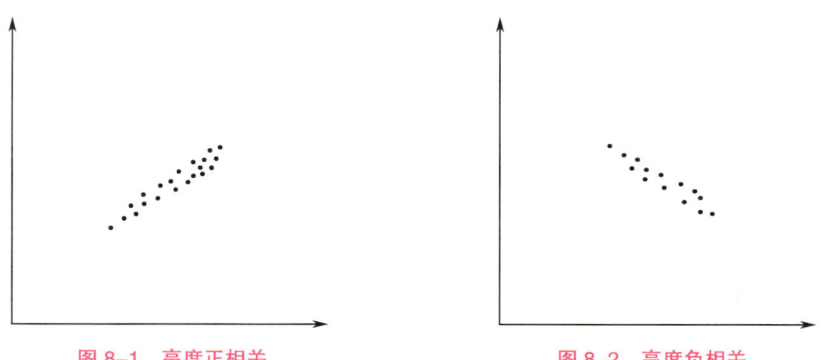

图 8-1　高度正相关　　　　　　　　图 8-2　高度负相关

3. 低度正相关

当变量 x 的值增大时，变量 y 的值亦随之增大；相关点的分布虽然呈直线变化趋势，但显得松散和分散，如图 8-3 所示。

4. 低度负相关

当变量 x 的值增大时，变量 y 的值趋于减少；相关点的分布虽呈直线变化趋势，但却相当分散，如图 8-4 所示。

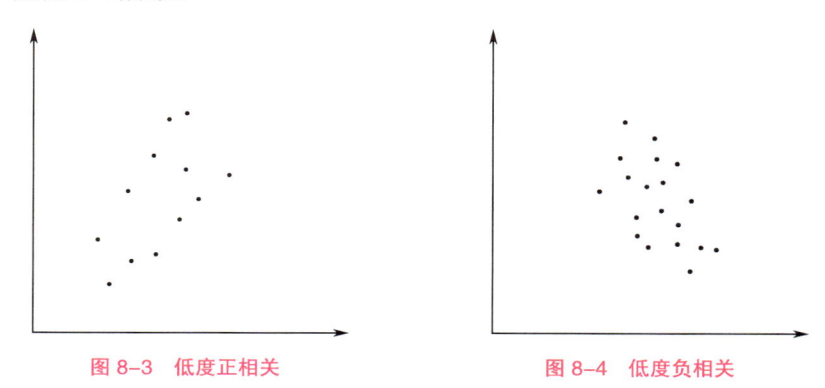

图 8-3　低度正相关　　　　　　　　图 8-4　低度负相关

5. 非线性相关

当变量 x 的值增大时，各相关点的分布呈曲线状，这是非线性相关，如图 8-5 所示。

6. 无相关

各点很分散，没有规律可循，说明变量 x 和变量 y 没有相关关系，如图 8-6 所示。

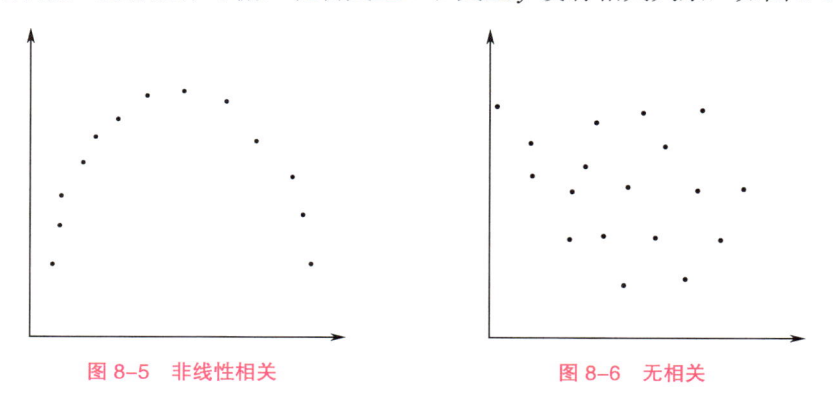

图 8-5　非线性相关　　　　　　　　图 8-6　无相关

8.2.4 相关系数

1. 相关系数的概念

相关表和相关图可以大体上说明两个现象是否相关以及相关的类型，但它们的相关关系的密切程度却无法表达出来。因此，需要运用数学解析方法构筑一个恰当的数学模型来显示相关关系及其密切程度。要判断现象之间相关关系的密切程度，需要计算相关系数。

相关系数是直线相关条件下说明两个现象之间相关关系密切程度的统计分析指标，记为 r。其计算公式为

$$r = \frac{\sigma_{xy}^2}{\sigma_x \sigma_y} = \frac{\frac{1}{n}\sum(x-\bar{x})(y-\bar{y})}{\sqrt{\frac{1}{n}\sum(x-\bar{x})^2}\sqrt{\frac{1}{n}\sum(y-\bar{y})^2}} = \frac{\sum(x-\bar{x})(y-\bar{y})}{\sqrt{\sum(x-\bar{x})^2}\sqrt{\sum(y-\bar{y})^2}} \qquad 式（8-1）$$

式中，r——相关系数；x——自变量；y——因变量；$\bar{x}$——自变量的算术平均数；$\bar{y}$——因变量的算术平均数；n——x、y 对应值的项数；σ_x——x 数列的标准差；σ_y——y 数列的标准差；σ_{xy}——x、y 两数列的协方差。

这一基本公式，由于是采用两个变量离差乘积的平均值来反映相关程度的，所以又称为积差法。

为便于记忆，令

$$L_{xy} = \sum(x-\bar{x})(y-\bar{y})$$

$$L_{xx} = \sum(x-\bar{x})^2$$

$$L_{yy} = \sum(y-\bar{y})^2$$

于是，式（8-1）变为

$$r = \frac{L_{xy}}{\sqrt{L_{xx}L_{yy}}} \qquad 式（8-2）$$

例 8-1 已知某企业加工设备的使用年限及每年支出的维修费用统计如表 8-4 所示，试计算相关系数。

表 8-4 加工设备使用年限与年维修费用

使用年限 / 年	2	2	3	4	5	5
年维修费用 / 元	40	49	55	64	60	80

通过表 8-4 计算有关资料，如表 8-5 所示。

表 8-5 计算

序号	使用年限 / 年 x	年维修费用 / 元 y	$x-\bar{x}$	$y-\bar{y}$	$(x-\bar{x})^2$	$(y-\bar{y})^2$	$(x-\bar{x})(y-\bar{y})$
1	2	40	−1.5	−18	2.25	324	27.0
2	2	49	−1.5	−9	2.25	81	13.5
3	3	55	−0.5	−3	0.25	9	1.5
4	4	64	0.5	6	0.25	36	3.0
5	5	60	1.5	2	2.25	4	3.0
6	5	80	1.5	22	2.25	484	33.0
合计	21	348	0	0	9.50	938	81.0

$$\bar{x} = \frac{\sum x}{n} = \frac{21}{6} = 3.5$$

$$\bar{y} = \frac{\sum y}{n} = \frac{348}{6} = 58$$

由表 8-5 可得，$L_{xy} = \sum(x-\bar{x})(y-\bar{y}) = 81$

$$L_{xx} = \sum(x-\bar{x})^2 = 9.5$$

$$L_{yy} = \sum(y-\bar{y})^2 = 938$$

因此 $r = \dfrac{L_{xy}}{\sqrt{L_{xx}L_{yy}}} = \dfrac{81}{\sqrt{9.5 \times 938}} \approx 0.858$

2. 判断相关关系密切程度的标准

① 相关系数 r 的取值范围是 $[-1, 1]$，带正号表示正相关，带负号表示负相关。

② 相关系数 r 越接近 −1，表示负相关程度越密切；越接近 1，表示正相关程度越密切；越接近 0，表示相关关系越微弱。

③ 相关系数 $r=1$，表示完全正相关，所有的散点完全在一条直线上，为函数关系；$r=-1$，表示完全负相关，所有的散点完全在一条直线上，为函数关系；$r=0$，表示所有的散点的分布是杂乱无章的，两个变量不相关。

但应注意，相关系数 r 的计算公式只表示 x 与 y 之间直线相关的密切程度。因此，当 $r=0$ 时，只能表示 x 与 y 的散点图不呈线性关系，并不等于没有其他相关关系。

④ 为了明确说明现象之间相关关系的密切程度，可以根据相关系数的大小将相关关系划分为 4 个等级，即：

$0<|r|<0.3$：x 与 y 微弱相关；

$0.3<|r|<0.5$：x 与 y 低度相关；

$0.5<|r|<0.8$：x 与 y 显著相关；

$0.8<|r|<1$：x 与 y 高度相关。

3. 相关系数的简捷计算方法

用式（8-1）计算相关系数比较繁杂。通过以下化简

$$L_{xy} = \sum(x-\bar{x})(y-\bar{y}) = \sum xy - \frac{1}{n}\sum x \sum y$$

$$L_{xx}= \sum(x-\bar{x})^2 = \sum x^2 - \frac{1}{n}(\sum x)^2$$

$$L_{yy} \sum(y-\bar{y})^2 = \sum y^2 - \frac{1}{n}(\sum y)^2$$

可得到相关系数的简便计算公式为

$$r = \frac{L_{xy}}{\sqrt{L_{xx}L_{yy}}} = \frac{\sum xy - \frac{1}{n}\sum x \sum y}{\sqrt{\sum x^2 - \frac{1}{n}(\sum x)^2}\sqrt{\sum y^2 - \frac{1}{n}(\sum y)^2}} \quad 式（8-3）$$

例 8-2 利用表 8-4 所示的资料，要求根据式（8-3）列出表 8-6。

表 8-6 简便计算

序号	使用年限/年 x	年维修费用/元 y	x^2	y^2	xy
1	2	40	4	1 600	80
2	2	49	4	2 401	98
3	3	55	9	3 025	165
4	4	64	16	4 096	256
5	5	60	25	3 600	300
6	5	80	25	6 400	400
合计	21	348	83	21 122	1 299

$$L_{xy} = \sum xy - \frac{1}{n}\sum x \sum y = 1299 - \frac{1}{6}\times 21 \times 348 = 81$$

$$L_{xx} = \sum x^2 - \frac{1}{n}(\sum x)^2 = 9.5$$

$$L_{yy} = \sum y^2 - \frac{1}{n}(\sum y)^2 = 938$$

于是，$r = \frac{L_{xy}}{\sqrt{L_{xx}L_{yy}}} = \frac{81}{\sqrt{9.5 \times 938}} \approx 0.858$，计算结果与积差法的完全一致，但是计算较为简便些。

任务 8.3 一元线性回归分析

8.3.1 一元线性回归分析的概念和特点

1. 一元线性回归分析的概念

相关分析是研究变量之间的相互关系，表明其变动的规律性。相关关系不同于函数关系，它不一定是主从关系或因果关系，在多个因素中，谁是因谁是果，哪个是主哪个是从，是区分不清楚的。相关分析只能回答变量之间相关的密切程度和方向。而回归分析是对具有一定相关关系的两个或更多个变量之间数量变化的关系，选择一个合适的数学模型（回归方程），用来近似地表示两个变量之间的平均变化关系，从而对因变量进行预测或估计的统计分析方法。

进行回归分析，是将变量之间的相关关系在一定情况下转化为函数关系而展开的。所谓回归，指变量值总是在它们的平均值附近变化，不会偏离平均值很大。

回归分析建立的数学表达式称为回归方程（或回归模型）。根据回归方程配合的曲线称为配合曲线，其表现形式有直线和曲线等。本书只介绍直线回归方程。

2. 一元线性回归分析的特点

一元线性回归分析就是简单线性回归分析，其特点如下。

① 两个变量之间的关系，一个是自变量，另一个是因变量分析时，需明确自变量和因变量的各自承担者。

② x 和 y 两个变量，从方程式看，存在两个关系式：一个是以 x 为自变量，y 为因变量的关系式；另一个是以 y 为自变量，x 为因变量的关系式。从图像上观察是两条不同的关系直线。因此，若分析的现象之间不存在明显的因果关系或主从关系，两个变量的地位可以互换，画出的是两条直线；否则，只能是一条直线。

③ 直线回归方程中的回归系数表明因变量（y）对自变量（x）的回归关系，它有正负之分，与相关系数的正负是一致的。正的系数表现为上升直线，两个变量同方向变化；负的系数表现为下降直线，两个变量反方向变化。

④ 直线回归方程中，要求自变量是非随机的，是给定的值。将自变量引入方程，求出估计的因变量值，这个估计值就是众多因变量实际值的一个平均值，又称理论值或趋势值。因此，可以计算估计值的标准误差。

3. 回归分析与相关分析的区别

（1）研究的目的不同

相关分析只是考虑变量之间是否存在相关关系，以及这种相关关系的密切程度和变化方向；而回归分析不仅要考虑变量间的密切程度和变化方向，更重要的是要建立变量之间的因果关系式，以作为推算的经验根据。

（2）变量的性质不同

相关分析中所有的变量都是随机变量，变量 x 与变量 y 是对等的，无所谓自变量与因变量；而回归分析中要根据统计研究的任务确定变量中谁是自变量 x，谁是因变量 y，其中自变量不是随机变量，因变量是随机变量。

（3）分析的结果不同

相关分析之后只能得出一个相关系数，从而确定两个变量之间关系的密切程度与方向。而回归分析以 x 为自变量，y 为因变量，或以 y 为自变量，x 为因变量，可以建立两个不同的回归方程。因此在建立回归方程时，一定要事先明确哪个变量是自变量。

4. 回归分析与相关分析的联系

（1）研究的内容一样

两者都是研究变量之间的相关关系。

（2）相关分析是回归分析的基础

只有进行相关分析，确认两个变量之间有较高的相关程度之后，才好确定两个变量之间是否有相应的数学模型相配，是否进行回归分析。

（3）回归分析是相关分析的继续

由相关分析确认了两个变量之间的相关方向和程度，这不是研究的目的。进行相关分析的最终目的是进行回归预测，也就是将两个变量相关关系的方向和形态以近似的数学模型描绘出来，然后用此模型进行回归预测。

8.3.2 一元线性回归方程的建立和应用

假定通过相关分析后，两个变量具有一定的密切程度的线性相关关系，现在要进行回归分析，即进行回归预测。

我们的目的是建立一个变量 x 与变量 y 之间线性关系的方程，反映在散点图上，就是要配合一条直线，用这条直线反映现象之间的一般数学关系，并用这条直线进行预测。这条直线称为回归直线，反映这条直线的方程称为一元线性回归方程。设所求的直线回归方程为

$$y_c = a + bx$$

式中，y_c——因变量的回归值；a——直线在 y 轴上的截距，又称回归常数；b——回归系数，表示当自变量增加一个单位时，因变量相应的改变量。

从几何上观察，就是要配合这样一条直线，使各个散点到该直线距离的平方和最小，满足条件的直线就是所求的回归直线，如图8-7所示。在这条直线上，据以推算的估计值（用 y_c 代表）与 y 的实际值离差的平方和，比其他任何直线推算的数值都要小。这是按最小二乘法来决定一元线性回归方程的方法。

利用最小二乘法原理，根据所掌握的 n 对资料 (x_1, y_1), (x_2, y_2), …, (x_n, y_n)，可以获得关于 a、b 的二元一次方程组为

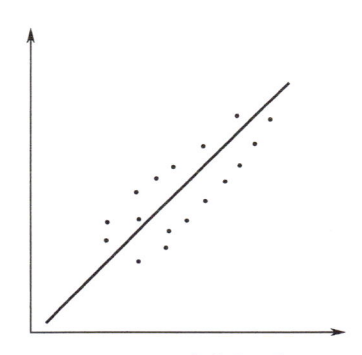

图8-7 回归直线示意

$$na + b\sum x = \sum y$$
$$a\sum x + b\sum x^2 = \sum xy$$

最后解得

$$b = \frac{\sum xy - \frac{1}{n}\sum x \sum y}{\sum x^2 - \frac{1}{n}(\sum x)^2} = \frac{L_{xy}}{L_{xx}} \quad\quad 式（8-4）$$

$$a = \frac{\sum y - b\sum x}{n} \quad\quad 式（8-5）$$

式（8-4）、（8-5）就是求一元线性回归方程参数的常用公式。计算参数时，往往先列表分别求得变量 x、y、x^2、y^2 与 xy 的加总，再代入式（8-4）、（8-5）中，便可以求出一元线性回归方程。

例 8-3 根据某企业产品销售额与销售利润率（%）资料计算出如下资料：$n=7$，$\sum x=1\,890$，$\sum x^2=535\,500$，$\sum y=31.1$，$\sum y^2=174.15$，$\sum xy=9\,318$。

（1）确定产品销售额与销售利润率之间的相关系数。

（2）确定以销售利润率为因变量的一元线性回归方程，并解释回归系数的经济含义。

（3）当销售额为 600 万元时，销售利润率为多少？

（1）$r=\dfrac{\sum xy-\dfrac{1}{n}\sum x\sum y}{\sqrt{\sum x^2-\dfrac{1}{n}(\sum x)^2}\sqrt{\sum y^2-\dfrac{1}{n}(\sum y)^2}}$

$=\dfrac{9\,318-\dfrac{1}{7}\times 1\,890\times 31.1}{\sqrt{535\,500-\dfrac{1}{7}\times(1\,890)^2}\times\sqrt{174.15-\dfrac{1}{7}\times(31.1)^2}}\approx 0.967$

说明产品销售利润率与销售额之间存在高度正相关。

（2）设回归方程为 $y_c=a+bx$。

$$b=\dfrac{\sum xy-\dfrac{1}{n}\sum x\sum y}{\sum x^2-\dfrac{1}{n}(\sum x)^2}=\dfrac{L_{xy}}{L_{xx}}=\dfrac{9\,318-\dfrac{1}{7}\times 1\,890\times 31.1}{535\,500-\dfrac{1}{7}\times 1\,890^2}\approx 0.037$$

$$a=\dfrac{\sum y-b\sum x}{n}\approx -5.55$$

所以一元线性回归方程为 $y_c=-5.55+0.037x$。

回归系数 b 的含义是，产品销售额增加 1 万元时，销售利润率增加 0.037。

（3）$y_{600}=-5.55+0.037\times 600=16.65$

可见，当销售额为 600 万元时，销售利润率为 16.65%。

8.3.3　一元回归估计标准误差

1. 估计标准误差的概念

估计标准误差是衡量 y 的实际值与估计值离差一般水平的分析指标，是实际值 y 与所配直线模型上的理论值 y_c 的标准差。

回归方程的一个重要作用在于，根据自变量的已知值推算因变量的可能值。这个可能值（又称估计值、理论值）和真正的实际值可能一致或有出入。换句话说，估计值与实际值之间是有离差的。一般情况下，这个离差数值越小，即 y_c 值与 y 值越接近，表明推断越准确，估计值的代表性越高；离差数值越大，即 y_c 值与 y 值越远，表明推断越不够准确，估计值的代表性越低。回归方程的代表性如何，一般是通过估计标准误差指标的计算予以检验的。

估计标准误差是用来说明回归方程代表性大小的统计分析指标。估计标准误差越大，回归方程的代表性越小；估计标准误差越小，回归方程的代表性越大。

估计标准误差与标准差的性质相似，但不同的是，估计标准误差是说明平均线的代表性，而标准差是说明平均数的代表程度。

2. 估计标准误差的计算

估计标准误差有以下两种计算方法。

（1）离差法

根据因变量实际值和估计值的离差计算估计标准误差的方法，称为离差法。其计算公式为

$$S_{yx} = \sqrt{\frac{\sum(y-y_c)^2}{n}} \qquad 式（8-6）$$

式中，y——实际水平值；y_c——理论水平值；n——资料项数。

（2）参数法

利用参数 a、b 的已知值，可以计算出估计标准误差，此方法称为参数法。其计算公式为

$$S_{yx} = \sqrt{\frac{\sum y^2 - a\sum y - b\sum xy}{n}} \qquad 式（8-7）$$

例 8-4 要求根据例 8-3 的资料用参数法计算估计标准误差。

$$S_{yx} = \sqrt{\frac{\sum y^2 - a\sum y - b\sum xy}{n}} = \sqrt{\frac{174.15 - (-5.55) \times 31.1 - 0.037 \times 9\,318}{7}} \approx 0.533$$

3. 估计标准误差与相关系数的关系

根据式（8-6），可以得出下列公式。

$$S_{yx} = \sigma_y \sqrt{1-r^2} \qquad 式（8-8）$$

即

$$r = \sqrt{\frac{\sigma_y^2 - S_{yx}^2}{\sigma_y^2}} = \sqrt{1 - \frac{S_{yx}^2}{\sigma_y^2}} \qquad 式（8-9）$$

若用 S_{yx} 与 σ_y 求相关系数，与前述积差法直接求相关系数会得到相同结果，所不同的只是这种计算结果难以确定相关的性质，一定要借助回归方程式中 x 的系数的正负号来判断。

从以上关系式中可以看出以下几点。

① S_{yx} 值渐小，则 r 值渐大。
② S_{yx} 值越小，说明各相关点离回归直线越近，相应地，r 就越接近于 1，此时为完全相关。
③ S_{yx} 值越大，则 r 值越小，从图像上看，相关点离回归直线就越远。
④ 若 $S_{yx} = \sigma_y$，说明回归直线和因变量（y）数列的平均线相重合，变量 x 与变量 y 就不相关了。

例 8-5 利用相关系数与估计标准误差的关系计算表 8-7 中的相关系数。

表 8-7　某企业工人工龄与劳动生产率情况

工龄/年 x	劳动生产率/(个/小时) y	$y-\bar{y}$	$(y-\bar{y})^2$
8	3	−2	4
9	5	0	0
10	4	−1	1
13	6	1	1
15	7	2	4
合计	25	—	10

由表 8-7 可计算出，$\bar{y}=5$ 个，$\sigma_y=1.414$ 个，$S_{yx}=0.548$。
因此

$$S_{yx}=\sigma_y\sqrt{1-r^2}$$

$$0.548^2=1.414^2\times(1-r^2)$$

$$r^2=0.85$$

$$r\approx 0.92$$

从计算结果可以看出，x 与 y 高度相关。但是，是高度正相关还是高度负相关，要计算出一元线性回归方程才可判断。本例中通过计算得出一元线性回归方程如下。

$$y_c=-0.5+0.5x$$

所以，x 与 y 高度正相关。

4. 回归系数与相关系数的关系

由公式

$$r=\frac{L_{xy}}{\sqrt{L_{xx}L_{yy}}}$$

$$b=\frac{\sum xy-\frac{1}{n}\sum x\sum y}{\sum x^2-\frac{1}{n}(\sum x)^2}=\frac{L_{xy}}{L_{xx}}$$

得

$$b=r\cdot\frac{\sigma_y}{\sigma_x} \qquad 式（8-10）$$

由于 $\dfrac{\sigma_y}{\sigma_x}$ 永远为正值，故相关系数的正负号与回归系数的正负号同号。

8.3.4　应用相关与回归分析要注意的问题

1. 在定性分析的基础上进行定量分析

在定性分析的基础上进行定量分析，是保证正确运用相关分析和回归分析的必要条件。只有对两个变量相关关系产生的原因有深刻的认识，才不至于错将没有相关关系的两个变量硬配上数学模型进行回归分析。

2. 要注意现象质的界限及相关关系作用的范围

用少数资料配合的回归模型所依据的资料是有限的。其有效性也在这个范围的限度之内，不适宜在范围之外进行回归预测。即只可进行内插预测。例如，增加施肥量和农作物产量的增加是在一定范围之内的，如果超过了这个范围，多增加施肥不但不能增产，反而会减产。

3. 要具体问题具体分析

回归直线所表示的相关关系是一种机械的公式，只在现有资料和现有条件不变的情况下才能使用。如果现有条件发生了变化，在原条件下配合的直线就不能使用。因此，对具体问题还要进行具体分析。

4. 要考虑社会经济现象的复杂性

影响社会经济现象之间关系的因素有自然技术因素，也有政治、经济、道德、心理因素等。例如，物价与销售量的相关关系，一般是物价上涨时销售量减少，但人们有害怕物价再涨的心理因素，导致大家上市抢购，反而使销售量上升。因此，在解决实际问题时，相关关系及回归直线模型不要机械地搬用。

任务 8.4　Excel 在相关与回归分析中的应用

8.4.1　Excel 在相关分析中的应用

1. 利用 Excel 绘制相关图

利用 Excel 的图表向导可绘制两个变量的相关图（散点图）。下面以例 8-1 中的数据为例，说明利用图表向导绘制相关图的具体操作步骤。

1）输入数据，本例中作为 x 的变量是使用年限，其数据位于单元格 A2 至 A7；作为 y 的变量是维修费用，其数据位于单元格 B2 至 B7。

2）选择"插入"→"图表"命令。

3）在打开的"图表向导"对话框中选择"XY 散点图"，单击"下一步"按钮。

4）随即弹出"源数据"对话框，在其"数据区域"文本框中输入 x 和 y 的数据所在区域。本例中，输入"=$A$2：$B$7"，也可以直接用鼠标从 A2 拖动至 B7，Excel 会自动确认数据产生在"列"，同时在图形预览中会显示即将输出的图形，如图 8-8 所示。

注意：输入数据时，应使 x 的数据在前，y 的数据在后，它们位于紧邻的两列（或两行）。否则，可选择"图表源数据"对话框中的"系列"选项卡，单击左边的"添加"按钮，右边即出现 X 值和 Y 值两栏，分别指定 x 和 y 两个变量的数据所在区域即可。

5）单击"下一步"按钮，弹出"图表选项"对话框，其中有"标题""坐标轴""网络线""图例"和"数据标志"等选项卡，根据情况和需要填写内容即可生成相关图（散点图）。

Excel 在相关分析中的应用

统计基础与应用（第2版）

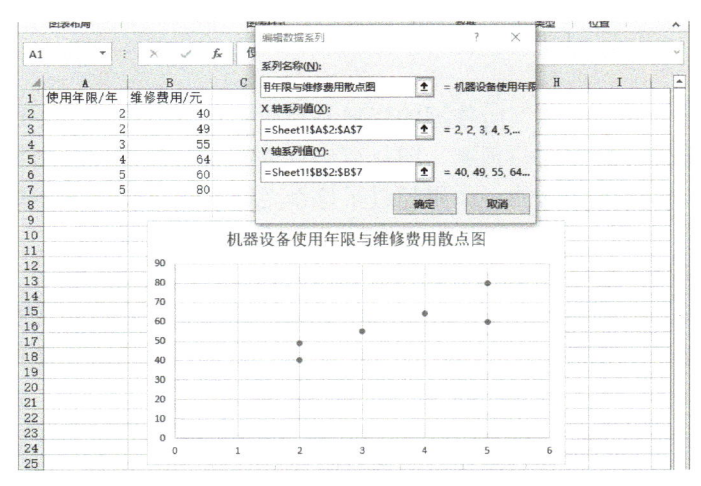

图 8-8　用 Excel 制作相关图

2. 利用 Excel 计算相关系数

下面仍以例 8-1 中的数据来说明利用 Excel 计算变量间相关系数的具体操作步骤。

1）在工作表中分别输入各个变量的数据，本例中使用年限的数据位于 A2 至 A7，维修费用的数据位于 B2 至 B7。

2）选择"数据"→"数据分析"命令，在"数据分析"对话框中选择"相关系数"选项，单击"确定"按钮。在弹出的"相关系数"对话框的"输入区域"文本框中输入样本数据所在区域，本例中输入"A1:B7"（也可使用鼠标来选定）。在"分组方式"栏中选中"逐列"单选按钮（如果变量的数据是按行放置的，就选中"逐行"单选按钮）。如果输入区域的第一行（列）为变量名，选中"标志位于第一行（列）"复选框，否则不选中此复选框。在"输出区域"文本框中指定输出结果的起点位置，本例中输入"A10"。

3）最后单击"确定"按钮，即可得到相关系数，如图 8-9 所示。本例中，使用年限与维修费用之间的相关系数约为 0.858。

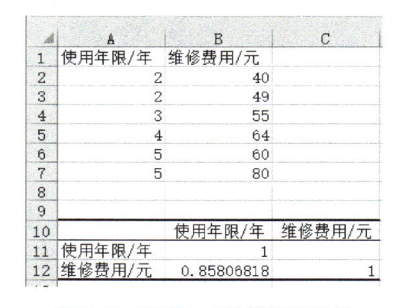

图 8-9　用 Excel 计算相关系数

8.4.2　Excel 在回归分析中的应用

下面仍以例 8-1 中的数据来说明利用 Excel 进行回归分析的具体操作步骤。

1）在工作表中分别输入各个变量的数据。本例中使用年限的数据位于 A2:A7，维修费用的数据位于 B2:B7。

2）选择"数据"→"数据分析"命令，在"数据分析"对话框中选择"回归"选项。

3）单击"确定"按钮后弹出"回归"对话框，在"Y 值输入区域"文本框中输入因变量观测数据的起止单元格，本例中输入"$B$1:$B$7"；在"X 值输入区域"文本框中输入自变量数据的起止单元格，本例中输入"$A$1:$A$7"。选中"标志"复选框（因为这里输入区域的第一行是变量名，如果输入区域只有观测值，可不选中此复选框）。在"输出区域"文本框中指定显示输出结果的单元格起点，本例中输入"$A$8"，如图 8-10 所示。

4）单击"确定"按钮，即可得到回归统计结果。本例的输出结果如图 8-11 所示。

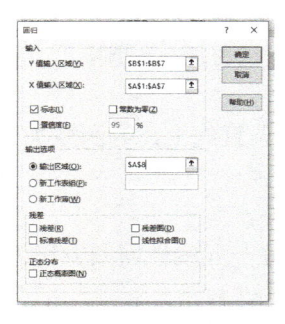

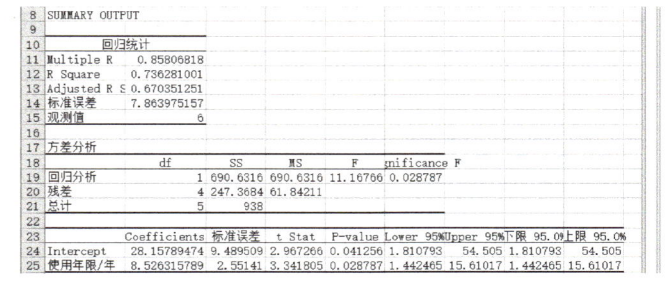

图 8-10　"回归"对话框

图 8-11　利用 Excel 进行回归分析的输出结果

输出结果包括"回归统计""方差分析"和"回归系数估计"3 个部分。从最后部分的 Coefficients 下可得到截距项 a(Intercept) 的估计值为 28.158，回归系数 b（本例中为使用年限的系数，如果在图 8-10 中的数据输入区域未包括变量名，则输出结果中"使用年限"处显示的是"X Variable 1"）为 8.526。由此可得到所求的回归方程为

$$y=a+bx=28.158+8.526x$$

Excel 的回归工具输出的信息很丰富。在输出结果的"回归统计"部分，依次有相关系数（Multiple R——在多元线性回归中指复相关系数，复相关系数不考虑相关方向；在一元线性回归中它就是简单相关系数 r 的绝对值）、判定系数 R^2（R Square）和调整的判定系数（Adjusted R Square）、标准误差（估计标准误差）和观测值（样本容量 n）。如本例中，估计标准误差为 7.863 975 157。

在输出结果的"方差分析"部分给出了对回归方程进行检验的 F 统计量的值及其对应的 P 值（Significance F）。

在输出结果的第三部分中不仅给出了回归方程参数的估计值 a 和 b，还给出了两者的 t 检验值及其对应的 P 值，最后两列是 a 和 b 置信区间的下限和上限。

项目小结

1. 相关关系反映的是事物之间存在的并不十分严格的依存关系。在这种关系中，对于某一事物变量的每一个变动值，都有另一个事物变量的不确定但与它有联系的变动值与之相对应。

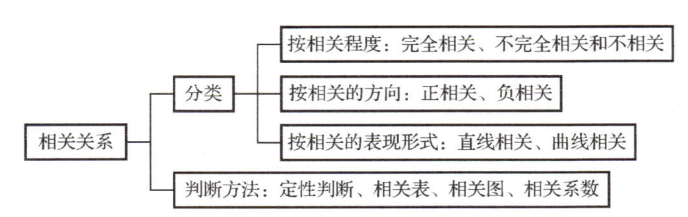

```
                            ┌─ 按相关程度：完全相关、不完全相关和不相关
                   ┌─ 分类 ─┼─ 按相关的方向：正相关、负相关
      相关关系 ────┤        └─ 按相关的表现形式：直线相关、曲线相关
                   └─ 判断方法：定性判断、相关表、相关图、相关系数
```

2. 相关系数主要用来判断现象之间相关关系的密切程度。

计算公式为 $r = \dfrac{\sigma_{xy}^2}{\sigma_x \sigma_y} = \dfrac{\dfrac{1}{n}\sum(x-\bar{x})(y-\bar{y})}{\sqrt{\dfrac{1}{n}\sum(x-\bar{x})^2}\sqrt{\dfrac{1}{n}\sum(y-\bar{y})^2}} = \dfrac{\sum(x-\bar{x})(y-\bar{y})}{\sqrt{\sum(x-\bar{x})^2}\sqrt{\sum(y-\bar{y})^2}}$

判断方法如下。

① r 的取值范围是 $-1 \leqslant r \leqslant 1$，带正号表示正相关，带负号表示负相关。

② r 越接近 -1，负相关程度越密切；r 越接近 1，正相关程度越密切；r 越接近 0，相关关系越微弱。

③ $r=1$（-1），表示完全正（负）相关，所有的散点完全在一条直线上，为函数关系；$r=0$，表示两个变量不线性相关。

3. 一元线性回归方程的建立。

当两个变量存在一定程度的相关关系时，可用最小二乘法建立一元线性回归方程为

$$y_c = a + bx$$

这里 b 为回归系数，其经济含义为自变量增加一个单位时因变量的平均增加量。

a 为回归方程在纵轴上的截距，称为回归常数。

4. 估计标准误差。

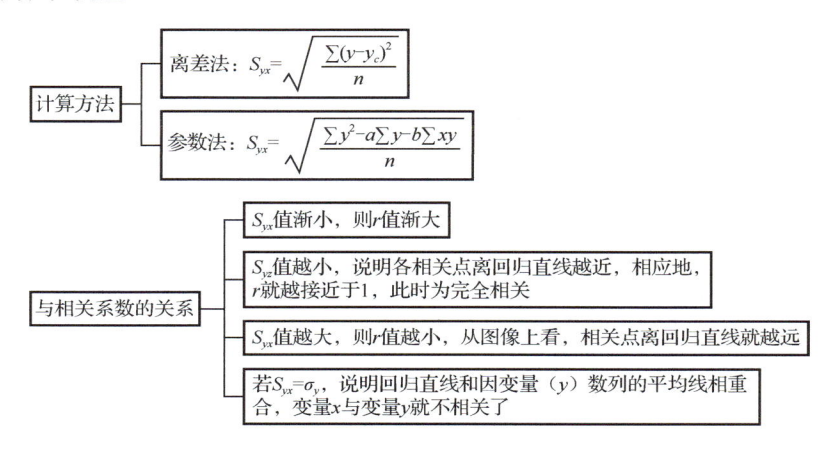

计算方法：
- 离差法：$S_{yx} = \sqrt{\dfrac{\sum(y-y_c)^2}{n}}$
- 参数法：$S_{yx} = \sqrt{\dfrac{\sum y^2 - a\sum y - b\sum xy}{n}}$

与相关系数的关系：
- S_{yx} 值渐小，则 r 值渐大
- S_{yx} 值越小，说明各相关点离回归直线越近，相应地，r 就越接近于 1，此时为完全相关
- S_{yx} 值越大，则 r 值越小，从图像上看，相关点离回归直线就越远
- 若 $S_{yx} = \sigma_y$，说明回归直线和因变量（y）数列的平均线相重合，变量 x 与变量 y 就不相关了

与回归系数的关系为 $b = r \cdot \dfrac{\sigma_y}{\sigma_x}$。

本项目的计算量较大，在学习时要理解公式，正确地计算，结合计算结果进行分析。

本项目的重点：相关关系、回归分析、一元线性回归方程的概念，以及各种社会经济现象之间的依存关系和制约关系，建立一元线性回归方程并进行预测。

本项目的难点：相关关系的计算、一元线性回归方程的建立及预测、编制相关表和相关图。

项目实战

客观题　　　实战题　　　计算题　　　复习思考题

项目 9 统计预测

知识目标
- 掌握统计预测的程序。
- 掌握德尔菲法、主观概率法等几种定性预测的方法。
- 掌握一元线性回归法、移动平均法及指数平滑法等几种定量预测的方法。

技能目标
了解统计预测的基本概念、种类和意义；掌握统计预测的基本方法，如德尔菲法、主观概率法、一元线性回归法、移动平均法及指数平滑法等；能够运用德尔菲法、线性趋势预测法等方法对日常经济活动进行定性、定量预测，为正确进行统计决策提供依据。

情景引入
本情景中关于 2021 年中国经济的预测数据是如何得出的？本项目就来讲解统计预测的方法。

亚洲开发银行报告预测 2021 年中国经济将增长 8.1%

任务 9.1　统计预测的一般问题

9.1.1　统计预测的概念

预测就是根据过去和现在估计未来，预测未来。统计预测属于预测方法研究范畴，即利用科学的方法对统计事物的未来发展进行定性或定量推测。在这种推测中，不仅有数学计算，而且有直觉判断。

统计预测方法是一种具有通用性的方法。统计预测的 3 个要素分别是：实际资料是预测的依据；经济理论是预测的基础；数学模型是预测的手段。统计预测可用于人类的各项活动。例如，用于预测人类社会的未来，就是社会预测；用于预测经济的未来，就是经济预测；用于预测未来的财务状况，就是财务预测。

9.1.2　统计预测方法的分类

统计预测方法可归纳为定性预测法和定量预测法两类。其中定量预测法又可大致分为回归预测法和时间序列预测法。

1. 定性预测法

定性预测是指预测者依靠熟悉业务知识、具有丰富经验和综合分析能力的人员与专家，根据已掌握的历史资料和直观材料，运用个人的经验和分析判断能力，对事物的未来发展做出性质和程度上的判断，然后，通过一定形式综合各方面意见，作为预测未来的主要依据。具体的方法有德尔菲法、主观概率法、领先指标法等。

2. 定量预测法

（1）回归预测法

回归预测法是在分析市场现象自变量和因变量之间相关关系的基础上，建立变量之间的回归方程，并将回归方程作为预测模型，根据自变量在预测期的数量变化来预测因变量的值。回归预测法有多种类型：依据相关关系中自变量的个数不同分类，可分为一元回归分析预测法和多元回归分析预测法；依据自变量和因变量之间的相关关系不同，可分为线性回归预测法和非线性回归预测法。

（2）时间序列预测法

时间序列预测法是以时间数列所能反映的社会经济现象的发展过程和规律性，进行引申外推，预测其发展趋势的方法。时间序列预测法的应用范围比较广泛，如对商品销售量的平均增长率的预测、季节性商品的供求预测、成品的生命周期预测等。

9.1.3 统计预测的原则和程序

1. 统计预测的原则

统计预测是根据客观事物的相互联系和发展变化进行的科学预测。但社会经济现象是非常复杂的，预测时难免会发生一定的误差。为使误差降到最低，则要遵循以下几个原则。

（1）坚持理论分析和全面研究的原则

社会经济现象之间存在着内在的必然联系，其发展也有规律性。进行理论的分析和全面的研究为统计预测模型的选择提供了可靠的理论依据，从而能够有效地减少预测中的误差。

（2）坚持连贯、类推的原则

事物的现在是由过去发展而来的，而未来又是现在的发展结果，其发展变化有自身的趋势性，连贯、类推的原则可以减少统计预测的误差。

（3）坚持预测方法符合现象的特点和研究目的的原则

社会经济现象是复杂的，要达到一个预测目的可能有几种预测方法。要选择一个最适合的方法，也就是说，结合现象自身的特性和研究的目的进行选择。

2. 统计预测的程序

统计预测的程序随预测的目的和方法的不同而有所区别。它的一般程序如下。

（1）确定预测目的

预测的目的不同，所需的资料和采取的预测方法也因之而异。例如，对居民生活水平进行预测，既可从其收入方面来预测，也可从其消费结构方面来预测，还可从物价变动对其生活的影响程度等方面预测。有了明确的目的，才能据以搜集必要的资料和采用合适的统计预测方法。

（2）搜集、审核、整理统计资料

真实可靠的统计资料是统计预测的依据。预测之前，必须掌握大量的、全面的、准确适用的数据和情况。为保证资料的准确性，还必须对资料进行审核、调整和推算。对审核、调整后的资料，要进行初步分析，画出统计图形，以观察资料的性质，作为选择适当预测模型的依据。

（3）选择预测模型和方法，进行预测

资料审核、调整后，根据资料结构的性质，选择合适的模型和方法来预测。在资料不够完备、精确度要求不高时，可采用调查研究预测法，在掌握的资料比较完备，进行比较精确的预测时，可运用一定的数学模型（包括大量的计量经济模型），采用历史引申（外推）预测法或因果预测法等进行。

（4）分析预测误差，改进预测模型

预测误差是预测值与实际观察值之间的离差，其大小与预测准确程度的高低成反比。预测误差虽然不可避免，但若超出了允许范围，就要分析产生误差的原因，以决定是否需要对预测模型和预测方法加以修正。

（5）提出预测报告

把预测的最终结果编制成文件和报告，向有关部门上报或以一定形式对外公布，即提供和发布预测信息，供有关部门、企业决策时参考、应用。

任务 9.2　定性预测法

定性预测是指预测者依靠熟悉业务知识、具有丰富经验和综合分析能力的人员与专家，根据已掌握的历史资料和直观材料，运用个人的经验和分析判断能力，对事物的未来发展做出性质和程度上的判断，然后，通过一定形式综合各方面的意见，作为预测未来的主要依据。定性预测的特点是：着重对事物发展的性质进行预测，主要凭借人的经验以及分析能力；着重对事物发展的趋势、方向和重大转折点进行预测。

定性预测和定量预测并不是相互排斥的，而是可以相互补充的，在实际预测过程中应该把二者正确地结合起来使用。

9.2.1　德尔菲法

德尔菲法是根据有专门知识的人的直接经验，对研究的问题进行判断、预测的一种方法。这种方法由美国兰德公司于1964年首先用于预测领域。该方法由预测者通过函询方式，反复征求专家的意见，然后将专家趋于一致的意见作为最后预测的根据。德尔菲是古希腊传说中的神谕之地，城中有座阿波罗神殿可以预卜未来，因而借用其名。德尔菲法一般适用于长期预测。

1. 德尔菲法的一般预测程序

1）选择专家。按照课题所需的知识范围确定专家，组成专家小组。专家人数的多少，可根据预测课题大小和涉及面的宽窄而定，一般8～20人为宜。

2）提出要求。向所有的专家提出所要预测的问题及有关要求，并附上有关这个问题的所有背景材料，同时请专家提出还需要什么材料。

3）搜集第一轮调查材料。各位专家根据他们所收到的材料，独立提出自己的预测意见，并说明自己是怎样利用这些材料并提出预测值的。

4）向专家反馈汇总材料，进行第二轮调查。将各位专家的第一次判断意见汇总，列成图表，进行对比，再分发给各位专家，让专家比较自己同他人的不同意见，修改自己的意见和判断。也可以把各位专家的意见加以整理，或请身份更高的其他专家加以评论，然后把这些意见分送给各位专家，以便他们参考后修改自己的意见。

5）反复征询专家意见直至基本趋于一致。将所有专家的修改意见搜集起来，汇总，再次分发给各位专家，以便做第二次修改。搜集意见和反馈信息一般要经过三四轮。在向专家进行反馈时，只给出各种意见，但并不说明发表各种意见专家的具体名字。这一过程重复进行，直到每一位专家不再改变自己的意见为止。

6）根据趋于一致的专家意见，确定预测值。

2. 德尔菲法的优点

① 可以加快预测速度和节约预测费用。

② 可以获得各种不同但有价值的观点和意见。

③ 适用于长期预测和对新产品的预测，在历史资料不足或不可测因素较多时尤为适用。

3. 德尔菲法的缺点

① 对于分地区的顾客群或产品的预测可能不可靠。

② 责任比较分散。

③ 专家的意见有时可能不完整或不切合实际。

例 9-1 某贸易公司要从外地购进一批新产品，这种产品在本地还没有销售记录。于是，该公司成立调查小组预测该产品在本地的全年销售量。调查小组聘请业务经理和推销员等11位专家，将该产品的样品、特点、用途及同类产品价格和销售情况向这11位专家做了详细介绍，发给书面意见书，要求他们就该产品在本地的全年销售情况提出个人意见。经过3次反馈，得到如表9-1所示的结果。

表 9-1 专家意见反馈结果　　　　　　　　　　　　　台

专家编号	第一次预测			第二次预测			第三次预测		
	最低销售量	最可能销售量	最高销售量	最低销售量	最可能销售量	最高销售量	最低销售量	最可能销售量	最高销售量
1	1 000	1 500	1 800	1 200	1 500	1 800	1 100	1 500	1 800
2	400	900	1 200	600	1 000	1 300	800	1 000	1 300
3	800	1 200	1 600	1 000	1 400	1 600	1 000	1 400	1 600
4	1 500	1 800	3 000	1 200	1 500	3 000	1 000	1 200	2 500
5	200	400	700	400	800	1 000	600	1 000	1 200
6	600	1 000	1 500	600	1 000	1 500	600	1 200	1 500
7	500	600	800	500	800	1 000	800	1 000	1 200

项目 9 统计预测

续表

专家编号	第一次预测			第二次预测			第三次预测		
	最低销售量	最可能销售量	最高销售量	最低销售量	最可能销售量	最高销售量	最低销售量	最可能销售量	最高销售量
8	500	600	1 000	700	800	1 200	700	800	1 200
9	800	1 000	1 900	1 000	1 100	2 000	600	800	1 200
10	900	1 100	1 800	1 000	1 200	1 900	900	1 200	1 600
11	500	900	1 200	600	1 000	1 300	700	1 000	1 400
平均	700	1 000	1 500	800	1 100	1 600	800	1 100	1 500

下面分别采用平均值、加权平均、中位数进行预测。

（1）平均值预测

在预测时，最后一次判断是综合前几次的反馈做出的，因此，在预测时一般以最后一次判断为主。如果按照 11 位专家第 3 次判断的平均值计算，则预测这个新产品的平均销售量为

$$\frac{800+1100+1500}{3} \approx 1\,133（台）$$

（2）加权平均预测

将最低销售量、最可能销售量和最高销售量分别按 0.2、0.6、0.2 的概率加权平均，则预测平均销售量为

$$800×0.2+1\,100×0.6+1\,500×0.2=1\,120（台）$$

（3）中位数预测

用中位数计算，可将第 3 次判断按预测值高低排列如下。

最低销售量：600　700　800　900　1 000　1 100

最可能销售量：800　1 000　1 200　1 400　1 500

最高销售量：1 200　1 300　1 400　1 500　1 600　1 800　2 500

中间项的计算公式为 $\frac{n+1}{2}$（n 为项数）。

最低销售量的中位数为第 3、4 项的平均数，即 850。

最可能销售量的中位数为第 3 项，即 1 200。

最高销售量的中位数为第 4 项，即 1 500。

将最低销售量、最可能销售量和最高销售量分别按 0.2、0.6、0.2 的概率加权平均，则预测平均销售量为

$$850×0.2+1\,200×0.6+1\,500×0.2=1\,190（台）$$

选择使用平均数或中位数的原则是：如果数据分布的偏态比较大，一般使用中位数，以免受个别偏大或偏小的判断值的影响；如果数据分布的偏态比较小，一般使用平均数，以便考虑到每个判断值的影响。

9.2.2 主观概率法

1. 主观概率法的含义

主观概率是指根据市场趋势分析者的主观判断而确定的事件的可能性的大小，反映个人对某件事的信念程度。因此主观概率是对经验结果所做主观判断的度量，既是可能性大小的确定，也是个人信念的度量。

主观概率法是市场趋势分析者对市场趋势分析事件发生的概率（可能性大小）做出主观估计，或者对事件变化动态的一种心理评价，然后计算它的平均值，以此作为市场趋势分析事件的结论的一种定性市场趋势分析方法。主观概率法一般和其他经验判断法结合运用。

2. 主观概率的特点

主观概率是一种心理评价，判断中具有明显的主观性。对同一事件，不同人对其发生概率的判断是不同的。主观概率的测定因人而异，受人的心理影响较大，谁的判断更接近实际，主要取决于市场趋势分析者的经验、知识水平和对市场趋势分析对象的把握程度。

在实际中，主观概率与客观概率的区别是相对的，因为任何主观概率总带有客观性。市场趋势分析者的经验和其他信息是市场客观情况的具体反映，因此不能把主观概率看成纯主观的东西。另一方面，任何客观概率在测定过程中也难免带有主观因素，因为实际工作中所取得的数据资料很难达到大数定律的要求。因此，在现实中，既无纯客观概率，也无纯主观概率。

主观概率是人们凭经验或预感而估算出来的概率，与客观概率不同。客观概率是根据事件发展的客观性统计出来的一种概率。在很多情况下，人们没有办法计算事情发生的客观概率，因而只能用主观概率来描述事件发生的概率。

3. 主观概率法的一般预测程序

主观概率法是一种适用性很强的统计预测方法，可以用于人类活动的各个领域。其一般预测步骤如下。

1）准备相关资料。
2）编制主观概率调查表。
3）整理汇总主观概率调查表。
4）根据汇总情况进行判断预测。

例 9-2 某地产公司打算预测某区 20×× 年的房产需求量，因此选取了 10 位调查人员进行主观概率法预测，要求预测误差不超过 ±67 套。

1）准备相关资料。将过去若干年该房产公司在某区的房产销售资料以及当前市场情况等有关资料，汇集整理供专家参考。

2）编制主观概率调查表。编制主观概率调查表的目的是获得可以用来预测某区 20×× 年房产需求量及未来销售额增长趋势的主观概率。在调查表中要列出不同需求量可能发生的不同概率。概率要在 0 与 1 之间分出多个层次，如 0.010、0.125、0.250 等。一般用累积概率。由被调查者填写可能实现的需求量，如表 9-2 所示。

项目 9　统计预测

表 9-2　主观概率调查表

被调查人姓名（　　）　　　编号（　　）

累积概率	0.010	0.125	0.250	0.375	0.500	0.625	0.750	0.875	0.990
	（1）	（2）	（3）	（4）	（5）	（6）	（7）	（8）	（9）
房产需求量									

表 9-2 中第（1）列的累积概率为 0.010 的房产需求量是可能的最小数值，表示小于该数值的可能性只有 1%；第（9）列的累积概率为 0.990 的房产需求量是可能的最大数值，表示房产需求量大于该数值的可能性只有 1%；第（5）列的累积概率为 0.500 的房产需求量是最大值与最小值之间的中间值，表示房产需求量大于和小于该数值的机会均是 50%。

3）汇总整理。将事先准备好的汇总表，请各调查人员填好后，加以汇总，并计算出各栏平均数。此例共调查了 10 人，调查汇总数据如表 9-3 所示。

表 9-3　房产需求量的主观概率预测汇总

被调查人编号	累积概率								
	0.010	0.125	0.250	0.375	0.500	0.625	0.750	0.875	0.990
	（1）	（2）	（3）	（4）	（5）	（6）	（7）	（8）	（9）
	房产需求量/套								
1	2 111	2 144	2 156	2 200	2 222	2 244	2 267	2 278	2 311
2	1 978	2 100	2 133	2 156	2 200	2 222	2 267	2 278	2 500
3	2 044	2 100	2 133	2 144	2 244	2 267	2 289	2 311	2 444
4	2 156	2 167	2 178	2 189	2 200	2 211	2 222	2 233	2 244
5	2 200	2 211	2 222	2 244	2 278	2 311	2 333	2 356	2 400
6	1 867	1 989	2 000	2 044	2 111	2 133	2 156	2 178	2 200
7	2 156	2 200	2 222	2 289	2 311	2 356	2 400	2 433	2 489
8	2 000	2 056	2 067	2 100	2 133	2 167	2 200	2 222	2 278
9	2 089	2 100	2 111	2 122	2 133	2 144	2 156	2 167	2 178
10	2 222	2 244	2 244	2 278	2 300	2 322	2 356	2 367	2 444
平均数	2 082	2 131	2 147	2 177	2 213	2 238	2 265	2 282	2 349

4）判断预测。根据主观概率预测汇总表可以得出以下判断。

① 综合考虑每一位调查人员的预测，在每个累积概率上取平均值，得到在此累积概率下的预测需求量。由表 9-3 可以得出，该房产公司对某区在 20×× 年的房产需求量的预测最低为 2 083 套，小于这个数值的可能性只有 1%。

② 该房产公司对某区在 20×× 年的房产最高需求量预设可达到 2 349 套，大于这个数值的可能性只有 1%。

③ 可以用 2 213 套作为 20×× 年该房产公司对该区房产需求量的预测值。这是最大值与最小值之间的中间值。其累计概率为 50%，是需求量期望值的估计数。

④ 取预测误差为 67 套，则预测区间为（2 213-67）～（2 213+67），即房产需求量的

预测值为 2 146 ～ 2 280 套。

⑤ 预测需求量 2 146 ～ 2 280 套位于第（3）列到第（8）列的范围之内，其发生概率相当于 0.875-0.250=0.625，也就是说，需求量为 2 146 ～ 2 280 套的可能性为 62.5%。

尽管主观概率法是凭主观经验估测的结果，但在市场趋势分析中它仍有一定的实用价值。它为市场趋势分析者提出明确的市场趋势分析目标，提供尽量详细的背景材料，使用简明易懂的概念和方法，以帮助市场趋势分析者判断和表达概率。同时，假定市场趋势分析期内市场供需情况比较正常，营销环境不出现重大变化，长期从事市场营销活动的人员和有关专家的经验和直觉往往还是比较可靠的。这种市场趋势分析方法简便易行，但必须防止任意、轻率地由一两个人拍脑袋估测，要加强严肃性、科学性，提倡集体的思维判断。

9.2.3 领先指标法

1. 领先指标法的含义

社会各种经济现象之间的内在联系是十分紧密的，表现在经济指标上，则反映为时间序列上的先后关系。例如，原材料价格的变动先于制成品价格的变动，教育事业的发展先于科学技术的发展，科学技术的发展又先于生产建设的发展，等等。

领先指标法就是利用经济指标之间的时间差异，将各种经济时间序列分为 3 种类型。

① 领先指标，变化时间上早于预测对象，即波峰或波谷的出现时间均早于预测对象。

② 同步指标，变化时间与预测对象完全同步，即出现波峰或波谷的时间与预测对象相一致。

③ 滞后指标，变化时间上迟于预测对象。

根据这种分类，可以通过领先指标来预测同步指标或滞后指标。运用领先指标法，不但可以预测经济发展趋势，而且可以预测转折点。领先指标法既可用于微观经济预测，也可用于宏观经济预测。

2. 领先指标法的步骤

领先指标法的预测步骤如下。

1）根据预测的目标和要求找出领先指标。

2）画出领先指标、同步指标、滞后指标的时间序列图。

3）进行预测。

9.2.4 厂长（经理）评判意见法

厂长（经理）评判意见法，就是由企业的负责人把与市场有关或熟悉市场情况的各种负责人员和中层管理部门的负责人召集起来，让他们对未来的市场发展形势或某种市场问题发表意见，做出判断；然后将各种意见汇总起来，进行分析研究和综合处理；最后得出市场预测结果。

厂长（经理）评判意见法的优点如下。

① 迅速、及时和经济，不需要经过复杂的计算，也不需要多少预测费用，就可以及时得到预测结果。

② 集中了各个方面熟悉市场情况的、有经验的中高级管理人员的意见，可以发挥集体的智慧，预测结果比较可靠。

③ 使用这种方法不需要大量的统计资料，更适合对那些不可控因素较多的产品进行销售预测。

④ 如果市场发生了变化可以自己进行修正。

厂长（经理）评判意见法的缺点如下。

① 预测结果容易受主观因素影响。

② 对市场变化、顾客的愿望等问题了解不细，因此预测结果一般化。

例 9-3 某笔记本电脑公司经理召集主管销售、财务、计划和生产等部门的负责人，对下一年度某种型号笔记本电脑的销售前景做出了估计。几个部门负责人的初步判断如表 9-4 所示，请估计下一年度的销售量。

表 9-4 笔记本电脑销售量预测

部门	各种销售量估计	销售量/台	概率	期望值（销售量 × 概率）
销售部门负责人	最高销售量	18 600	0.1	1 860
	最可能销售量	11 160	0.7	7 812
	最低销售量	9 920	0.2	1 984
	总期望值	—	1	11 656
计划、财务部门负责人	最高销售量	12 400	0.1	1 240
	最可能销售量	11 160	0.8	8 928
	最低销售量	9 300	0.1	930
	总期望值	—	1	11 098
生产部门负责人	最高销售量	12 400	0.3	3 720
	最可能销售量	10 540	0.6	6 324
	最低销售量	7 440	0.1	744
	总期望值	—	1	10 788

采用绝对平均法。下一年度某种型号笔记本电脑的销售量预测值为

$$\frac{11\,656+11\,098+10\,788}{3} \approx 11\,181 \text{（台）}$$

采用加权平均法。根据各部门负责人对市场情况的熟悉程度以及他们在以往预测判断中的准确程度，分别给予不同部门负责人不同的评定等级，在综合处理时，采用不同的加权系数。例如，销售部门负责人的加权系数为2，其他两个部门负责人的加权系数为1，从而下一年度笔记本电脑的销售量预测值为

$$\frac{11\,656 \times 2 + 11\,098 + 10\,788}{4} \approx 11\,300 \text{（台）}$$

9.2.5 情景预测法

定性预测法有一个共同的缺点，即主观性强。而定量预测法容易受模型假设条件的限制，且只能对定量数据进行分析，无法考虑定性因素的影响，尽管有时可通过设虚拟变量将定性因素定量化，但效果不佳。另外，定量预测是根据适用的模型得到对将来某种状况的分析，而面对多种情况的预测，定量预测是不够的，只凭定性预测又没有一定的数据根据，不利于决策者进行分析。所以，客观上需要寻找一种定性和定量相结合的方法。情景预测法正是解决这一问题的有效方法。

情景预测法是假定某种现象或某种趋势将持续到未来的前提下，对预测对象可能出现的情况或引起的后果做出预测的方法。通常用来对预测对象的未来发展做出种种设想或预计，是一种直观的定性预测方法。它把研究对象分为主题和环境，通过对环境的研究，识别影响主题发展的外部因素，模拟外部因素可能发生的多种交叉情景，以预测主题发展的各种可能前景。

情景预测法的特点如下。

① 使用范围很广，不受任何假设条件的限制，只要是对未来的分析，均可使用。

② 考虑问题较全面，应用起来灵活。它尽可能地考虑将来会出现的各种状况和各种不同的环境因素，并引入各种突发因素，将所有可能尽可能展示出来，有利于决策者进行分析。

③ 定性和定量分析相结合。通过定性与定量分析相结合，为决策者提供主客观相结合的未来前景。通过定性分析寻找出各种因素和各种可能，通过定量分析提供一种尺度，使决策者能更好地进行决策。

④ 能及时发现未来可能出现的难题，以便采取行动消除或减轻影响。

情景预测法的步骤如下。

1）确定预测主题。
2）分析未来情景。
3）寻找影响因素。
4）具体分析。
5）预测。

例 9-4 用情景分析法对武汉市能源消费总量进行预测。

1. 武汉市经济发展、能源消费情况

自 2000 年以来，武汉市 GDP 保持较快增长，总量从 2000 年的 1 207 亿元到 2018 年的 14 847 亿元，取得了超过 11 倍的增长。GDP 增速在 2007 年达到了 15.6% 的最高增速，"十三五"后年均约 8%。

"十二五"期间，全市能源消费总量从 2010 年的 3 615 万吨标准煤增加到 2015 年的 4 858 万吨标准煤，年均增长 249 万吨标准煤，年均增长率为 6.09%。进入"十三五"，由于国家能源"双控"的约束，全市年均能源消费增量目标仅为 143 万吨标准煤，实际年均增加 139.5 万吨标准煤。

2. 能源消费预测

基于情景分析的方法，通过改变经济发展速度、产业结构等方式对武汉市未来的能源

项目 9　统计预测

需求进行合理的推演。

（1）经济发展情景设置

武汉市提出《"万亿倍增"计划》《武汉市国民经济和社会发展第十三个五年规划纲要》《武汉市 2049 远景发展战略》等。根据其内容对武汉市经济发展情景设置如图 9-1 所示。

情景	特征描述
低速发展情景	2019—2020 年 GDP 增速为 9%，2021—2050 年增速逐年下降，2030 为 4%，2050 年为 2%
高速发展情景	2019—2020 年 GDP 增速为 13%，2021—2050 年增速逐年下降，2030 年为 5%，2050 年为 2.5%

图 9-1　武汉市经济发展情景设置

（2）产业结构情景设置

武汉市"十三五"规划中提出到 2020 年全市三产占比要从 2015 年的 51.02% 增加到 55%。借鉴其他城市经验，对全市产业结构情景设置如图 9-2 所示。

情景	特征描述
基础情景	三产占比年均增幅为 0.5%，2050 年达到 70%
服务业强化情景	三产占比年均增幅为 0.75%，2050 年达到 77.5%

图 9-2　武汉市产业结构情景设置

（3）能源消费总量预测

通过对经济发展和产业结构的情景设置进行多种组合，再次重点选取图 9-3 所示的 3 种情景进行讨论。

年份	类别	基准情景	规划情景	强化节能情景
2020	GDP/亿元	17 440	19 081	19 081
	能源消费总量/万吨标准煤	5 803	5 639	5 566
2030	GDP/亿元	35 237	42 070	42 070
	能源消费总量/万吨标准煤	7 463	6 551	66 315
2035	GDP/亿元	42 053	50 206	50 206
	能源消费总量/万吨标准煤	7 569	6 611	6 356
	达峰时间	2040 年	2035 年	2034 年
	峰值/万吨标准煤	7 602	6 611	6 363

图 9-3　武汉市能源消费总量预测

从情景分析结果看，若武汉市维持现状发展，则未来将会消耗更多的能源，却创造较少的 GDP。为促使全市能源消费总量尽快达峰，低位达峰，能源消费必须更加高效，按照强化节能情景制定规划。

3. 结论

通过情景分析法，对武汉市能源消费总量进行了预测。在强化节能情景下，2034 年全市能源消费总量达到峰值 6 363 万吨标准煤。

任务 9.3　定量预测法

9.3.1　回归预测法

回归预测是利用统计分析的方法，对具有相关关系的变量建立回归模型，并据以进行因果预测的一种数学方法。建立的回归模型，不仅可以描述变量间相关关系的紧密程度和方向，还可以进行推算和预测。在回归分析中有静态回归分析和动态回归分析之别，在统计预测中主要是研究动态回归分析的问题，在分析中对自变量时间数列进行外推预测，将预测值代入回归方程，据以推算因变量数值。

回归预测的一般程序是：①对预测对象及其相关因素相互对应的观察值绘制相关图（散点图），判定其相关类型，从而确定采用何种回归模型；②计算相关系数，判定变量间相关关系的密切程度，如果高度相关或显著相关，则回归模型有价值，否则就无价值；③如果确定相关关系密切，适于回归预测，则可配合回归线，建立回归模型，确定模型中的参数；④对回归方程进行效果检验，效果好则可进行预测；⑤利用回归方程进行预测。

1. 线性趋势预测法

一元线性回归预测的模型是 $\hat{y}=a+bx$。配合回归线，建立回归方程，要求解线性模型参数值，其主要方法是最小二乘法。

$$\begin{cases} b = \dfrac{n\sum xy - \sum x \sum y}{n \sum x^2 - (\sum x)^2} \\ a = \dfrac{\sum y}{n} - b\dfrac{\sum x}{n} \end{cases}$$

回归预测法

例 9-5　以某国居民年均消费水平与国内生产总值为例，具体计算资料如表 9-5 所示。

表 9-5　某国居民年均消费水平与国内生产总值回归系数计算

年　份	国内生产总值 / 万亿元 x	居民年均消费水平 / 万元 y	x^2	y^2	xy
2009	35	10	1 211	90	331
2010	41	11	1 681	119	447
2011	48	13	2 333	172	633
2012	54	15	2 884	216	789

续表

年 份	国内生产总值 / 万亿元 x	居民年均消费水平 / 万元 y	x^2	y^2	xy
2013	59	16	3 457	262	953
2014	64	18	4 122	317	1 143
2015	68	19	4 665	376	1 325
2016	74	21	5 432	449	1 562
2017	82	23	6 724	524	1 878
2018	90	25	8 046	625	2 243
合计	615	171	40 554	3 151	11 303

1）通过散点图进行线性趋势预测判断，如图 9-4 所示。

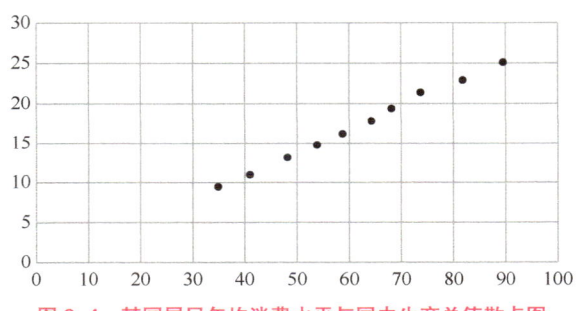

图 9-4 某国居民年均消费水平与国内生产总值散点图

2）计算某国居民年均消费水平与国内生产总值之间的相关关系。

将表 9-5 中的数据代入下列公式计算。

$$r = \frac{n\sum xy - \sum x \sum y}{\sqrt{n\sum x^2 - (\sum x)^2} \cdot \sqrt{n\sum y^2 - (\sum y)^2}}$$

得到相关系数 r=0.998 5。计算结果表明，某国居民年均消费水平与国内生产总值之间存在高度正相关。

3）将表 9-5 中的数据代入下列公式计算。

$$\begin{cases} b = \dfrac{n\sum xy - \sum x \sum y}{n\sum x^2 - (\sum x)^2} \\ a = \dfrac{\sum y}{n} - b\dfrac{\sum x}{n} \end{cases}$$

求得 $b \approx 0.29$，$a \approx -0.74$，则线性回归方程为 $\hat{y}$ =-0.74+0.29x。

计算结果表明，某国国内生产总值每增加 1 万亿元，居民年均消费增加 2 900 元。

利用这一回归方程可以进行预测和控制。如果某国国内生产总值增加到 100 万亿元，则居民年均消费增加到

$$\hat{y} = -0.74 + 0.29 \times 100 = 28.26 \text{（万元）}$$

2. 多元线性回归模型

一个现象在数量上的变化，往往是由于多种因素综合作用的结果。例如，农作物收获量除了化肥施用量影响之外，还有土壤条件、气候状况、水利条件、种子等多种因素的影响。在一元线性回归分析中，我们没有将这些因素对自变量的影响考虑在内。许多情况下，为了更准确、完善地分析变量之间的相互关系，应将影响因变量在数量上发生变化的主要因素列入研究的范围。在统计中，分析一个因变量与多个自变量之间相互关系的理论和方法称为多元回归分析。这里仅介绍二元线性回归模型。掌握了二元线性回归，多元线性回归也就不难掌握了。

二元线性回归模型为

$$\hat{y} = a + b_1 x_1 + b_2 x_2$$

式中，$\hat{y}$——因变量；x_1，x_2——自变量；b_1，b_2——y 对 x_1，x_2 的回归系数。

确定参数 a、b_1、b_2 的数值，仍然用最小平方法来估计，根据最小平方法的原理可以求得如下的标准方程。

$$\begin{cases} \sum y = na + b_1 \sum x_1 + b_2 \sum x_2 \\ \sum x_1 y = a \sum x_1 + b_1 \sum x_1^2 + b_2 \sum x_1 x_2 \\ \sum x_2 y = a \sum x_2 + b_1 \sum x_1 x_2 + b_2 \sum x_2^2 \end{cases}$$

通过对标准方程求解，可得到 a、b_1、b_2 的数值，将其代入回归方程中，即可得到二元线性回归方程。

9.3.2 非线性回归模型

前面所述的线性回归，是指自变量同因变量之间的变化有等量增加（或减少）的趋势，其变化关系成回归线性关系。在现实经济生活中，自变量对因变量的影响并非都是线性关系。例如，商品销售量的变动并不随着相关因素的变化按等差级数增减，许多情况下，还会按等比级数增减。这种趋势变动线就不是直线，而是曲线。这时，就要采用非线性回归预测模型进行预测。在建立曲线回归方程时，首先必须确定变量之间关系的类型。可根据观察资料进行分析比较，特别是通过相关图，观察图像散点分布情况，结合一些已知函数的图形，选择适当的数学表达式作为回归模型。确定非线性回归参数的一般方法是：对其中某个变量进行某种变换，使新变量对另一变量有线性关系，即通过某种变换使非线性回归转化为线性回归；然后按拟合成的线性回归方程求出参数，再建立数学模型进行预测。下面介绍几种常见的非线性回归模型及其相应的线性变换公式，以供参考。

1. 抛物线

抛物线的计算公式如下。

$$y = a + b_1 x + b_2 x^2 + \cdots + b_n x^n$$

假设 $x_1 = x$，$x_2 = x^2$，$\cdots$，$x_n = x^n$，则上式可转化为以 x_1，x_2，$\cdots$，x_n 为自变量的多元线性回归模型。

$$y = a + b_1 x_1 + b_2 x_2 + \cdots + b_n x_n$$

可用最小平方法求此多元线性回归模型参数的方法，求得参数 a，b_1，b_2，$\cdots$，b_n。

2. 幂函数曲线

幂函数曲线的计算公式如下。

$$y = ax^b$$

两边取对数得 $\ln y = \ln a + b\ln x$，设 $y' = \ln y$，$x' = \ln x$，$a' = \ln a$，则有 $y' = a' + bx'$。
这是一个直线方程，可用最小平方法求出 a'、b，再计算出 a 的值。

3. 指数函数曲线

指数函数曲线的计算公式如下。

$$y = ab^x$$

两边取对数得 $\ln y = \ln a + x\ln b$，设 $y' = \ln y$，$b' = \ln b$，$a' = \ln a$，则有 $y' = a' + b'x$。
这是一个直线方程，可用最小平方法求出 a'、b'，再计算出 a 和 b 的值。

4. S 形曲线

S 形曲线的计算公式如下。

$$y = \frac{1}{a + be^{-x}}$$

设 $y' = \dfrac{1}{y}$，$x' = e^{-x}$，则有 $y' = a + bx'$。

这是一个直线方程，可用最小平方法求出 a、b。

9.3.3 时间序列预测法

时间序列预测法是一种历史资料的延伸预测。根据时间序列所反映出来的发展过程、方向和趋势，进行类推或延伸，借以预测未来时期可能达到的水平。用时间序列预测法进行定量预测是有条件的，即假定某社会经济现象过去的发展变化规律和该现象今后的发展变化规律是一样或大体一样的。然而客观实际并非合乎这一假定条件。为此，必须十分注重定性分析，要与其他预测法如调研预测法结合起来运用。

时间序列预测的方法较多，常用的有下面几种。

1. 移动平均预测法

这种预测法是以移动平均数作为预测值的方法，它是一种最简单的自适应模型。移动平均数是根据预测事件各时期的实际值，确定移动周期，分期平均、滚动前进所计算的平均数，这些移动平均数构成一个新的时间序列，这个新时间序列将原时间序列的不规则变动加以修匀，使变动趋于平滑，趋势更加明显。

移动平均预测法分为简单移动平均和加权移动平均两种。在加权移动平均中可规定适当的权数，最简单的是用 1、2、3 等自然数加权。加权的作用是加重近期观察值在平均数中的影响作用，即距预测期愈近，权数值愈大，反之则愈小。在时间序列没有明显的趋势增减变动和季节变动时，能较准确地反映实际，但所需的历史数据比较多。其缺点是更易受近期偶然变动的影响。

简单移动平均预测公式为（第 t 期的移动平均值作为第 $t+1$ 期的预测值）

$$\hat{a}_{t+1} = \bar{a}_t = \frac{a_t + a_{t-1} + \cdots + a_{t-n+1}}{n} = \bar{a}_{t-1} + \frac{a_t - a_{t-1}}{n}$$

式中，n 为移动平均数所取的项数，即移动周期。一般 n 越大，修匀能力越强，预测的精确度就越高。

加权移动平均预测公式为

$$\hat{a}_{t+1} = \frac{a_t w_t + a_{t-1} w_{t-1} + \cdots + a_{t-n+1} w_{t-n+1}}{w_t + w_{t-1} + \cdots + w_{t-n+1}}$$

式中，w 为权数。移动平均是局部平均，将反映的短期平均水平作为预测值使用。上式适用于一个长期稳定，但短期有波动的资料。

例 9-6 分别用上述两种方法预测美达公司销售额（w 取 1，2，3）。

表 9-6 美达公司历年销售额

年　份	销售额/万元	3 年简单移动平均	相对误差	3 年加权移动平均	相对误差
2012	35	—	—	—	—
2013	41	—	—	—	—
2014	48	—	—	—	—
2015	54	41	23%	44	19%
2016	59	48	19%	50	16%
2017	64	54	16%	56	13%
2018	68	59	13%	61	11%
2019	74	64	14%	65	12%
2020	82	69	16%	70	14%
2021	90	75	17%	77	14%
2022 年预测值	—	82	—	85	—

3 年简单移动平均法预测值的计算如下。

$$\hat{a}_{2015} = \frac{35 + 41 + 48}{3} = 41 \text{（万元）}$$

以此类推……

3 年加权移动平均法预测值的计算如下。

$$\hat{a}_{2015} = \frac{35 \times 1 + 41 \times 2 + 48 \times 3}{6} = 44 \text{（万元）}$$

以此类推……

若所得的预测值偏低，可以修正。具体做法是，先计算相对误差，并列于表内，再计算 t 期（总的）平均相对误差。其计算公式为

$$\left(1 - \frac{\sum \hat{a}_{t-1}}{\sum a_t} \right) \times 100\%$$

本例中，简单移动平均（总的）相对误差为

$$\left(1-\frac{\sum \hat{a}_{t-1}}{\sum a_t}\right) \times 100\% = \left(1-\frac{409}{491}\right) \times 100\% \approx 16.7\%$$

即总的实际值比预测值高 16.7%，则将 2022 年的预测值修正为 82×(1+16.7%)≈95.7（万元）。

同理可计算 3 年加权移动平均（总的）相对误差为 14.1%，即总的预测值比实际值低 14.1%，则将 2022 年的预测值修正为 85×(1+14.1%)≈96.9（万元）。

2. 指数平滑法

指数平滑法是在移动平均法的基础上发展形成的一种指数加权移动平均预测法，它是一种特殊的指数加权法。它利用本期预测值和实际数值资料，以平滑常数 α 为加权因子来计算指数平滑平均数，以此平滑平均数为下期的预测值。其计算公式为

$$\hat{y}_{t+1} = \alpha y_t + (1-\alpha)\hat{y}_t \quad (0 \leqslant \alpha \leqslant 1)$$

式中，α——平滑常数（或修匀常数）；$\hat{y}_{t+1}$——下期预测值；$\hat{y}_t$——本期预测值；y_t——本期实际值。

α 值是一个经验数据，它的大小体现了不同时期数值在预测中所起的不同作用：α 取值越大，表明近期数值的倾向性变动影响越大，适应新水平越敏感；α 取值越小，表明近期数值的倾向性变动影响越小，越趋于平滑，越能反映趋势。一般的取值规律为：若重视近期数值的作用，可取大值，如 0.9、0.8、0.7 等；若重视平滑趋势可取小值，如 0.1、0.2、0.3 等，有时也可取 0.5。

例 9-7 现以某超市月销售额为例，用指数平滑法预测如表 9-7 所示。

表 9-7 某超市月销售额预测

月 份	销售额 / 万元	一次指数平滑平均数	
		$\alpha=0.2$	$\alpha=0.8$
1	154.25	150.80	150.80
2	148.36	151.49	153.56
3	142.58	150.86	149.40
4	151.16	149.21	143.94
5	145.24	149.60	149.72
6	154.35	148.73	146.14
7	157.47	149.85	152.71
8	151.39	151.37	156.52
9	—	151.38	152.42

设已知 1 月份预测值为 150.8 万元。α 取 0.2 和 0.8，其预测计算如表 9-7 所示。在计算中没有初始预测值时，可用实际值来代替。

当 $\alpha=0.2$ 时，2 月份的预测值为 154.25×0.2+150.8×(1-0.2)=151.49；3 月份的预测值为 148.36×0.2+151.49×(1-0.2)=150.86，以此类推。

当 $\alpha=0.8$ 时，2 月份的预测值为 154.25×0.8+150.8×(1-0.8)=153.56；3 月份的预测值为 148.36×0.8+153.56×(1-0.8)=149.4，以此类推。

在预测中可选几个 α 值进行计算，然后进行筛选，取其最适宜的指数平滑平均数为预

测值。

指数平滑有一次、二次与三次之别。在没有明显的长期趋势资料时，使用一次平滑即可。

当存在着直线趋势时，则使用二次平滑，即对一次指数平滑再进行一次指数平滑。这是因为，无论时间序列呈上升还是下降趋势，一次指数平滑平均数总滞后于实际值。当实际趋势下降时，预测值高于实际数；当实际趋势上升时，预测值低于实际数。为了降低滞后误差，可用二次指数平滑法加以修正。其计算公式为

$$\begin{cases} y_t^{(1)} = ay_1 + (1-\alpha)y_{t-1}^{(1)} \\ y_t^{(2)} = ay_t^{(1)} + (1-\alpha)y_{t-1}^{(2)} \end{cases}$$

$y_t^{(1)}$ 和 $y_t^{(2)}$ 分别为 t 期一次、二次指数平滑值。

在建立预测公式时，还要分析时间序列的发展趋势是直线型还是非直线型。如果为直线型，就采用下面的直线模型加以预测。

$$y_{t+T} = a_t + b_t \cdot T$$

式中，a_t、b_t——平滑系数；y_{t+T}——第 $t+T$ 期的预测数；T——要提前的预测期数。

a_t、b_t 的计算公式为

$$\begin{cases} a_t = 2y_t^{(1)} - y_t^{(2)} \\ b_t = \dfrac{\alpha}{1-\alpha}(y_t^{(1)} - y_t^{(2)}) \end{cases}$$

由此可见，二次指数平滑值一般都不直接用于预测，而是用于求平滑系数，建立线性时间模型来预测，以便修正指数平滑值的滞后现象。

当存在曲线趋势时，则要使用三次指数平滑法。即将二次指数平滑值再进行一次指数平滑，求得三次指数平滑值。三次指数平滑值也不直接用于预测，而是用于求平滑系数，以便建立二次曲线模型。

三次指数平滑法的基本公式为

$$\begin{cases} y_t^{(3)} = \alpha y_t^{(2)} + (1-\alpha)y_{t-1}^{(3)} \\ y_{t+T} = a_t + b_t \cdot T + c_t \cdot T^2 \end{cases}$$

$$\begin{cases} a_t = 3y_t^{(1)} - 3y_t^{(2)} + y_t^{(3)} \\ b_t = \dfrac{1}{2(1-\alpha)^2}[(6-5\alpha)y_t^{(1)} - 2(5-4\alpha)y_t^{(2)} - (4-3\alpha)y_t^{(3)}] \\ c_t = \dfrac{\alpha^2}{2(1-\alpha)^2}[y_t^{(1)} - 2y_t^{(2)} + y_t^{(3)}] \end{cases}$$

任务 9.4　　*Excel* 在统计预测中的应用

9.4.1　Excel 在线性回归预测中的应用

线性回归预测通过对一组观察值使用最小二乘法直线拟合，用来分析单个因变量是如何受一个或几个自变量影响的。

1. 用 Excel 进行相关分析

1）输入数据，将数据输入 A1:C9 单元格。

2）绘制散点图，如图 9-5 所示。

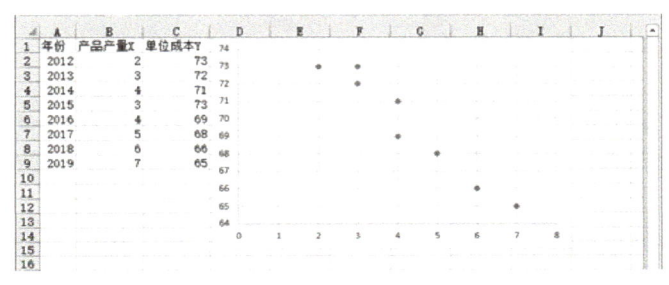

图 9-5　简单相关系数及散点图

2. 回归分析

1）选择"数据"→"数据分析"命令，在"数据分析"对话框中的"分析工具"列表框中选择"回归"选项，单击"确定"按钮，弹出"回归"对话框，如图 9-6 所示。

① 在"输入"选项组中，将"Y 值输入区域"设置为 C1:C9，"X 值输入区域"设置为 B1:B9；选中"标志"复选框；只有当用户想强制使回归线通过原点 (0,0) 时才选中"常数为零"复选框；Excel 自动包括了回归系数的 95% 置信区间，要使用其他置信区间，则选中"置信度"复选框并在其后的文本框中输入置信水平。

② 在"输出选项"选项组中，将"输出区域"设置为 A10。

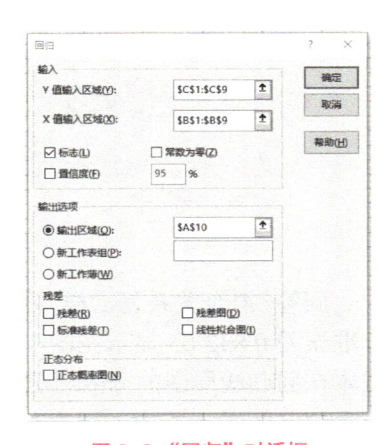

图 9-6　"回归"对话框

③ 在"残差"选项组中，若选中"残差"复选框，可得到预测值和残差。若选中"残差图"复选框，可得到残差和每一个 x 值的图表；若选中"标准残差"复选框，可得到标准化的残差，每一个残差被估计标准误差除，这一输出可使曲线较容易分层；若选中"线性拟合图"复选框，可得到一个含有 y 输入数据和拟合的 y 值的散点图。

④ 在"正态分布"选项组中，若选中"正态概率图"复选框，则绘制因变量的正态概率图。

2）单击"确定"按钮，Excel 将计算结果显示在输出区域中，如图 9-7 所示。

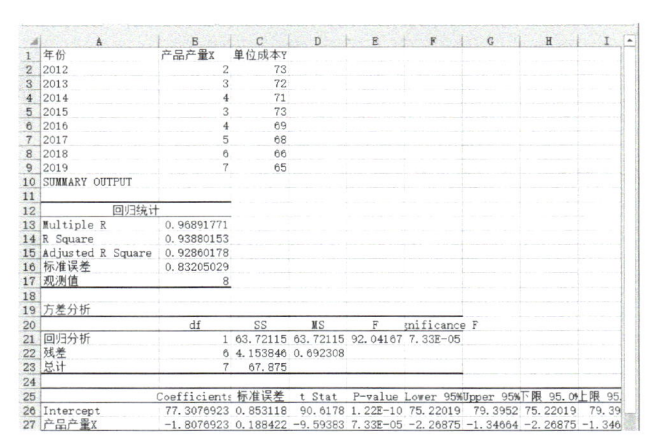

图 9-7　回归分析结果

3. 回归解释

拟合回归线的截距和斜率位于图 9-7 所示的总结输出中标记有 Coefficients 的列。截距 77.307 69 是线性回归方程中的常数项，斜率 -1.807 69 是 x 的系数。因此回归方程为

$$y=77.307\,69-1.807\,69x$$

在图 9-8 所示的残差输出中，预测 y，有时又称拟合值，是用这个回归方程计算的单位成本的估计值。残差是实际值和拟合值之间的差值。

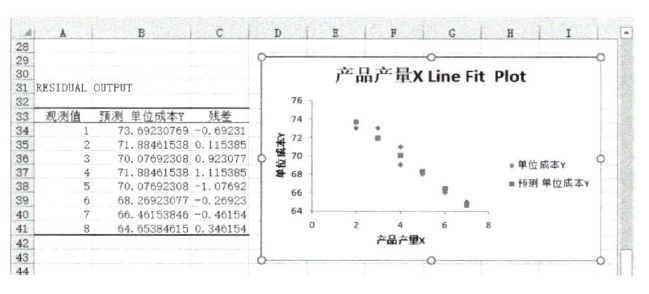

图 9-8　残差及拟合线

回答"拟合关系怎么样"问题的最通用的 4 个方法是标准误差、R^2、t 统计值和方差分析。标准误差 0.832 05 显示在图 9-7 所示的 B16 单元格中，作为残数的标准偏差，它衡量单位成本在回归线周围的分散情况。标准误差通常称为估计标准误差。R^2（R Square）显示在图 9-7 所示的 B14 单元格中，用于衡量用回归线解释的因变量变化的比例。这一比例必须是 0 和 1 之间的一个数值，经常以百分数表示。这里，约有 94% 的单位成本的变化是在线性方程中用产品产量作为预测因子来解释的。单元格 B15 显示的 Adjusted R Square 在用附加解释变量把此模型和其他模型比较时很有用。

9.4.2　Excel 在移动平均、指数平滑预测法中的应用

1. 移动平均数预测法

求 5 日移动平均数。按下列步骤使用移动平均分析工具。

1）输入日产量数据，如图 9-9 所示。选择"数据"→"数据分析"

用 Excel 做移动平均、指数平滑预测

命令，在"数据分析"对话框中的"分析工具"列表框中选择"移动平均"选项，单击"确定"按钮，打开"移动平均"对话框，如图 9-10 所示。

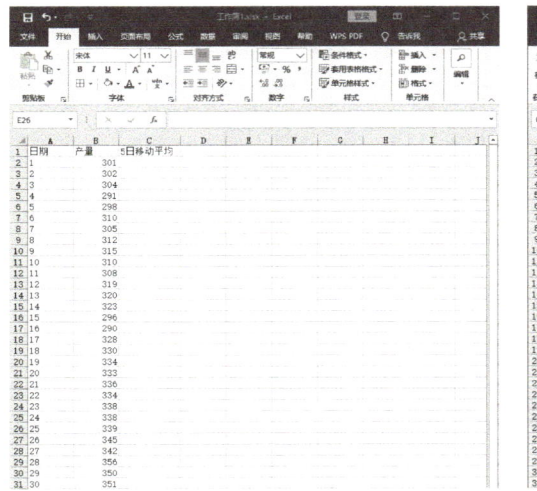

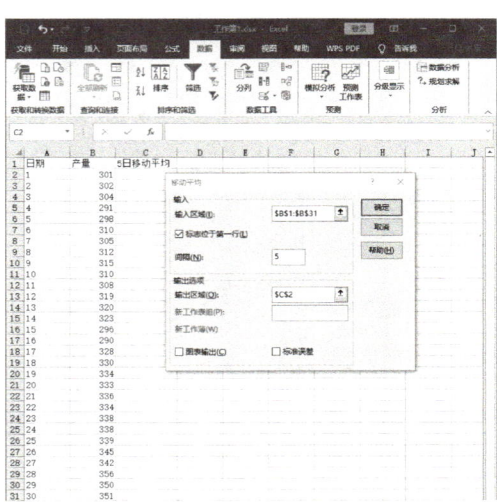

图 9-9 日产量数据　　　　　　　　　图 9-10 "移动平均"对话框

① 在"输入"选项组中，将"输入区域"设置为 B1:B31；选中"标志位于第一行"复选框；"间隔"设置为 5。

② 在"输出选项"选项组中，将"输出区域"设置为 C2。

2）单击"确定"按钮，Excel 将计算结果显示在输出区域中，如图 9-11 所示。

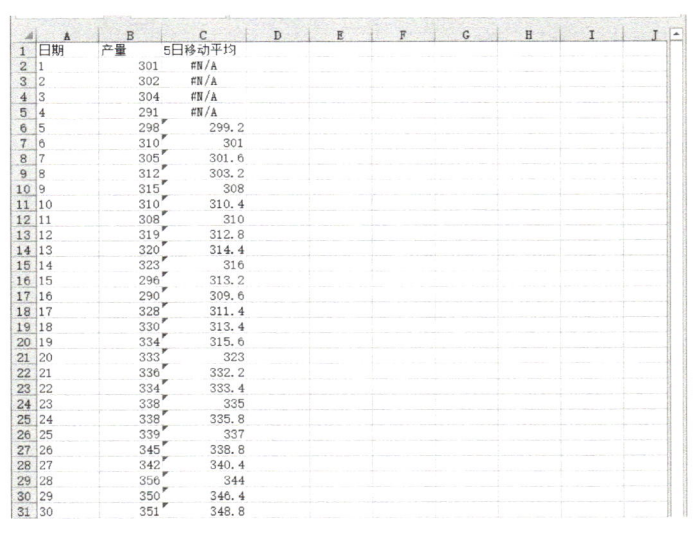

图 9-11 移动平均数输出结果

2. 指数平滑预测法

求一次指数平滑数。按下列步骤使用指数平滑分析工具。

1）输入销售额数据。选择"数据"→"数据分析"命令，在"数据分析"对话框中的"分析工具"列表框中选择"指数平滑"选项，单击"确定"按钮，打开"指数平滑"对话框，如图 9-12 所示。

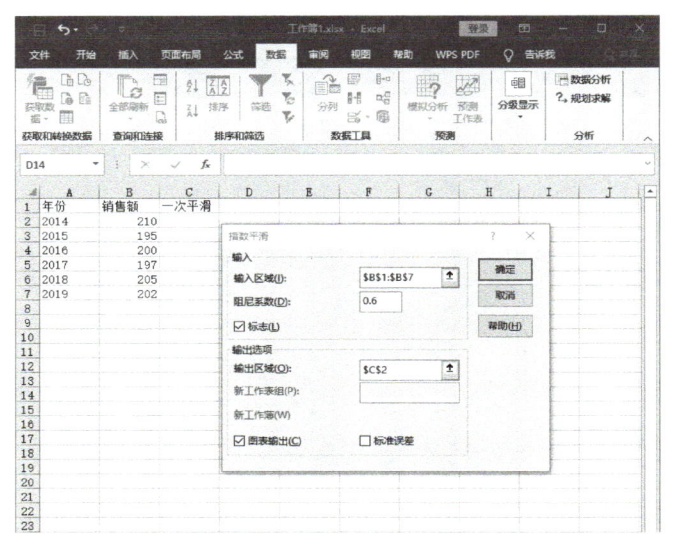

图 9-12 "指数平滑"对话框

① 在"输入"选项组中，将"输入区域"设置为 B1:B7；"阻尼系数"设置为 0.6；选中"标志"复选框。注意，平滑常数 + 阻尼系数 =1

② 在"输出选项"选项组中，将"输出区域"设置为 C2；选中"图表输出"复选框。

2）单击"确定"按钮，Excel 将计算结果显示在输出区域中，如图 9-13 所示。

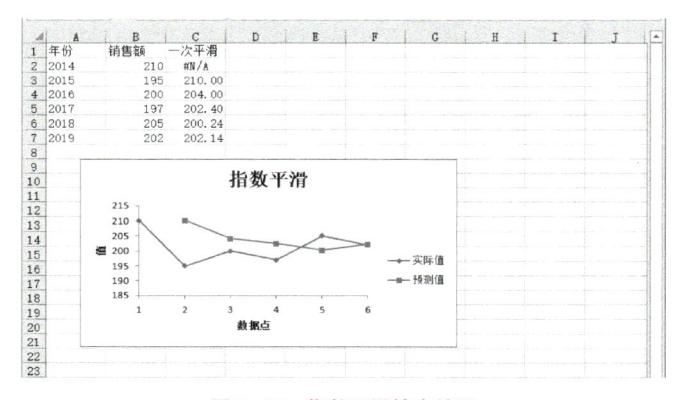

图 9-13 指数平滑输出结果

项目小结

本项目主要介绍统计预测的基本概念、种类和意义，常用的统计预测方法主要有定性预测法和定量预测法。

1. 统计预测是运用科学的方法对统计事物的未来发展进行预测。统计预测方法可归纳为定性预测法和定量预测法。

2. 定性预测法主要有德尔菲法、主观概率法、领先指标法、厂长（经理）评判意见法、情景预测法。

3.定量预测法主要有回归预测法、非线性回归模型、时间序列预测法。

本项目的重点：德尔菲法、回归预测法、主观概率法、时间序列预测法。

本项目的难点：回归预测法、时间序列预测法的计算与预测。

项目实战

客观题　　　　　　　　计算题　　　　　　　　复习思考题

尊敬的老师：

您好。

请您认真、完全地填写以下表格的内容（务必填写每一项），索取相关图书的教学资源。

教学资源索取表

书　　名			作者名	
姓　　名		所在学校		
职　　称		职　　务		讲授课程
联系方式	电话：		E-mail：	
地址（含邮编）				
贵校已购本教材的数量（本）				
所需教学资源				
系／院主任姓名				

系／院主任：＿＿＿＿＿＿＿＿＿＿＿＿＿＿＿＿（签字）

（系／院办公室公章）

20＿＿＿＿年＿＿＿月＿＿＿日

注意：

① 本配套教学资源仅向购买了相关教材的学校老师免费提供。

② 请任课老师认真填写以上信息，并**请系／院加盖公章**，然后传真到(010)80115555转718438上索取配套教学资源。也可将加盖公章的文件扫描后，发送到fservice@126.com上索取教学资源。

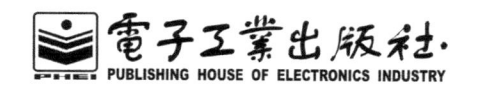

电子工业出版社
PUBLISHING HOUSE OF ELECTRONICS INDUSTRY